منهجية ابن خلـدون

في تدوين
السيرة النبوية وتفسيرها

تاليف
سالمة محمود محمدعبد القادر

دار الكتب العلمية
Dar Al-Kotob Al-ilmiyah
DKi
أسسها محمد علي بيضون سنة 1971 بيروت - لبنان
Est. by Mohammad Ali Baydoun 1971 Beirut - Lebanon
Établie par Mohamad Ali Baydoun 1971 Beyrouth - Liban

http//:www.al-imiyah.com info@ al-imiyah.com sales@ al-imiyah.com baydoun@ al-imiyah.com

الكتاب : منهجية ابن خلدون في تدوين السيرةالنبوية وتفسيرها

التصنيف : دراسات تاريخية

المؤلف : سالمة محمود محمد عبد القادر

الناشر : دار الكتب العلمية - بيروت

عدد الصفحات : 256

قياس الصفحات : 17*24

سنة الطباعة : 2010

بلد الطباعة : لبنان

الطبعة : الأولى

Title : SYSTEMATICNESS OF IBN KHALDOUN IN WRITING AND EXPLANATION THE PROPHETIC BIOGRAPHY

Classification : Historical Studies

Author : Sālimā Maḥmūd Muḥammad ʿAbdul-Qādir

Publisher : Dar Al-kotob Al-Ilmiyah

Pages : 256

Size : 17*24

Year : 2010

Printed : Lebanon

Edition : 1st

الآراء والإتجتهادات الواردة في هذا الكتاب

تعبر عن رأي المؤلف وحده

ولا تلزم الناشر بأي حال من الأحوال

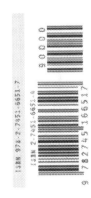

ISBN 978-2-7451-6651-7

DKI
Dar Al-Kotob Al-ilmiyah
Est. by Mohamad Ali Baydoun
1971 Beirut - Lebanon

Aramoun, al-Quebbah, Dar Al-Kotob Al-Ilmiyah Bldg.
Tel : +961 5 804 810/11/12
Fax: +961 5 804813
P.o.Box: 11-9424 Beirut-Lebanon, Riyad al-Soloh Beirut 1107 2290

عرمون، القبة، مبنى دار الكتب العلمية
هاتف: +٩٦١ ٥ ٨٠٤٨١٠/١١/١٢
فاكس: +٩٦١ ٥ ٨٠٤٨١٣
ص.ب: ١١-٩٤٢٤ بيروت-لبنان
رياض الصلح-بيروت ١١٠٧٢٢٩٠

بسم الله الرحمن الرحيم

(وَالَّذِينَ آمَنُوا وَعَمِلُوا الصَّالِحَاتِ وَآمَنُوا بِمَا نُزِّلَ عَلَى مُحَمَّدٍ وَهُوَ الْحَقُّ مِنْ رَبِّهِمْ كَفَّرَ عَنْهُمْ سَيِّئَاتِهِمْ وَأَصْلَحَ بَالَهُمْ)

صدق الله العظيم

سورة محمد، الآية: 2

الاهـداء

جهدي المتواضع هذا، أهديه إلى حضرة سيد العالمين
وخاتم الأنبياء والمرسلين، صاحب الرسالة السمحاء
الأمين، الذي
قال بحقه الرحمن
﴿وَمَا أَرْسَلْنَاكَ إِلَّا رَحْمَةً(107)﴾
صلوات ربي وسلامه عليه
وعلى آله وأصحابه
أجمعين.

ثبت المختصرات

الرمز	الكلمة
ط	الطبعة
ج	الجزء
هـ	التاريخ الهجري
م	التاريخ الميلادي
ق	القسم
مج	المجلد
ص	الصفحة
د. م	دون مطبعة
لا. م	لا مكان للطبع
د. ت	دون تاريخ
ت	المتوفى

بسم الله الرحمن الرحيم

المقدمة

حظيَ ابن خلدون بمكانةٍ مرموقةٍ شرقاً وغرباً، وناله من الاهتمام في العصر الحديث ما فاق أي مؤرخ إسلامي غيره، فشكّل ما كتب عنه من إنتاج معرفي زاخر مكتبة عظيمة من الدراسات الخلدونية.

فقد شغل فكر هذا (العبقري المحير) - بحسب عبارة جاك بيرك [1] - بجميع مجالاته التاريخية والاجتماعية والحضارية والفلسفية -، حيّزاً كبيراً في كتابات العديد من العلماء والباحثين عربياً وإسلامياً وعالمياً، وغطت هذه الدراسات جوانب عديدة من أفكاره وطروحاته، إلاّ أن أحداً لم يدرس منهجيته في تدوين السيرة النبوية العطرة وتفسيره لأحداثها، ولعل السبب في ذلك تركيز هؤلاء الباحثين على جوانب خاصة من اهتمامات ابن خلدون بحسب تخصص الباحث نفسه في التاريخ أو الاجتماع أو المنطق أو الفقه أو اللغة، وحتى في الدراسات الجغرافية.

والدراسات التاريخية اهتمت بإيراد المعلومات العامة عند ابن خلدون دون التركيز على مرحلة ما من المراحل التاريخية التي تناولها في كتابه الكبير الذي سمّاه (**العبر وديوان المبتدأ والخبر في أيام العرب والعجم والبربر ومن عاصرهم من ذوي السلطان الأكبر**).

وجاء اهتمامي باختيار موضوع السيرة النبوية ضمن تخصصي بدراسة التاريخ الإسلامي، إذ شغلت هذه المادة عند ابن خلدون حيزاً كبيراً من كتابه العبر.

وكان من أبرز الصعوبات التي واجهتني في دراسة هذا الموضوع، عدم

---

(1) عبد السلام الشدادي، ابن خلدون من منظور آخر، ترجمة: محمد الهلالي وبشرى الفكيكي، دار توبقال للنشر، (المغرب: 2000 م)، ص 17.

وجود نماذج أحتذي حذوها في هذا المجال، اضافةً إلى قلّة الدراسات المتوافرة، فكان عليّ البحث والاطلاع على أكبر عدد ممكن من المؤلفات التاريخية عن ابن خلدون من أجل أخذ صورة كاملة عن حياته ومنهجه في التدوين التاريخي ومنطقه وفلسفته لأحداث التاريخ كي تساعدني في التوصل إلى فهم ابن خلدون ومنهجه وطريقة عرضه لمادة السيرة النبوية وتُسهّل عليّ مهمتي في البحث، ومع ذلك كلّهُ واجهتني صعوبات في جمع جزئيات الموضوع، ومنها صعوبة التعامل مع منهج ابن خلدون في عرض المادة، كذلك عدم عرضه للسيرة النبوية كوحدة قائمة بذاتها كما فعل ابن إسحاق وغيره، وكانت دراستها متفرقة في إطار التكوينات القبلية والسياسية، إضافةً إلى عدم ربطه بين ذكره لأحداث السيرة وتفسيراتها.. فقد قدّم تفسيراته في مقدمته عن علم العمران وعَرَضَ مادته عن السيرة في كتابِهِ (التاريخ).

ومن الصعوبات التي واجهتني التعامل مع التفسيرات الكثيرة والمتناقضة في بعض الأحيان لأفكار ابن خلدون من قبل الباحثين المعاصرين، فهم يحاولون تفسير أفكاره بما يتلاءم وتوجهاتهم وانتماءاتهم العقائدية والقومية وحتى الحزبية. ومن الصعوبات الأخرى وجود أكثر من طبعة من كتاب المقدمة وكتاب العبر لابن خلدون واعتماد المؤرخين والباحثين على هذه الطبعات المختلفة أربك عملي وأخّرني عند الرجوع إلى النصوص الأصلية لمطابقتها للتأكد من صحتها في النسخة التي اعتمدت عليها.

تألف الكتاب من ثلاثة فصول أساسية وخاتمة وثبت مصادر، تناول الفصل الأول الجانب الفلسفي للدراسة، وتخصص الفصل الثاني من الكتاب في الجانب التاريخي لموضوع السيرة، في حين شمل الفصل الثالث الجانب الحضاري لموضوع الدراسة، وتضمنت الفصول مباحث وفقرات فرعية تناولت جزئيات البحث وتفاصيله كلّها.

في الفصل الأول المعنون: ((**حياة ابن خلدون ومنهجيته في تدوين التاريخ وفلسفة العمران**)) قدّمت في المبحث الأول منه نبذة مختصرة من حياته كما أوردها في كتابه (**التعريف**)، ثم تطرقت في القسم ذاته إلى مسألة مهمة وهي توضيح البعد العقائدي - الاسلامي لدى ابن خلدون عقيدةً وفكراً ومنهجاً.

وابتدأت في الفقرة الأولى منه توضيح منهجية ابن خلدون في التدوين وابتدأت في الفقرة الأولى منه توضيح منهجية ابن خلدون في التدوين

التاريخي وكيفية تعامله مع الروايات والأخبار التاريخية أولاً، ثم تناولت في المبحث ذاته موقف ابن خلدون من مراحل التدوين التاريخي السابقة له، وذلك لأهميتها في تبيين منهجيته في تدوين أحداث السيرة النبوية لاحقاً.

كما حاولت استخلاص مدى إفادة ابن خلدون ممن سبقه من المؤرخين وترجمة ذلك في تدوينه لأحداث السيرة النبوية، وفيه حاولت أيضاً تبيين رصده لأخطاء المؤرخين وأسباب الكذب لديهم، ومحاولته وضع شروط خاصة بالمؤرخين، ثمَّ بيّنت في المبحث نفسه الخصائص العامة التي تميز بها منهج ابن خلدون التاريخي.

وتناولت في الفقرة الثانية منهجية ابن خلدون في التعامل مع الروايات والأخبار من خلال توضيح القوانين الأساسية التي وضعها وهي قوانين: السببية، والتغير والتبدل، والإمكان والاستحالة، والمطابقة، وتطبيق ذلك تاريخياً.

وفي القسم الثالث استعرضت فلسفة العمران عند ابن خلدون وما يعنيه هذا العلم والأسس التي يقوم عليها، وأنماطه، وعلاقة العصبية بكل من البداوة والنبوة والدولة، ثم تناولت موقف ابن خلدون من أعمار الدول والعمران والحضارة.

وشكّل الفصل الثاني المعنون: ((**تدوين السيرة النبوية عند ابن خلدون**)) أهم الأركان الأساسية في الكتاب، فإنه مثّل هذا الفصل الجانب التاريخي في كتابة الهيكلية العامة التي استند إليها ابن خلدون في تعامله مع أحداث السيرة النبوية وتدوينها من خلال ثلاثة مباحث أساسية، تناول القسم الأول من الفصل مصادر ابن خلدون في كتابة السيرة وموقفه من كتّاب السيرة الأوائل، ابن إسحاق، والواقدي، وابن سعد، فقد كانت كتب السيرة الأولى الركيزة الأساسية في كتابته لأحداث السيرة واستمد أغلب معلوماته منها.

تطرقت في القسم الثاني إلى الهيكلية التي أورد بها ابن خلدون السيرة النبوية من خلال توضيح هذه الهيكلية وإجراء مقارنة مع هيكليات السيرة النبوية عند كتّاب السيرة الأوائل.وفي الفقرة الثالثة حاولت إيضاح المنهجية التي اتبعها ابن خلدون في تدوينه أحداث السيرة النبوية والتي تضمنت تعامله مع المصادر وكيفية ذكرها وطريقة عرضه لمفردات السيرة، ثم أسلوبه في تدوينها وطبيعة مفردات لغته، وتطرقه لمبشرات النبوة والمعجزات النبوية.

في حين قدّم الجزء الأخير من الفصل الثاني من الكتاب مجموعة من الملاحظات النقدية حول المنهجية التي اتبعها ابن خلدون في تدوين السيرة النبوية وأسلوب كتابته ولغته وطريقة عرضه للمادة.

وفي الفصل الثالث والأخيرمن الكتاب والمعنون: ((**التفسير الحضاري لأحداث السيرة النبوية عند ابن خلدون**))، تناولت فيه الجوانب الحضارية لأحداث السيرة النبوية عند ابن خلدون، وذلك في ثلاثة مباحث.

تناولت في الفقرة الأولى منه أسس فلسفة ابن خلدون في فهم السيرة النبوية، وقد عدّ ابن خلدون هذه الأسس المفاتيح الأساسية لتفسير أحداث السيرة، وقد تمثلت في السنن الكونية والعصبية والدين وتطبيق ذلك على أحداث السيرة النبوية.

وخصصت الفقرة الثانية منه لتوضيح توظيف فكرة العصبية في تفسير أحداث السيرة النبوية، فقد تناول تعامل ابن خلدون مع فكرة العصبية وتطبيقها العملي من خلال توضيح موقفه من أسباب انقسام العرب وتفرقهم قبل الإسلام، وأثر ظهور النبوة في عصبية قريش وطبيعة مقاومة العصبيات الحاكمة فيها للدعوة الاسلامية.

في الفقرة الثالثة والأخيرة تناولت فيه دراسة الرسالة الدينية في استجابة العرب للدعوة الإسلامية من خلال أربعة محاور، لتوضيح البعد الحضاري للرسالة الدينية وأثرها على العرب والمسلمين في نشر الدعوة وإقامة الدولة الاسلامية والحضارة الناشئة عنها.

كما تطرق فيه ايضا إلى مفهومي النبوة والوحي عند ابن خلدون، ثم تحدث عن موضوع الهجرة النبوية إلى المدينة المنورة، وفلسفة ابن خلدون لمعنى الهجرة والتعرب، وكذلك توضيح أثر الرسالة الدينية عند ابن خلدون ودورها في توحيد العصبيات ونشأة الدولة الإسلامية، وأخيراً وضح البعد الحضاري لسياسة الرسول صلى الله عليه وسلم في نشر الدعوة (الجهاد) كما ذكره ابن خلدون.

وجاءت الخاتمة لتقدم أبرز النتائج التي توصلت إليها في تبيين منهجية ابن خلدون في تدوين السيرة النبوية وتفسيره الحضاري لها.

اعتمدت الدراسة على مجموعة من المصادر والمراجع المختلفة التي كان لها صلة بالموضوع، وعلى النحو الآتي:

يأتي في مقدمة هذه المصادر كتاب الله المنزل على الرسول محمد صلى الله عليه وسلم، القرآن الكريم الذي لا غِنى لكل من يكتب السيرة عنه لما تضمنه من آيات عن أحداث السيرة النبوية، وكذلك كتب الحديث لأهمية السنّة النبوية في كتابة السيرة، منها صحيح البخاري، ومسند الامام أحمد بن حنبل.

يأتي في مقدمة هذه الكتب كتابه (**تاريخ العلامة ابن خلدون**) والذي عنونه بـ ((**العبر وديوان المبتدأ والخبر في أيام العرب والعجم والبربر ومن عاصرهم من ذوي السلطان الأكبر**)) حيث كان المصدر الأساس لهذه الدراسة، وخاصة الجزء الأول منه المعروف بـ ((**مقدمة ابن خلدون**))، الذي قدّم فيه ابن خلدون خلاصة جهده وفكره العلمي، وكذلك المجلد الثاني من كتابه (**التاريخ**) الذي احتوى على ذكر أحداث السيرة النبوية من خلال عرضه لتاريخ العرب والتي شغلت حيزاً واسعاً من كتابه تقارب (150) صفحة، عدا تكراره لمعلومات السيرة متفرقة من بداية المجلد الثاني إلى الصفحة (856).

أما كتابه الذي اشتهر بـ (**التعريف**) والذي عنونه ابن خلدون بـ ((**التعريف بابن خلدون ورحلته غرباً وشرقاً**)) فكان خير معين لي في الكتابة عن حياته من مولده وحتى وفاته مروراً بكل ما واجهه في حياته الأسرية والعلمية والسياسية والدينية وكل ما تعلق بأموره الشخصية.

اعتمدت الدراسة على مجموعة من المصادر المهمة لكتب السيرة النبوية التي لا غنى لأي باحث في هذا الموضوع عنها، منها: كتاب محمد بن اسحاق ((**المغازي**)) وتفسير ابن هشام له في كتابه ((**السيرة النبوية لابن هشام**))، والذي حوى معلومات قيّمة عن سيرة الرسول محمد صلى الله عليه وسلم، ثم كتاب محمد بن عمر الواقدي ((**المغازي**)) والذي شكّل عموداً مهماً في المصادر لتركيزه على غزوات الرسول صلى الله عليه وسلم، والتي غطّت مرحلة مهمة من سيرته المباركة وجهاده من أجل نشر الدعوة الإسلامية ومحاربة الشرك، وكتاب محمد بن سعد ((**الطبقات الكبير**)) الذي جاء موضحاً لأحداث السيرة النبوية ومكملاً لشيخه الواقدي، وكانت إفادة الباحثة من هذه

الكتب كبيرة في توثيق أحداث السيرة ومقارنتها مع ما أورده ابن خلدون عنها.

اعتمدت الدراسة على مجموعة من المصادر التاريخية منها: كتاب محمد بن جرير الطبري ((**تاريخ الرسل والملوك**)) المشهور بـ ((**تاريخ الطبري**))، وكتاب عز الدين بن الأثير ((**الكامل في التاريخ**))، ومجموعة أخرى من هذه المصادر مثبتة في ثبت المصادر والمراجع، والمعروف عن هذه المصادر أنها تسجل تواريخ عامة منذ بدء الخليقة وإلى وقت المؤلف، فكان من ضمن ما تطرقت إليه موضوع السيرة النبوية باعتبارها أهم حدث تاريخي مرَّ به العرب وترك آثاره في حياتهم وحضارتهم وتراثهم، فشكلت في كتبهم مادة مهمة لمن يطلبها ويستفيد منها.

كما اعتمدت الدراسة على مجموعة كبيرة من المراجع المهمة والتي لها صلة بموضوع هذه الدراسة منها كتب اختصت بالحديث عن منهجية ابن خلدون في كتابة التاريخ مثل كتاب محمد الطالبي ((**منهجية ابن خلدون التاريخية**))، وعبد القادر جغلول ((**الإشكاليات التاريخية في علم الاجتماع السياسي عند ابن خلدون**))، ومنها ما اختص بفكر ابن خلدون، مثل كتاب ناصيف نصّار ((**الفكر الواقعي عند ابن خلدون**))، وكذلك كتاب الدكتور علي الوردي ((**منطق ابن خلدون**))، أما كتاب الدكتور محمد عابد الجابري ((**فكر ابن خلدون**)) فقد شكّل زاوية مهمة في الدراسة لتناوله موضوع العصبية والدولة عند ابن خلدون. أما الكتب التي كان لها بحث في عقيدة ابن خلدون وإسلاميته، فكان في مقدمتها كتاب الأستاذ الدكتور عماد الدين خليل ((**ابن خلدون إسلامياً**))، وكتاب الدكتور عبد الحليم عويس ((**التأصيل الإسلامي لنظريات ابن خلدون**)). واما الكتب التي شكلت دراسة شاملة لابن خلدون في حياته ومقدمته فكان أبرزها كتاب الأستاذ ساطع الحصري ((**دراسات عن مقدمة ابن خلدون**))، كما جاءت دراسة شاملة مركزة في فصل مهم من كتاب الأستاذ الدكتور هاشم يحيى الملاح ((**المفصل في فلسفة التاريخ**))، وثمة الكثير من هذه المراجع مثبتة عنواناتها في ثبت المصادر والمراجع، وإضافة إلى ذلك اعتماد الدراسة على كتب معربة، وفي مقدمتها كتاب هاملتون جب ((**دراسات في حضارة الاسلام**))، وكتاب غاستون بوتول ((**ابن**

خلدون، فلسفته الاجتماعية))، وكتاب ايف لاكوست ((**العلامة ابن خلدون**))، وغيرها من المصادر التي أغنت هذه الدراسة بالمعلومات التي تحتاجها.

يُضاف إلى ذلك كله اعتمادي على مراجع حديثة في موضوع السيرة النبوية منها كتاب الدكتور هاشم يحيى الملاح ((**الوسيط في السيرة النبوية**))، وكتاب أحمد ابراهيم الشريف الذي جاء بعنوان ((**مكة والمدينة في الجاهلية وعصر الرسول**)) واعتمدت عليه بأخذ خريطتين عن المدينة المنورة والجزيرة العربية في زمن ظهور الإسلام، وثمة العديد من المراجع المذكورة في ثبت المصادر والمراجع.

آمل أنّي قد وفقت في دراستي هذه، وساهمت في تقديم بعض الإضاءات عن منهجية ابن خلدون في تدوين السيرة النبوية وتفسيره لأحداثها على وفق قواعد علم العمران الذي كان له شرف اكتشافه، وفوق كل ذي علم عليم.

الفصل الأول/
حياة ابن خلـدون
ومنهجيته في تدوين التاريخ
وفلسفة العمران

حياة ابن خلدون وتوجهاته الفكرية والعقائدية

1ـ حياة ابن خلدون:

قبل دراسة منهجية ابن خلدون وتناوله للسيرة النبوية، لا بد لنا من تقديم نبذة موجزة عن حياته، التي كتب عنها هو في كتابه المعروف ((**التعريف**)) [1]، المكتوب بخط يده [2]، والذي عدّ به - عند البعض - أحد روّاد فن السيرة الذاتية أو ما يُعرف بفن ((**الأوتو - بيوجرافيا**)) [3]، فغدا هذا الكتاب مصدراً مهماً في توثيق سيرته وسيرة عائلته منذ صلتها بالرسول الكريم صلى الله عليه وسلم وصولاً إلى آخر سنة من حياته، ومعيناً يستعين به الباحثون في ترجمتهم لحياة ابن خلدون، إلى جانب تراجم أخرى كتبها معاصروه منها: ترجمة بقلم صديقه لسان الدين ابن الخطيب [4]، كذلك ترجمة إسماعيل ابن الأحمر [5]، لحياة ابن خلدون وغيرهما.

(1) **التعريف:** سمّاه ابن خلدون ((**التعريف بابن خلدون مؤلف الكتاب ورحلته غرباً وشرقاً**)). علي عبد الواحد وافي، تقديمه لمقدمة ابن خلدون، ج 1، ط 2، لجنة البيان العربي: 1965، ص 155.

(2) ثمة نسختان من هذا الكتاب، وهما نسختا المؤلف نفسه. وتعدان من أوثق ما وصل إلينا وأكمله في ترجمة حياة ابن خلدون. والنسخة الأولى منهما في مكتبة (أيا صوفيا)، والثانية في مكتبة (أحمد الثالث)، مكتبة السلطان أحمد الثالث في طوب قبو سراي باستانبول. وافي، المصدر نفسه، ص 155.

(3) منهم: علي عبد الواحد وافي، محقق كتاب المقدمة. وافي المقدمة، ج 1، ص 152.

(4) **لسان الدين ابن الخطيب:** هو أبو عبد الله محمد بن عبد الله بن سعيد بن الخطيب لسان الدين، من أعظم كتّاب الأندلس في القرن الثامن الهجري، ولد بلوشة من أعمال غرناطة سنة (713 هـ - 1313 م)، وقتل سنة (776 هـ - 1375 م)، له مؤلفات عديدة أشهرها: الإحاطة في أخبار غرناطة. عمر رضا كحالة، معجم المؤلفين، مكتبة المثنى ودار إحياء التراث العربي، (بيروت: د، ت)، ج 10، ص 216.

(5) **اسماعيل بن الأحمر:** هو اسماعيل بن يوسف بن الأحمر (718 - 755 هـ)، من ملوك بني الأحمر في الأندلس (في غرناطة)، وليَ الملك سنة (733 هـ - 1332 م). كحالة، المصدر نفسه، ج 2، ص 301؛ وهناك تراجم عديدة أخرى منها: ترجمة الحافظ ابن حجر

فابن خلدون هو عبد الرحمن بن محمد، كنيته أبو زيد، لقبه وليّ الدين [1]، وقد اشتهر بابن خلدون، ينتمي إلى أسرة عربية يمانية من حضرموت [2]، ترجع في أصولها إلى الصحابي وائل بن حجر [3]، كان جده خالد بن عثمان أول من دخل الأندلس من هذه الأسرة بعد الفتح العربي الإسلامي مهاجراً من حضرموت مع رهط من قومه [4]، انتسبت أسرته إليه فعُرفوا ببني خلدون [5]، واستقر هو وأسرته

العسقلاني في كتاب ((**رفع الإصر عن قضاة مصر**)) ق 1، ص 334، وترجمة شمس الدين السخاوي في كتاب ((**الضوء اللامع في أعيان القرن التاسع**)) ق 4، ص 145، وترجمة أحمد بن محمد المقري في كتاب ((**نفح الطيب من غصن الأندلس الرطيب**)) ق 6، ص 180، وترجمة لسان الدين بن الخطيب في كتاب ((**الإحاطة في أخبار غرناطة**)) ق 3، ص 497 - 516.

(1) خلع عليه هذا اللقب السلطان المملوكي الظاهر برقوق بعد أن ولاّهُ قضاء المالكية في (19 جمادي الثانية 786 هـ - 1384 م). تقي الدين المقريزي، السلوك لمعرفة دول الملوك، تحقيق: سعيد عبد الفتاح عاشور، ج 3، ق 2 (783 - 801 هـ / 1381 - 1398 م)، مطبعة دار الكتب (لا. م: 1970 م)، ص 517.

(2) **حضرموت:** بفتح الحاء وسكون الضاد، وفتح الراء والميم اسم مركب: وهي ناحية واسعة في شرقي عدن بقرب البحر. ياقوت الحموي، معجم البلدان، حرف الحاء، مج 2، (لا. م)، (بيروت: 1957 م)، ص 270.

(3) **وائل بن حجر:** هو وائل بن حجر بن سعيد بن مسروق بن وائل بن النعمان. أبو محمد علي ابن حزم، جمهرة أنساب العرب،تحقيق: عبد السلام محمد هارون، دار المعارف بمصر (القاهرة: 1962 م)، ص 460؛ ووائل بن حجر من أقيال اليمن من حضرموت، وفد على النبي محمد صلى الله عليه وسلم في عام الوفود، وأعلن اسلامه. والقيل: تعني نائب الملك في غيابه وأوامره كقانون الملك لا يُرد. وتلقب ابن خلدون بالحضرمي نسبةً إلى موطن جده الأول، ووصف بالمالكي نسبةً إلى مذهبه الفقهي. عبد الرحمن بن خلدون، التعريف بابن خلدون ورحلته غرباً وشرقاً،(دار الكتاب اللبناني: 1979م)، ص 3 - 4.

(4) **الرهط:** ما دون العشرة من الرجال لا يكون فيهم امرأة، محمد بن أبي بكر الرازي، مختار الصحاح، دار القلم (بيروت: د. ت)، ص 259.

(5) اشتهر بهذا الأسم وفقاً للتقاليد التي جرى عليها أهل الأندلس والمغرب يومئذٍ في علامات التعظيم بإضافة (واو ونون) إلى نهاية الاسم العلم. سلسلة مناهل الأدب العربي، مختارات من ابن خلدون، العدد (21)، (بيروت: 1949 م)، ص 3.

في قرمونية [1] أولاً، ثم انتقل بأبنائه إلى إشبيلية [2]، حيث انخرطوا فيما عرف آنذاك بجند اليمن.

أصبح لهذه الأسرة فيما بعد شأن مرموق في الأندلس سياسياً وعلمياً، في عهد الدولة الأموية في الأندلس [3]. وفي عصر الطوائف [4]، حيث شارك العديد من أبنائها [5] في بعض الفتن والثورات على اختلاف العصور والسلاطين، غير أن الدور الأبرز لهذه الأسرة كان في عهد دولة بني عباد [6] في إشبيلية، حيث لمع نجمها بمشاركة زعمائها في موقعة الزلاقة المشهورة التي انتصر فيها أبو القاسم المعتمد بن عباد وحليفه يوسف بن تاشفين المرابطي [7]، كما اتصل أبناء هذه الأسرة أيضاً بكل من تولى شؤون الأندلس ابتداءاً من المرابطين [8]،

---

(1) **قرمونية:** وهي كورة في الأندلس من أعمال إشبيلية. الحموي، معجم البلدان، حرف الميم، مج 3، ص 330.

(2) **إشبيلية:** بالكسر ثم بالسكون، وكسر الباء الموحدة، وياء ساكنة، ولام، وياء خفيفة، تسمى حمص أيضاً، وبها قاعدة ملك الأندلس وسريره، وهي قريبة من البحر، الحموي، المصدر نفسه، مج 1، ص 195.

(3) انتهت الخلافة الأموية في الأندلس سنة (422هـ - 1030 م). محمد عبد الله عنان، دول الطوائف، (القاهرة: 1969 م)، ص 13.

(4) عصر الطوائف في الأندلس (422 - 479هـ/1030 -1086م).عنان، المصدر نفسه، ص 21.

(5) ومنهم كريب بن خلدون أحد رؤساء الثورة التي قامت على الخلفاء الأمويين، والذي اشترك مع زعماء الثورة في حكم إشبيلية، ثم انفرد بحكمها بعد مدة، وحكمها حكماً مطلقاً إلى أن لقي حتفه في ثورة قامت عليه. ابن خلدون، التعريف، ص 8.

(6) نسبةً إلى الأسرة التي حكمت إشبيلية في عهد الطوائف (414 - 484 هـ / 1023 - 1091 م). عنان، دول الطوائف، ص 3.

(7) في هذه الموقعة التقت جيوش الإسلام المتحدة بقيادة يوسف بن تاشفين أمير المرابطين في المغرب - بعد أن التمس منه المساعدة زعماء الطوائف في الأندلس - بالجيوش النصرانية بقيادة الفونسو السادس - زعيم أسبانيا النصرانية - في سهول الزلاقة في سنة (479 هـ - 1086 م) فأحرز المسلمون نصراً عظيماً. محمد عبد الله عنان، نهاية الأندلس وتاريخ العرب المتنصرين، ط 2، مطبعة مصر، (القاهرة: 1958 م)، ص 14.

(8) امتد عهد المرابطين في الأندلس من (483 - 543 هـ / 1090 - 1148 م). خليل ابراهيم السامرائي، علاقات المرابطين بالممالك النصرانية بالأندلس وبالدول الإسلامية، دار الشؤون الثقافية، (بغداد: 1985 م)، ص 9.

فالموحدين [1]، حتى انتهاء الحكم العربي الإسلامي في إشبيلية عام (646 هـ - 1248 م) حينما سقطت إشبيلية بيـد القوات الأسبانية الغازيـة.

هاجرت أسرة ابن خلدون إلى المغرب العربي، ونزلت أول عهـدها في سـبتة[2]، ثـم تنقلـت في عدة أماكن انتهاءاً بتونس[3]، وفيها أقامت، فحظيت باهتمام وإكرام زعـماء الأسرة الحفصية [4] الـذين أنعموا على رؤساء هذه الأسرة بالمناصب الهامـة [5]، وشذَّ والـد المؤرخ (محمد بن أبي بكر) عن الطريق التي سلكها آبـاؤه وأجداده، وركّز اهتمامه على طلب العلـم، وخاصـة العلـوم الشرعية وقواعـد اللغـة العربيـة التـي بـرع فيهـا، إلى جانـب فنـون الشـعر العـربي، ولمـا تـوفي في سـنة (749هــ - 1348م) في (الطاعون الجارف) [6]، كان ابنه عبد الرحمن فتىً يافعاً.

(1) قامت امبراطورية الموحدين بالمغرب سنة (514 هـ - 1120 م) على يد محمد بن تومرت، وانتهت سنة (688 هـ - 1289 م) وامتد سلطانها إلى الأندلس من سنة (543 - 628 هـ / 1148 - 1231 م). عنان، نهاية الأندلس، ص ص 24 - 26.

(2) **سبتة:** بفتح أوله، وهي بلدة مشهورة من قواعد بلاد المغرب ومرساها أجود مرسى على البحر، وهي على بر البربر تقابل جزيرة الأندلس. الحموي، معجم البلدان، مج3، باب السين، ص 182.

(3) **تونس:** مدينة كبيرة محدثة بإفريقية على ساحل بحر [الروم]. الحموي، المصدر السابق، مج 2، باب التاء، ص 60.

(4) حكمت الأسرة الحفصية تونس من (634 - 981 هـ / 1237 - 1573 م)، ومن أشهر حكامها في حياة ابن خلـدون، أبو يحيى أبو بكر الثاني المتوكل، ثم أبو حفص عمر الثاني (ولي سنة 747 هـ - 1346 م) لعام واحد، وأبو اسحق ابراهيم الثاني المستنصر، ولي سنة 752 هـ - 1351 م)، وأبو العباس أحمد الثاني المستنصر (ولي سنة 772 هـ - 1370 م)، وأبو فارس عبد العزيز المتوكل (796 هـ - 1393 م). أحمد عامر، الدولة الحفصية، صفحات خالدة من تاريخنا المجيد. دار الكتب الشرقية، (تونس: 1974 م)، ص 41 - 63.

(5) تولى جد المؤرخ الثاني أبو بكر محمد بن خلدون شؤون الدولة في عهد أبي اسحق وولّي بعده محمد جد المؤرخ شؤون الحجابة حيناً لأبي فارس ولد أبي اسحق وولي عهده، وكان قد استقل بحكم بجاية. محمد عبد الله عنان، ابن خلدون حياته وتراثه الفكري، ط 1
(لا. م)، (القاهرة: 1933م)، ص 15.

(6) **الطاعون الجارف:** الاسم الذي أطلقه ابن خلدون على الطاعون الذي حدث في قارات آسيا وأوربا وإفريقيا، ويُقال عدد خسائره (25) مليون نسمة.علي الوردي، منطق ابن خلدون، (د. م، د. ت)، ص 185.

كانت ولادة ابن خلدون في غرّة شهر رمضان سنة (732 هـ - 1332 م) في مدينة تونس، وتلقى فيها علومه الأولية على طريقة التربية والتعليم السائدين آنذاك في بلاد المغرب العربي والبلاد الاسلامية [1]، وكان لها التأثير الواضح عليه علمياً وثقافياً، فقد أمضى ابن خلدون عدة سنوات في طلب العلم [2]، إلى أن أجبرته الظروف القاسية أثر وفاة والده وأغلب أساتذته وشيوخه [3]، بالطاعون الجارف على الهجرة إلى المغرب والتحول نحو الأعمال الإدارية، فعمل أول الأمر حاجباً [4] لأمير بجاية، ثم تنقل في العمل الوظيفي في ظل السلاطين والأمراء المتصارعين على السلطة ولمدة ثماني سنوات تعرض خلالها للسجن مدة سنتين (758 - 760 هـ / 1357 - 1359 م) على يد السلطان أبي عنان [5] صاحب فاس، بعد أن اتهمه بالتآمر ضده مع صاحب بجايه، وبعد أن أطلق سراحه السلطان أبو سالم [6] عيّنه كاتباً له، ثم تولى خطة المظالم للنظر في الأمور التي يتناولها الشرع، وبعدها رحل إلى الأندلس [7].

ولمّا زار ابن خلدون الأندلس، حصل على مكانة لدى سلطان غرناطة، أبي

---

(1) وذلك عن طريق التلقي المباشر من المعلمين والشيوخ في الكتاتيب والمساجد والجوامع. عبد الأمير شمس الدين، الفكر التربوي عند ابن خلدون وابن الأزرق، دار اقرأ، ط 2 (بيروت: 1986 م)، ص ص 13 - 14.

(2) تتلمذ على يد والده الذي كان متمكن من علوم الدين واللغة، ثم انتقل إلى الدراسة على يد عدد من الشيوخ في علوم القرآن والفقه الاسلامي وعلم الكلام والعلوم اللسانية، وبعد ذلك درس المنطق والفلسفة والعلوم الطبيعية والرياضية. هاشم يحيى الملاح، المفصل في فلسفة التاريخ، مطبعة المجمع العلمي العراقي، (بغداد: 2005 م)، ص 146.

(3) ينظر: الجدول الخاص بأسماء شيوخه في ملاحق الرسالة.

(4) يعد أرقى منصب اداري وسياسي في الدولة في ذلك الحين. ابن خلدون، التعريف، ص 106.

(5) هو أبو عنان فارس المتوكل بن علي، تولى الحكم في فاس في جمادي الآخرة سنة (749 هـ - 1350 م). أدورفون زامباور، معجم الأنساب والأسرات الحاكمة في التاريخ الإسلامي، ترجمة: زكي محمد حسن، دار الرائد العربي، (بيروت: 1980)، ص 122.

(6) هو أبو سالم ابراهيم بن علي، أخو السلطان أبي عنان، تولى الحكم في رمضان (760 هـ - 1359 م). زامباور، المصدر السابق، ص 122.

(7) ابن خلدون، التعريف، ص ص 57 - 83.

عبد الله بن الأحمر [1]، وفيها التقى العديد من علماء ومؤرخي الأندلس واطلع على نتاجهم الفكري ومنهم الوزير لسان الدين بن الخطيب، وأقام فيها سنتين (764 - 766 هـ / 1362 - 1364 م) كُلِّفَ خلالها بسفارة من قبل سلطان غرناطة إلى ملك قشتالة الأسباني، للمفاوضة معه فالتقاه في إشبيلية، وبعد تأدية مهمته رجع إلى غرناطة، ولكن لم يكد يستقر حتى أخذت تُحاك ضده الوشايات، فترك بلاد الأندلس ورحل إلى بجايه [2].

بعد أن تقلب الوضع به في المغرب بين الأمراء والسلاطين المتصارعين، زار الأندلس مرة أخرى سنة (776هـ - 1374م) وعاد إلى المغرب في السنة نفسها [3]، ولكن العمل الإداري والسياسي لم يصرفه عن طلب العلم، فقد تفرغ لذلك في فترات مختلفة حتى استقر به المقام في سنة (776 هـ - 1374م) في قلعة بني سلامة [4]، ولمدة أربع سنوات، ألّف خلالها كتابه **(العبر)** بصورته الأولية، ولكنه احتاج إلى مصادر لم تكن متيسرة له في قلعة ابن سلامة، فعاد إلى تونس سنة (780 هـ - 1378 م) لإكمال كتابته وتعزيزها بالمصادر الموجودة في مكتبة سلطان تونس أبي العباس أحمد الحفصي الذي وفّر له كل وسائل الراحة لإنجاز كتاباته وإتمامها، وبعد انتهائه أهداه ابن خلدون نسخة من كتاب العبر [5].

في سنة (784 هـ - 1382 م) غادر ابن خلدون تونس متوجهاً إلى مصر بحجة أداء فريضة الحج [6]، إلاّ أنه استقر بها في عهد السلطان الظاهر برقوق [7]،

(1) هو محمد الخامس الغني بالله بن يوسف، تولى حكم غرناطة مرتين الأولى سنة (755 هـ - 1354م)، والثانية سنة (763 هـ - 1362 م). زامباور، المصدر السابق، ص 93.

(2) ابن خلدون، التعريف، ص 104.

(3) ابن خلدون، المصدر نفسه، ص 243.

(4) **قلعة ابن سلامة، أو بني سلامة:** وتسمى قلعة تاوغزوت، تقع في مقاطعة وهران من بلاد الجزائر الحالية. تقي الدين أحمد بن علي المقريزي، الخطط المقريزية، مكتبة العرفان، (بيروت: د. ت)، مج 2، ص 204.

(5) ابن خلدون، التعريف، ص 205.

(6) لم يتسنَ لابن خلدون أن يؤدي فريضة الحج إلاّ في سنة (789 هـ - 1387 م). ابن خلدون، التعريف، ص 281.

(7) هو الظاهر سيف الدين برقوق بن أنس العثماني اليلبغاوي، تولى الحكم في مصر سنة

الذي أحسن وفادته، فهيأ له ذلك فرصة الاطلاع على العديد من المؤلفات التي تساعده في مراجعة كتاباته وتعزيزها بالمصادر، وتوسيع معلوماته عن تاريخ المشرق، وفي مصر عرف ابن خلدون الثقافة الاسلامية الشرقية عن كثب بمعاشرته علماءها وشيوخها وكانت تفوق الثقافة الإسلامية التي عرفها في بلاد المغرب، ولذلك أخذ ابن خلدون بإجراء التعديلات على بعض من آرائه، من خلال تنقيح مؤلفه كتاب (**العبر**)[1]، وبضمنه بطبيعة الحال المقدمة، كما واصل التأليف والتدريس، وشغل منصب قاضي المالكية الذي عُزِلَ عنهُ وأُعيدَ إليه خمس مرات[2].

استأذن ابن خلدون من السلطان ناصر الدين فرج[3]، لزيارة بيت المقدس، فرحل إلى القدس ثمَّ انصرف إلى الخليل، ومنها إلى غزة، وبعد ذلك رجع إلى القاهرة أواخر شهر رمضان سنة (802 هـ - 1401م)، فعاد إلى الاشتغال بتدريس العلم والتأليف[4]، حتى سافر إلى دمشق سنة (803 هـ - 1401 م) حين شارك مع بقية القضاة والعلماء بالحملة التي قادها السلطان فرج ضد تيمورلنك الذي جاء غازياً لبلاد الشام واستطاع أن يقابل تيمورلنك ويمضي مدة معه[5]، ثم عاد إلى مصر وبقي فيها حتى توفي في القاهرة في (26 رمضان 808 هـ / 1406 م)[6] بعد أن أمضى ـ في مصرـ (أربعة وعشرين عاماً)، وقيل دفن في مقبرة (الصوفية)[7].

(784 هـ - 1382 م)، وتوفي في 15 شوال سنة (801 هـ - 1399 م). زامباور، معجم الأنساب، ص 163.

(1) ساطع الحصري، دراسات عن مقدمة ابن خلدون، ط 3، (القاهرة: 1967 م)، ص 91.

(2) ابن خلدون، التعريف، ص 429.

(3) هو ناصر الدين فرج بن برقوق، تولى حكم مصر في شهر شوال سنة (801 هـ - 1399 م). زامباور، معجم الأنساب، ص 163.

(4) ابن خلدون، التعريف، ص 407.

(5) عن زيارته ومقابلته تيمورلنك، ينظر: ابن خلدون، التعريف، ص ص 388 - 420.

(6) محمود الجليلي، ((**ترجمة ابن خلدون للمقريزي**))، مجلة المجمع العلمي العراقي، مج 13، مطبعة المجمع العلمي العراقي، (بغداد: 1965 م)، ص 244.

(7) الحصري. دراسات عن مقدمة ابن خلدون، ص 93.

2 - توجهاته الفكرية والعقائدية:

قبل الخوض في تفاصيل وأساليب التدوين التاريخي ونقد الروايات وقبول الأخبار عند ابن خلدون، لا بد لنا من توضيح توجهاته الفكرية والعقائدية، وتأكيد مسألة مهمة حاول البعض التشكيك فيها والغمز في صدقيتها، ألا وهي مسألة البعد الإسلامي عند ابن خلدون عقيدةً وفكراً ومنهجاً في جميع كتاباته وطروحاته وآرائه الفلسفية التي تؤكد توحيده لله وإيمانه بالوحي والرسالات السماوية، لا سيّما الرسالة الإسلامية، ينبع ذلك من طبيعة النشأة الدينية التي نشأ وتربى عليها في أسرته ومجتمعه، وتلقيه للعلوم الإسلامية وحفظه القرآن الكريم ونهله من معين السنّة النبوية للرسول محمد صلى الله عليه وسلم وصحابته الكرام.

لقد كان ابن خلدون في كل صفحات كتابه **(العبر)**، لا سيّما المقدمة فقيهاً متكلماً من أتباع المذهب المالكي، يرى الدين أهم شيء في الحياة، وأن الشريعة هي السبيل الوحيد الى الهدى، فغدت كتاباته متوافقة منطقياً مع الموقف الإسلامي، واستبعدت أي شيء لا يتلاءم معها [1]، فمنهجية تدوينه إسلامية خاصة، وهي تؤكد إقامته فلسفة تاريخية حسب متطلبات الشرع الإسلامي [2]، مع قدرة عالية على المزج بين العلوم الشرعية والعلوم الإنسانية والطبيعية باعتبارها معارف وعلوماً إسلامية [3]، على عكس ما يعتقد البعض بأن ابن خلدون ((... يبدي براعةً في تفسير الشريعة الإسلامية بما يتفق وآراءه، وبذلك يريد أن يخضع الدين لنظرياته العلمية..)) [4].

ينبغي التنويه إلى أهمية الدور الإلهي الفعال في صنع الأحداث التاريخية الخلدونية وفي طروحاته عن الدين التي تعد ركناً أساسياً في بناء رؤيته الشاملة للحركة التاريخية الإنسانية، ولعل خير ما يؤكد رؤيته الدينية التاريخية هذه، كثرة

(1) هاملتون جب، دراسات في حضارة الاسلام، ترجمة: إحسان عباس (وآخرين)، ط 2، دار العلم للملايين، (بيروت: 1974 م)، ص 225.

(2) ناصيف نصار، الفكر الواقعي عند ابن خلدون، دار الطليعة، (بيروت: 1981م)، ص 178.

(3) جب، دراسات في حضارة الإسلام، ص 228.

(4) من هؤلاء كامل عياد في أطروحته للدكتوراه عن ابن خلدون..، ص 173، نقلاً عن: جب، المصدر نفسه، ص 225.

استشهاده بآيات القرآن الكريم والأحاديث النبوية الشريفة وأقوال وأفعال الصحابة الكرام التي طالما اعتمدها في تعزيز وترصين وجهات نظره، ولجعل استدلالاته أكثر حجية وصواباً وإقناعاً، وفق منهجية علمية رصينة [1].

من هذه الاستدلالات الكثيرة - على سبيل المثال لا الحصر -:

- العنوان الكبير لكتابه ((**العبر وديوان المبتدأ والخبر في أيام العرب والعجم والبربر ومن عاصرهم من ذوي السلطان الأكبر**)) مقتبسة دلالتـه من قوله - تعالى -: (وَتِلْكَ الْأَيَّامُ نُدَاوِلُهَا بَيْنَ النَّاسِ) [2]، فقد قصد ابن خلدون بهذا العنوان من تعاقب قيام الدول وغلبتها وفرض سلطانها، ثم وقف نموها وضعفها وانهيارها لتقوم بدلها دول أخرى. وكذا الحال مع العمران والحضارة، فهو يتدرج من بدوي فتي ثم يرقى إلى مدارج الحضارة حتى منتهاها، ثم يضعف ويضمحل ويطغى عليه عمران آخر [3].

- تدعيم الأفكار الاجتماعية التي يطرحها لسقوط الدول بما ورد في القرآن الكريم، منها مثلاً الظلم، والترف، والكفر بأنعم الله، من هذه الآيات قوله - تعالى -: (وَمَا كَانَ رَبُّكَ مُهْلِكَ الْقُرَى حَتَّى يَبْعَثَ فِي أُمِّهَا رَسُولًا يَتْلُو عَلَيْهِمْ آيَاتِنَا وَمَا كُنَّا مُهْلِكِي الْقُرَى إِلَّا وَأَهْلُهَا ظَالِمُونَ (59))[4]، وقوله - تعالى -: (عَسَى رَبُّكُمْ أَنْ يُهْلِكَ عَدُوَّكُمْ وَيَسْتَخْلِفَكُمْ فِي الْأَرْضِ فَيَنْظُرَ كَيْفَ تَعْمَلُونَ) [5]، وقوله - تعالى -: (وَضَرَبَ اللَّهُ مَثَلًا قَرْيَةً كَانَتْ آمِنَةً مُطْمَئِنَّةً يَأْتِيهَا رِزْقُهَا رَغَدًا مِنْ كُلِّ مَكَانٍ فَكَفَرَتْ بِأَنْعُمِ اللَّهِ فَأَذَاقَهَا اللَّهُ لِبَاسَ الْجُوعِ وَالْخَوْفِ بِمَا كَانُوا يَصْنَعُونَ

(1) عماد الدين خليل، ابن خلدون إسلامياً، المكتب الإسلامي، (بيروت: 1983 م)، ص ص 49، 57.

(2) سورة آل عمران، من الآية (140).

(3) حسن الساعاتي، علم الاجتماع الخلدوني، قواعد المنهج، دار المعارف، ط 4، (القاهرة: 1978 م)، ص ص 210 - 211.

(4) سورة القصص، من الآية (59).

(5) سورة الأعراف، من الآية (129).

((112)

- تخصيص فصول كثيرة للبحث في المسائل الدينية والشرعية، من الوحي والنبوة ومسائل الخلافة والإمامة، وعلوم الدين والشريعة، وكل ما يكتبه يعبّر عن إيمان صادق [1].

- يختتم كل فصول المقدمة تقريباً بذكر الله عز وجل وبكتابة آية من آيات القرآن الكريم المناسبة للمقام عدا بضعة فصول لا يتجاوز عددها الاثني عشر. والكلمات الختامية التي يذكر فيها (الله) تشير في الأغلب إلى علمه وقدرته ومشيئته ووحدانيته، ومما جاء في وحدانية الله: " هو ((**هو الواحد القهار، لا رب سواه لا شريك له، لا معبود سواه...**)). ومما ذكره حول مشيئة الله ((**يخلق ما شاء ويحكم ويريد، يؤتي ملكه من يشاء**))، أما عن علم الله ((**والله بكل شيء عليم، والله أعلم بالصواب، وفوق كل ذي علمٍ عليم...**)) وحول قدرة الله ((**والله على كل شيء قدير، وهو القاهر فوق عباده...**)) [2].

- يذكر خلال متون بعض الفصول بعض الآيات القرآنية، والأحاديث النبوية، أو يكتب بعض العبارات التي فيها حماسة الدين، فهو حين يتكلم عن الذين يحاولون معرفة حقيقة النبوة وحقائق صفات الله عن طريق الفكر وحده يقول: ((**انهم قد يصبحون.. من الضالين الهالكين..**، ثمَّ يعقب على ذلك بقوله: **نعوذ بالله من الحرمان والخسران المبين**)) [3]،لعل كل هذا دليل على إيمان ابن خلدون الصادق الذي لا يشوبه شيء من الشك في الله أو في الدين أبداً [4].

- اعتماد ابن خلدون المفهوم القرآني (سنة الله) والذي اقترن بمبدأه، في (العلية والقانون الطبيعي) [5]، الذي صاغه في شكل قانون أو نظريات اجتماعية -

(1) الحصري، دراسات عن مقدمة ابن خلدون، ص 485.
(2) الحصري، المصدر نفسه، ص 486.
(3) ابن خلدون، المقدمة، ج 1، ص 458.
(4) الحصري، المصدر نفسه، ص 488.
(5) جب، دراسات في حضارة الاسلام، ص 226.

خاصة في ميدان البحث في علم الطبيعة - التي جاءت لتؤكد على أن كشف أي قانون من قوانين الطبيعة هو كشف عن سنة من سنن الله في الكون، ونتيجة لذلك فإن علم الاجتماع الإنساني والعمران البشري عند ابن خلدون في كنهه يكشف عن سنن الله الاجتماعية، وقد استخدمها ابن خلدون في أربعة عشر موضعاً يعبر بها عن سنن الله الكونية [1].

- كثيراً ما تجاوز البعد الإيماني الديني التاريخي عند ابن خلدون الوقائع التاريخية، لكي يحقق الطفرات العظيمة والوثبات المتميزة في التاريخ، فنجده يقف بإجلال عند ظاهرة الفتوحات الإسلامية والتي أقرّ بأنها خرقت المألوف من القواعد القائمة على ما سمّاه (المطاولة لا المناجزة) بين القوى الحديثة التكوين ومن سبقها من قوى، اعتبرها ساكنة مستقرة، لأن العرب المسلمين الذين توجهوا في فتوحاتهم وتمكنوا من الاستيلاء على فارس وجزء كبير من أراضي الروم [2]، كان ذلك منهم ((.. معجزة من معجزات نبينا صلى الله عليه وسلم، سرها استماتة المسلمين في جهاد عدوهم استبصاراً بالإيمان وما أوقع الله في قلوب عدوهم من الرعب والتخاذل، فكان ذلك خارقاً للعادة المُقَدَّرَة في مطاولة الدول المستجدة للمستقرة.. والمعجزات لا يقارن عليها الأمور العادية ولا يعترض بها..)) [3].

- إنَّ مما يعمق دلالات التأصيل الإسلامي ومنهجيته في كتابة التاريخ عند ابن خلدون القائمة على أساس إيماني إسلامي واضح، آراءَه في النظام السياسي بصورة خاصة، لأنّه عدّه من ضروريات الاجتماع الإنساني ((.. لتتم حكمة الله في بقائه وحفظ نوعه... وإلاّ لم يكمل وجودهم وما أراده الله من اعتمار العالم بهم واستخلافه إياهم...)) [4]. واعتبر السياسة والملك هي كفالة للخلق وخلافة لله في العباد لتنفيذ إحكامه فيهم [5]، والتي لا تتم عنده إلاّ في العصبية، والعصبية إنما تتم

---

(1) الساعاتي، علم الاجتماع الخلدوني، ص 154.

(2) عماد الدين خليل، ابن خلدون إسلامياً، ص 47.

(3) ابن خلدون، المقدمة، تحقيق: علي عبد الواحد وافي، ج 2، (لجنة البيان العربي: 1985 م)، ص 654.

(4) ابن خلدون، المصدر نفسه، ج 2، ص 422.

(5) ابن خلدون، المصدر نفسه، ج 2، ص 518.

بجمع القلوب، وجمع القلوب وتأليفها إنما يكون بمعونة الله في إقامة دينه [1]، لذا نراه يقرر أن أي نظام قائم على أساس دنيوي لا يستند إلى مبادئ الإسلام وتعاليمه هو نظام يؤدي إلى خراب الناس فهو يحشرهم في مصالح الدنيا فقط ويقتل فيهم الجانب الأخلاقي ووازع الضمير ويرتفع بمصالحهم الفردية على مصالح الأمة والملة، وفي الوقت ذاته يدعو المسلمين إلى الاحتكام إلى الشريعة الإسلامية التي هي الضمان الوحيد لكفاية العباد وإسعادهم [2]. وفي ذلك يقول: ((... إن الملك الطبيعي هو حمل الكافة على مقتضى الغرض والشهوة، والسياسي هو حمل الكافة على مقتضى- النظر الفعلي في جلب المصالح الدنيوية... والخلافة في حمل الكافة على مقتضى النظر الشرعي في مصالحهم الأخروية والدنيوية الراجعة إليها...)) [3].

- ومن هذه المنطلقات اعتبر العديد من الباحثين أنّ أيّة محاولة لإبعاد ابن خلدون عن انتمائه للمنهج الإسلامي القرآني، محكوم عليها بالفشل، ولم يكتف البعض بذلك[4]، بل أخذ على عاتقه - مع تباين اتجاهاتهم الفكرية والدينية والعرقية الواضحة - الرد على كل من تجاهل هذه الحقائق ونظر إلى ابن خلدون بمنظار معين حاول من خلاله حجب التأصيل الإسلامي لآرائه وفلسفته وإلباسه رداءً لا يصلح له [5].

كما أكد الباحثون أنه بمثابة النبتة الطبيعية للثوابت الإسلامية المرتكزة على القرآن الكريم والسنّة النبوية باعتبارها بنى فكرية صالحة لكل زمان ومكان [6]، وهذا يعني وحسب رأي البعض ((... أنه لم يستحدث في نظامه شيئاً لا يتلائم منطقياً والموقف الاسلامي ويستبعد أن يفعل ذلك...)) [7]، وقد أيّد (جب) رأيه

---

(1) ابن خلدون، المصدر نفسه، ج 2، ص 466.
(2) عبد الحليم عويس، التأصيل الإسلامي لنظريات ابن خلدون، وزارة الأوقاف، (الدوحة: 1996م)، ص 74.
(3) ابن خلدون، المقدمة، ج 2، ص 518.
(4) من أمثال: عبد الحليم عويس، التأصيل الإسلامي، ص ص34 - 42؛ هاملتون جب، دراسات في حضارة الإسلام، ص ص 219 - 229.
(5) عويس، التأصيل الإسلامي، ص 74.
(6) عويس، المصدر نفسه، ص ص 38 - 39.
(7) جب، دراسات في حضارة الإسلام، ص 225.

بالإشـارة إلى ((.. أن الأساس الأخلاقي في فكر ابن خلدون ضمني يستشف من خلال عرضه كلـه، عـدا أنه يلجأ دائماً إلى الاستشهاد بالآيات القرآنية، والأحاديث النبوية..)) [1].

يتضح مما تقدم، خطأ الرأي القائل بأن ابن خلدون كان يسعى من خلال آرائه ونظرياته إلى الابتعاد عن الدين ومنطلقاته الفكرية، لأن جميع الأدلة تشير إلى عكس ذلك، وهذا ما عبّر عنـه مفكـر عربي معروف باتجاهه العلماني، حين قال عن فكر ابن خلدون ((... إن مقدمة ابن خلدون تـدل دلالـة واضحة على أن مؤلفها مؤمن قويّ الإيمان يؤمـن بالله وبالإسلام إيماناً راسخاً عميقاً، وآثـار هــذا الإيمـان ودلائله بارزة للعيان في جميع فصول المقدمة، ولا يوجد في تلك الفصول فقـرة واحـدة يمكـن أن تعتبر دليلاً على أنّ ابن خلدون قد خامره شك في الله والدين، ولو للحظة واحدة في مسألة واحدة)) [2]. وقـد أكّد هذا الرأي الدكتور محسن مهـدي فقال: ((... إنّ ابن خلـدون أراد إقامة فلسفة في التاريخ بحسب مقتضيات الشرع الإسلامي ومبادئ الفلاسفة الإسلاميين الكبار..)) [3].

(1) جب، المصدر نفسه، ص 226.
(2) الحصري، دراسات عن مقدمة ابن خلدون، ص 485.
(3) نصار، الفكر الواقعي عند ابن خلدون، ص 178.

منهجية ابن خلدون في التدوين التاريخي والتعامل مع الروايات والأخبار

1ـ منهجية ابن خلـدون في التدوين التاريخي:

أ - نظرة ابن خلـدون إلى مراحل التدوين التاريخي:

رصد ابن خلدون - بحس المؤرخ - طبيعة التدوينات التاريخية في عصره والعصور السابقة له، وسعى إلى تقديم منظور خاص به للتدوين التاريخي، تجاوز فيه المنهج الشائع في النظر إليه والتعامل معه وكأنه (قصص وحكايات مشوّقة) [1]، أو (فن من الفنون) وأنه في ((ظاهره لا يزيد على أخبار عن الأيام والدول والسوابق من القرون الأُوَّل...)) [2]، وغيرها من الأفكار التي أدّت بمجملها إلى الاستهانة بهذا العلم، وقدّم في الوقت ذاته تعريفاً خاصاً به، يتجاوز الوصف الظاهري، ويؤكد على أن التاريخ هو في حقيقته ((وفي باطنه نظر وتحقيق وتعليل للكائنات ومباديها دقيق، وعلم بكيفيات الوقائع وأسبابها عميق..)) [3]. وللتدليل على صحة منهجه ووجهة نظره، قدّم ابن خلدون تحليلاً نقدياً متميزاً لطبيعة التدوينات التاريخية التي صنّفها إلى أربعة مراحل:

مرحلة كبار المؤرخين (الرواد):

هي مرحلة بلغ فيها التأليف التاريخي في الإسلام أَوَجَهُ على يد كبار المؤرخين، وقد خصّ ابن خلدون بالذكر ابن اسحق (ت 150 هـ - 767 م)، والأسدي (ت 200 هـ - 815 م)، وابن الكلبي (ت 204 هـ - 819 م)، والواقدي (130 - 207 هـ / 747 - 823 م)، والطبري (224 - 310 هـ / 839 - 923 م)،

(1) الملاح، المفصل، ص 151.

(2) ابن خلدون، المقدمة، ج 1، ص 350.

(3) ابن خلدون، المصدر نفسه، ج 1، ص 351.

والمسعودي (ت 346 هـ - 957 م)، كل هؤلاء ومن على شاكلتهم من المؤرخين العرب المسلمين الكبار كانوا من (أصحاب التواريخ العامة) [1].

تميزت هذه المرحلة بثلاث خصائص أساسية، أولاها: الاجتهاد في جمع الأخبار واستقصائها من مصادرها المختلفة وتحمل مشاق السفر للوقوف على أخبار الأمم وأحوالها، وثانيتها: التزام المؤرخين بالأمانة والصدق في كتاباتهم فأكسب ذلك مؤلفاتهم ثقة الجميع، وأصبحت مصدراً للأخبار الموثوقة وطريقة للتأليف يُقتدى بها، ومع ذلك يؤكد ابن خلدون على عدم قبول أخبارهم كما هي[2]. ((.. والناقد البصير قسطاس نفسه في تزييفهم فيما ينقلون، أو اعتبارهم...))[3]، والخاصية الثالثة وهي العمومية باعتبارها تواريخ ((.. عامة المناهج والمسالك..)) [4]، تواريخ للإسلام ومختلف البقاع التي استقر فيها، وتواريخ للأمم والأجيال المعروفة قبلهم، والسبب هو انتشار الإسلام واستقراره في هذه البقاع في العهدين الأموي والعباسي فدفع ذلك المؤرخين إلى تتبع أخبارها [5].

مرحلة المؤرخين الإقليميين:

هي مرحلة التدوين التاريخي للمؤرخين الذين تخصصوا في كتابة تاريخ دولة أو إمارة أو إقليم خاص دون غيره من الأقاليم، فإنّه عدل المؤرخ فيها ((.. عن الإطلاق إلى التقييد... وقيّد شوارد عصره، واستوعب أخبار أفقه وقطره واقتصر على أحاديث دولته ومصره...)) [6].

وقد عزا ابن خلدون أسباب ذلك، إلى انقسام الدولة الإسلامية إلى إمارات وممالك مستقلة، فأوجد ذلك الحاجة إلى التدوين التاريخي الخاص بها، للإحاطة بأخبارها ومعرفة دقائق أمورها، وخصَّ بالذكر من مؤرخي هذه المرحلة، ابن حيان

(1) محمد الطالبي، منهجية ابن خلدون التاريخية، دار الحداثة، (بيروت: د. ت)، ص 13.

(2) محمد عابد الجابري، فكر ابن خلدون العصبية والدولة، دار الشؤون الثقافية العامة، (بغداد: د. ت)، ص 138.

(3) ابن خلدون، المقدمة، ج 1، ص 352.

(4) ابن خلدون، المصدر نفسه، ج 1، ص 352.

(5) الجابري، فكر ابن خلدون، ص 139.

(6) ابن خلدون، المقدمة، ج 1، ص 353.

مؤرخ الأندلس والدولة الأموية بها (377 - 469 هـ / 987 - 1076 م)، وابن الرقيق مؤرخ إفريقية والدول التي قامت بالقيروان (بعد 417هـ - 1026م) من أصحاب التواريخ المقيدة بقطر أو عصر [1].

مرحلة المؤرخين المقلدين:

اقتصر التدوين التاريخي في هذه المرحلة على التقليد لدى عموم مؤرخيها، وقد عاب ابن خلدون عليهم افتقارهم إلى التحديث والتجديد، وأشار إلى ذلك بقوله: ((.. ثم لم يأتِ من بعد هؤلاء إلاّ مقلد بليد الطبع والعقل متبلد..)) [2]، لأنهم من وجهة نظره، ((.. يجلبون الأخبار عن الدول،وحكايات الوقائع في العصور الأُوَل صوراً تجردت من موادها..))، وهم أيضاً ((.. يكررون في موضوعاتهم الأخبار المتداولة بأعيانها..)) [3]. وعاب عليهم أيضاً فقدانهم القدرة على التحليل والتدقيق والتمحيص في تدويناتهم التاريخية لأنهم، ((.. إذا تعرضوا لذكر الدولة نسقوا أخبارها نسقاً، محافظين على نقلها وهماً أو صدقاً..)) [4]، فعدهم غير مؤهلين وعدهم عاجزين عن الارتقاء بالتدوين التاريخي إلى مكانته الأصلية التي تليق به كأسلافهم باعتبار أنهم يذكرون الدول ((ولا يتعرضون لبدايتها، ولا يذكرون السبب الذي رفع من رايتها ولا علّة الوقوف عند غايتها، فيبقى الناظر متطلعاً إلى افتقاد أحوال مبادئ الدول ومراتبها، مفتشاً عن أسباب تزاحمها أو تعاقبها..)) [5]. بهذا كان المؤرخون في هذه المرحلة يفتقدون سمة التجديد والنقد والتحليل ومسايرة روح العصر التي اتصف بها مؤرخو المرحلتين السابقتين [6].

مرحلة الاختصار والتلخيص:

في هذه المرحلة عمد المؤرخون إلى الاختصار والتلخيص لكتب

(1) الطالبي، منهجية ابن خلدون، ص 14.
(2) ابن خلدون، المقدمة، ج 1، ص 353.
(3) ابن خلدون المصدر نفسه، ص 353.
(4) ابن خلدون، المصدر نفسه، ص 354.
(5) ابن خلدون، المصدر نفسه، ج 1، ص 354.
(6) الجابري، فكر ابن خلدون، ص 139.

المؤرخين السابقين لهم في منظومات وأراجيز ومختصرات عديمة الفائدة، وهي المرحلة التي عاصرها ابن خلدون ذاته وعاب على مؤرخيها لأنهم أفرطوا في الاختصار ((.. وذهبوا إلى الاكتفاء بأسماء الملوك والاقتصار، مقطوعة عن الأنساب والأخبار، موضوعةً عليها أعداد أيامهم بحروف الغبار *..)) [1]، وهؤلاء ((.. ليس يعتبر لهم مقال، ولا يعد لهم ثبوت ولا انتقال، لما أذهبوا من الفوائد، وأخلّوا بالمذاهب المعروفة للمؤرخين والعوائد..)) [2].

على هذا يمكننا القول أن ابن خلدون كان غير راضٍ عن طرائق التدوين التاريخي في المراحل الأربع السابقة، وخاصةً عن المرحلتين الأخيرتين، فإنه انتقد أصحابها لاقتصار أعمالهم على الاختصار والاختزال المفرط للمعلومات المُذهِب للفائدة المبعثر للتفاصيل المهمة، وهو باستعراضه لهذه المراحل يمهّد الطريق لنفسه ليوجه سهام النقد لمن سبقه من المؤرخين، ويحاول أن يضع الشروط الواجب توافرها في المؤرخ تمهيداً لطرح منهجيته في التدوين التاريخي.

ب - إفادة ابن خلدون ممن سبقه:

نستطيع أن نقول أن ابن خلدون باطلاعه الواسع على ما طالته يده من الكتب العربية الإسلامية والمعربة وما حوته من علوم نقلية وعقلية ترك بصماته الواضحة على ثقافته وأسلوبه وكتاباته، ولهذا نلحظ أثر إفادته ممن سبقه في مجالات عديدة منها:

- حاول ابن خلدون باستعراضه مراحل التدوين السابقة له أن يضع دراسة نقدية تحليلية لطبيعة تلك المراحل التي مرّ بها التدوين التاريخي العربي الاسلامي، فأراد عن طريق كتابه (**العبر**) أن يقدم ((.. مذهباً عجباً، وطريقة مبتدعة

---

* **قلم الغبار:** من الأقلام المعروفة في تاريخ الخط العربي، وهو أدق الأقلام، وسمي بذلك لأن الحروف التي تكتب به دقيقة كحبات الغبار. الجابري، فكر ابن خلدون، ص 140.

(1) ابن خلدون، المقدمة، ج 1، ص 354.

(2) ابن خلدون، المقدمة، ج 1، ص 354.

وأسلوباً..)) [1] خاصاً في التدوين التاريخي يضاهي ما كتبه مؤرخو المراحل السابقة له، خصّ منهم المسعودي فأعلن بأنه مقتفي أثره، فكما أن المسعودي استطاع أن يدوّن أخبار الخليقة إلى عصره بما فيها زمن ظهور الإسلام ونمو حضارته باعتبارها تجربة شاملة كاملة، رأى ابن خلدون أن عصره يحتاج إلى مؤرخ يجاري المسعودي يأخذ على عاتقه تدوين تفاصيل العصور اللاحقة للمسعودي وغيره من كبار المؤرخين إلى عصره، ولكنه أراد أن يكون أكثر دقةً ونقداً في تسجيل الحوادث التاريخية وعرضها، وعبّر عن ذلك بقوله: ((.. وكأنما نادى لسان الكون في العالم بالخمول والانقباض فبادر بالإجابة... وإذا تبدلت الأحوال جملةً فكأنما تبدل الخلق من أصله، فاحتاج لهذا العهد من يدون أحوال الخليقة والآفاق وأجيالها والعوائد والنِحَل التي تبدلت لأهلها، ويقفو مسلك المسعودي لعصره ليكون أصلاً يقتدي به من يأتي من المؤرخين من بعده..)) [2].

مع ذلك لم يكن ابن خلدون متساهلاً مع روّاد الرعيل الأول من المؤرخين على الرغم من اعترافه بفضل المؤرخين الكبار كالطبري وابن اسحق والواقدي والمسعودي وغيرهم، فهو يقر بأن ((.. فحول المؤرخين في الإسلام قد استوعبوا أخبار الأيام وجمعوها وسطّروها في صفحات الدفاتر وأودعوها..)) [3]، وفي الوقت عينه يشير إلى ما في مؤلفات المسعودي والواقدي ((.. من المطعن والمغمز عند الإثبات..)) [4].

ولذلك، لم يكن أمام ابن خلدون وهو يبحث عن فلسفة عامة لأسباب التطور والتبدل الاجتماعي السياسي إلاّ أن يسير على منهج المسعودي ويصبح إذا تحقق له النجاح كسابقه [5]، ((.. إماماً للمؤرخين يرجعون إليه وأصلاً يعولون في تحقيق الكثير من اخبارهم عليه..)) [6]، وهذا ما دفع البعض إلى الاعتقاد جازماً أن

(1) ابن خلدون، المصدر نفسه، ج 1، ص 355.
(2) ابن خلدون، المقدمة، ج 1، ص 406.
(3) ابن خلدون، المصدر نفسه، ج 1، ص 352.
(4) ابن خلدون، المصدر نفسه، ج 1، ص 354.
(5) نصار، الفكر الواقعي عند ابن خلدون، ص 59.
(6) ابن خلدون، المقدمة، ج 1، ص 458.

المعقولية في التاريخ لا تقوم على عملية الترابط السببي، بل بالاعتماد على ربط السببية بالمتغيرات الاجتماعية المتطورة والمتبدلة على اعتبار أن أساسها الواقعة الاجتماعية والسياسية المتحققة والمعقولة في الوقت ذاته [1].

- إن المنهج الحضاري الذي اعتمده ابن خلدون في تدوينه التاريخي لا ينحصر في الاستشهاد أو تفصيل الحوادث التاريخية للعهود والأزمنة الغابرة، كما فعل من سبقه من المؤرخين، وإنما تجاوزها إلى طرح تصور وتحليل واف للتحولات البارزة في الحياة الاجتماعية والاقتصادية والسياسية والصنائع والعلوم[2]، كل ذلك كان في إطار معالجته للقضايا التاريخية وفق منهجية حضارية أعطت للمقدمة طابعاً إسلامياً باعتبار أن الإسلام والقرآن يعملان على معالجة الفرد والمجتمع والحضارة كلاً متكاملاً [3]، فكانت فلسفته الحضارية ذات طابع ديني، وهو أمر طبيعي لمفكر ينتسب إلى الحضارة الإسلامية وإلى العصر الوسيط [4]، بهذه الطروحات تفوق ابن خلدون على جميع من سبقه ومن أعقبه من المؤرخين ولمدة أربعة قرون، وهذا ما دفع أحد الباحثين إلى إعتباره ((.. أول من حاول كتابة تاريخ الحضارة..)) بمعناها الشامل [5].

- تنبه ابن خلدون وهو يقرأ للمؤرخين الكبار كالطبري وابن اسحق وغيرهما من العلماء والمحدثين إلى أهمية عملية (الجرح والتعديل) الخاصة بتدوين الحديث والسيرة النبوية، واعتماد الطريقة نفسها في التعامل مع سلسلة رواة الأخبار التاريخية في الإشارة إلى الخبر ومصدره لدى من سبقه من المؤرخين [6]، ولعل خير إشارة إلى ذلك محاولة الطبري تبرئة ساحته مما قد يكون في الخبر من كذب أو لا معقولية، حين قال في مقدمة كتابه: ((.. فليعلم أنه لم يؤتَ في ذلك من قبلنا وإنما أتى من قبل بعض ناقليه إلينا، وإنما أدينا ذلك على نحو ما أدّيَ

(1) نصار، الفكر الواقعي عند ابن خلدون، ص 59.

(2) الحصري، دراسات عن مقدمة ابن خلدون، ص 264.

(3) عويس، التأصيل الإسلامي، ص 99.

(4) عبد الرحمن بدوي، مؤلفات ابن خلدون، دار المعارف، (مصر: 1962 م)، ص 30.

(5) الحصري، دراسات عن مقدمة ابن خلدون، ص 274.

(6) الجابري، فكر ابن خلدون، ص 145.

إلينا..))[1]، وهذا الأمر دفع ابن خلدون إلى الاعتقاد بأن هذه الطريقة مع أهميتها غير كافية في عملية التدوين التاريخي، فهي تفيد فقط للأخبار الشرعية باعتبارها ((.. تكاليف إنشائية أوجب الشارع العمل بها متى حصل الظن بصدقها، وسبيل صحة الظن، الثقة بالرواة بالعدالة والضبط..)) [2]. أما الأخبار التاريخية فلا بد - وفي أحسن الوجوه وأوثقها من وجهة نظر ابن خلدون - من ((.. تمحيص الأخبار وتمييز صدقها من كذبها، وهو سابق على التمحيص بتعديل الرواة..)) [3].

- من الناحية التنظيمية، سلك ابن خلدون منهجاً جديداً يختلف عن منهج سلفه من المؤرخين، لاسيّما وأن المنهج الغالب لدى المؤرخين السابقين له كان نظام الحوليات أو الوقائع التاريخية المرتبة وفق السنين، تُذكر فيه الحوادث التاريخية رغم تباعد مواضيعها، وعدم ارتباطها ببعضها، إلاّ في كونها وقعت خلال سنة معينة، وبعد أن رصد ابن خلدون هذا المنهج استطاع أن يتخطاه إلى طريقة أكثر ترتيباً وتنظيماً فمؤلفه **(العبر)** مقّسم على كتب، وكل كتاب على فصول متصلة، وتتبع تاريخ كل دولة على حدة مع مراعاة نقاط التواصل والتداخل بين مختلف الدول والأحداث التاريخية [4]، فامتاز بذلك عن أسلافه ممن سلكوا هذا المنهج [5] ببراعة التنظيم والربط وحسن السبك،كما امتاز بالوضوح والدقة في تبويب الموضوعات، وبهذا لم يكن تاريخه حولياً تتشتت فيه الحوادث والسنين مع اعتماد النقد والتمحيص وأسلوب الرفض والقبول للنصوص والوقائع التاريخية حسب منهجيته الخاصة [6]، فقربنا بذلك من منهج البحث الحديث في التاريخ.

(1) محمد بن جرير الطبري، تاريخ الرسل والملوك، ج 1، تحقيق: محمد أبو الفضل ابراهيم، دار المعارف، (القاهرة: 1960 م)، ص 7.

(2) ابن خلدون، المقدمة، ج 1، ص 413.

(3) ابن خلدون، المقدمة، ج 1، ص 413.

(4) وافي، تقديمه لمقدمة ابن خلدون، ج 1، ص 150.

(5) سبقه بهذا المنهج الواقدي في كتاب **(فتوح مصر والشام)**، البلاذري في كتابه **(فتوح البلدان)**، وابن عبد الحكم في كتابه **(فتوح مصر وأخبارها)**، والمسعودي في كتابه **(مروج الذهب)**.

(6) عبد الحليم عويس، ((**ابن خلدون وتطور الفكر الإسلامي**))، بحث (غير منشور) من أعمال

- أفاد ابن خلدون من التدوين التاريخي الموسوعي الـذي تميـز بـه مؤرخـو المرحلـة الأولى السالفة الذكر، إلاّ أنّ الملاحظ عليه أنه تجاوز المساحة التي وقف فيهـا مؤرخـو تلـك المرحلـة والتـي اقتصرت على بعض المقدمات التي سجّلوا فيها معلومات عن قصة الخليقة وتاريخ الرسـل والأنبيـاء، كما فعل الطبري وغيره، فإنّ ابن خلدون سعى إلى تقديم تاريخ عام يمكن أن يسـمى (تاريخـاً عالميـاً) لأنه كتب عن أمم العصور القديمة ذات الحضارات الكبرى من قـدماء المصـريين والآشـوريين والبـابليين والسريان والإغريق والرومان والفينقيين وغيرهم، فبعـد أن أتيحـت لـه فرصـة الرحيـل إلى المشـرق والاستقرار بمصر والاطلاع على مؤلفات جديدة أسهم ذلك في توسيع حجم المعلومات التاريخيـة عـن المشرق، إذ أصبحت ضعفي حجم المعلومات التاريخية التي كتبها عن المغرب في كتـاب العـبر [1]، وهنا يقول: ((.. ثم كانت الرحلـة إلى المشـرق لاجـتلاء أنـواره،... والوقـوف عـلى آثـاره في دواوينـه وأسـفاره، فَأَفدْتُ ما نقص من أخبار ملوك العجم بتلك الديار، ودول الترك فيما ملكـوه مـن الأقطـار... وأدرجتهـا في ذكر المعاصرين لتلك الأجيال من أمم النواحي، وملوك الأمصار والضواحي، مقتدياً بالمرام السـهل من العويص داخلاً من باب الأسباب على العموم، إلى الأخبار عـلى الخصـوص فاسـتوعب أخبـار الخليقـة استيعاباً...)) [2].

- يبدو أنّ ما طرأ على التدوين التاريخي في عهد مؤرخي المرحلتين الثالثة والرابعة من تقليـد وجمود واجترار للمعلومات واختزال مخل بالمعنى، قد أصاب ابن خلدون بخيبـة كبـيرة جعلتـه يصـف هؤلاء المؤرخين بصفات قاسية وينتقدهم بشدة بالغة تظهر في كلامه عنهم، ومن ذلك قولـه: ((.. بليـد الطبع والعقل..)) [3]، وهو يرى أن التدوين التاريخي أصبح على يد هؤلاء ((.. واهياً

ندوة الأردن العلمية (9 - 10 آيار 2007 م)، ص 15.

(1) الطالبي، منهجية ابن خلدون، ص 32.

(2) ابن خلدون، المقدمة، ج 1، ص 356.

(3) ابن خلدون، المصدر نفسه، ج 1، ص 353.

ومختلطاً..))[1]، وأصبح ((انتحاله مجهلة، واستخف العوام ومن لا رسوخ له في المعارف مطالعته وحمله والخوض فيه والتطفل عليه، فاختلط المرعي بالمهمل، واللباب بالقشر، والصادق بالكاذب..)) [2]، كل ذلك كان دافعاً قوياً لابن خلدون ليلزم نفسه بكتابة التاريخ وفق منهجية تتجاوز نقاط ضعف معاصريه من المؤرخين وتسعى لتجاوز من سبقه من المؤرخين الروّاد، وبخاصة في مجال تفسير التاريخ، فتوصل إلى استنتاج مهم يتلخص بأن لا يكون اعتماد المؤرخ على المشاهدة والاستطلاع السطحي للحدث، بل البحث المضني للوصول إلى الوقائع الحقيقية مع تقديم الأدلة على صحتها من خلال توضيح الارتباطات القائمة بين الوقائع، بهذه الطريقة أصبحت الملاحظة والمشاهدة إحدى أسس البحث الذي يتسم بالعلمية [3]، لأن المؤرخ من وجهة نظر ابن خلدون: ((.. إنما يملي وينقل، والبصيرة تنقد الصحيح إذا تَمَقُلْ [4]، والعلم يجلو لها صفحات الصواب ويَصْقُلْ..)) [5].

استطاع ابن خلدون أن يتخطى الجمود والتقليد الذي ساد عصره ويعود إلى المنابع الأصلية لعهود الازدهار والتطور الحضاري الإسلامي، وأن يحسن الاتصال بالقيم والأفكار الدائمة الحياة في القرآن الكريم، والسنّة النبوية، وكل ما هو أصيل في كل العصور بعيداً عن ظروف عصره بكل مجالاته السياسية والاجتماعية والثقافية [6].

- كان لابن خلدون إفادة واسعة باطلاعه على كتب الرحالة والبلدانيين والجغرافيين والمؤرخين العرب، التي وفّرت له معلومات غزيرة ساعدته على تعزيز كتاباته، خاصةً في مجال علم العمران الذي يختص بالإنسان والعمران، فاهتم

(1) ابن خلدون، المصدر نفسه، ج 1، ص 398.
(2) ابن خلدون، المقدمة، ج 1، ص 399.
(3) الصغير بن عمار، الفكر العلمي عند ابن خلدون، ط 3، (لا. م) (الجزائر: 1981م)، ص 63.
(4) **يَمْقُلْ:** معناها لغةً النظر إلى الشيء وتأمله. جمال الدين محمد بن منظور، لسان العرب، مطبعة الدار المصرية، ج 13، (القاهرة: د. ت)، ص 149.
(5) ابن خلدون، المقدمة، ج 1، ص 352.
(6) عويس، التأصيل الإسلامي، ص 48.

بدراسة جغرافية الأرض وتأثيراتها على الانسان مـن نـواح عديـدة، وهـو عـلم عُـرف فيـما بعـد باسـم ((..علم التبيؤ البشري - الايكولوجيا - الذي يـدرس أثـر البيئـة الجغرافيـة في الإنسان وطريقـة تكيفـه معها..)) [1]، كما أطلـق عليـه علـماء الاجتماع تسمية (**المورفولوجيـا الاجتماعيـة**)).. باعتبارهـا دراسات اجتماعية تهتم بأشكال المجتمعات، والأحوال التي تتعرض لها..)) [2]، كـما اهتم ابن خلـدون اهتماماً بالغاً بالعامل الجغرافي والمناخي وربطهما بكثرة النـاس وقلتهم، والهجرات والوفيات والولادات، ومن البداية يقرر أهمية الاجتماع الإنساني لأنه ضروري للناس لتحصيل غـذائهم وتوفير أمنهم بعـد تعاونهم لعدم قدرة الإنسان على العيش منعزلاً عن بني جنسه، يقـول: إن الاجتماع الإنسـاني ضروري، ويعبر الحكماء عن هذا بقولهم: ((الإنسان مـدني بالطبع)) [3]، إنّ تنظيــم العلاقـات بين المجتمعـات الإنسانية في التعامل مع بعضهم في وحـدات اجتماعية متعددة هو ما يُعرف بالعمران، وإن الاختلاف بين المجتمعات إنما يعود حسب رأي ابن خلـدون إلى اختلاف العمـل الجماعـي أو التعاوني بـين أفراد المجتمع الواحد [4] قال: ((.. ان اختلاف الأجيال في أحوالهم إنما هو باختلاف نحلتهم مـن المعـاش، فإن اجتماعهم إنما هو للتعاون على تحصيله..)) [5]. ويربط ابن خلـدون العامل الجغرافي والطقس بكـل مـا يمس الإنسان من الأخلاق، أو ما يُعرف بالسمات الخاصة التي تتطبع بها الشعوب وذلك حسب الإقليم الذي تشغله تلك الشعوب سواء أكان أعالي الجبال أم بطون الوديان أم السهول أم الصحاري، كـما أنـه ذكر أن للهواء أيضاً تأثيراً على ألوان البشر، وهذا ما يُعرف بالتفسير الجغرافي للظواهر الاجتماعية [6].

(1) الساعاتي، علم الاجتماع الخلدوني، ص 72.
(2) ابن عمار، الفكر العلمي عند ابن خلدون، ص 82.
(3) ابن خلدون، المقدمة، ج 1، ص 420.
(4) الساعاتي، علم الاجتماع الخلدوني، ص 71؛ ابن عمار، الفكر العلمي عند ابن خلدون، ص 83.
(5) ابن خلدون، المقدمة، ج 2، ص 407.
(6) الساعاتي، علم الاجتماع الخلدوني، ص 72.

يلتزم ابن خلدون بالتقسيمات التي وضعها الجغرافيون للأرض [1]، ويعلل بها كثرة العمران وقلته حسب نوعية الإقليم وحسب حرارة وبرودة واعتدال الأقاليم، فهو يرى أنّ العمران يقل في الأقاليم الحارة والباردة، ويكون أوفر في الأقاليم المعتدلة ومدنه وأمصاره تمتاز بكثرة المنتحلين للعلوم والصنائع والشرائع والسياسة [2].

ثم يتطرق إلى كيفية اختيار مواقع المدن يقول: ((ولمّا كان ذلك للقرار والمأوى وجب أن يُراعى فيه دفع المضار بالحماية من طوارقها وجلب المنافع وتسهيل المرافق لها)) [3]. وتلتقي آراء ابن خلدون في هذا المجال مع آراء الجغرافيين السياسيين المحدثين الذين يؤكدون أن الظروف المناخية لأي دولة لها أثر كبير في توجيه الاقتصاد والنشاط البشري، ثم في قوة الدولة السياسية [4].

- أبدى ابن خلدون اهتماماً واضحاً بالظواهر التاريخية التي تتصل بالنواحي السياسية للأنظمة المختلفة وفي مختلف العصور منطلقاً في ذلك من إيمان عميق بأن الظاهرة الاجتماعية التي يركز عليها كثيراً هي ظاهرة متشابكة ومعقدة ومتعددة الجوانب، وما السياسة إلاّ إحدى جوانبها التي تمثل بنية من بنى الظاهرة الاجتماعية، والتي تبرز في المجتمع أثناء تحولاته من حياة البداوة إلى حياة التحضر [5]، وهذه الظاهرة تنبع لديه من تصور رئيسي يقوم على أن الثقافة السياسية لأي مجتمع تعني المؤشرات الحقيقية لنظام الحكم داخل أي مجموعة بشرية بلغت مرتبة معينة من مراتب التطور الحضاري باعتبارها [6]: ((.. من ضرورات الاجتماع التنظيمي لازدحام الأغراض..)) [7].لذا أصبح من الضروري وجود وازع ليحد من

(1) قسّم الجغرافيون القدماء الأرض على سبعة أقاليم، كما قسّموا كل اقليم على عشرة أجزاء حسب درجة العرض الجغرافي. ابن خلدون، المقدمة، ج 1، ص 439.

(2) ابن عمار، الفكر العلمي عند ابن خلدون، ص 84.

(3) ابن خلدون، المقدمة، ج 3، ص 837.

(4) أحمد حامد علي، تحليل مقارن للفكر الجغرافي السياسي عند ابن خلدون، رسالة ماجستير (غير منشورة)، جامعة الموصل - كلية التربية، (حزيران: 1990 م)، ص 121.

(5) ابن عمار، الفكر العلمي عند ابن خلدون، ص 104.

(6) ابن عمار، المصدر نفسه، ص 105.

(7) ابن خلدون، المقدمة، ج 2، ص 519.

العدوان بين الأفراد، وهذا التنظيم للعلاقات الاجتماعية في المجتمع هو الدولة أو الملك.

- صنّف ابن خلدون طريقتين لتعامل المؤرخين مع الظواهر الاجتماعية، الطريقة الأولى: وهي الغالبة، تمثلت في وصف الظواهر وصفاً خالياً من أي توضيح أو محاولة لاستنتاج قواعد معينة تتعلق بطبيعة الظواهر بسبب حصرهم لسير الأحداث التاريخية بطبقة معينة وهي الساسة والعسكر والتي تمثل نسبة ضئيلة من مجموع الأمة، وهذه الطريقة هي وصفية تقليدية لا تعتمد على منهج نقدي للمتن درايةً وتحليلاً [1]. وتحددت الطريقة الثانية: عند بعض المؤرخين [2]، الذين دعوا إلى المبادئ التي تفرزها الظواهر الاجتماعية والتي تتفق مع معتقدات الأمة وأخلاقها السامية، وتعمل على نشرها، والعمل بها [3]، وقد ردّ عليهم ابن خلدون عند ذكره كتاب أبي بكر الطرطوشي، وهو ردّ ينطبق على أصحاب هذه الطريقة، إذ اعتبره قد أخفق في الوصول إلى جوهر الموضوع ولب حقيقته وأنه يدور حول الهدف دون إصابته، وهو بذلك يقول: ((.. وكذلك حوم القاضي أبو بكر الطرطوشي في كتابه (**سراج الملوك**)، وبوّبه على أبواب تقرب من أبواب كتابنا هذا، ومسائله، لكنه لم يصادف فيه الرمية ولا أصاب الشاكلة، ولا استوفى المسائل، ولا أوضح الأدلة، إنما يبوب الباب للمسألة ثم يستكثر من الأحاديث والآثار... ولا يكشف عن التحقيق قناعاً.. وإنما هو نقل وتركيب، شبيه بالمواعظ وكأنه حوم على الغرض ولم يصادفه، ولا تحقق قصده، ولا استوفى مسائله..)) [4].

بعد اطلاع ابن خلدون على الطريقتين السابقتين، استطاع أن يختط لنفسه منهجاً جديداً اعتمد فيه على المنهج الاستقرائي، إضافة إلى توصله إلى مبادئ ونظريات كثيراً ما كان يجعل منها عناوين لفصوله، ويحاول أن يضع الأحداث التاريخية ضمن اطار هذه النظريات ثم يعمد إلى البرهنة لهذه النظرية استناداً إلى ما

---

(1) عويس، التأصيل الإسلامي، ص 620.

(2) من أمثال ابن مسكويه في كتابه: ((**تهذيب الأخلاق**))، وابن قتيبة في كتابه ((**عيون الأخبار**))، والماوردي في كتابه ((**الأحكام السطانية**))، والطرطوشي في كتابه ((**سراج الملوك**)).

(3) عويس، التأصيل الإسلامي، ص 62.

(4) ابن خلدون، المقدمة، ج 1، ص 417.

توصل إليه من قبل، ويعزز رأيه بأمثلة تاريخية واجتماعية [1]، عن الدول والنظم السياسية في المجتمعات الإنسانية، وهذا ما سنراه في المبحث الثالث من هذا الفصل (في العمران).

ج - أخطاء المؤرخين وأسباب الكذب لديهم عند ابن خلدون:

لا يمكننا ونحن نستعرض منهجية ابن خلدون في التدوين التاريخي، أن لا نتوقف عند نقطة مهمة وجوهرية تمثلت برصد ابن خلدون للغلط والكذب والمبالغة لدى بعض المؤرخين، فإنه لم يكتفِ بلفت الانتباه إلى هذه الأخطاء مباشرةً أو ضمنياً، بل سعى إلى تحليل أسبابها وتفنيدها بعد أن صنّفها وأرجعها إلى أسباب رئيسية وهي:

1-التحيز وعدم التزام الدقة والموضوعية:

بيّن ابن خلدون أن رواة الأخبار المباشرين الذين شاهدوا الواقعة أو توسطوا في نقل أخبارها قد لا يلتزمون بالدقة والموضوعية [2]، لعدة أسباب منها: ((... التشيعات للآراء والمذاهب، فإن النفس إذا كانت على حال الاعتدال في قبول الخبر أعطته حقّه من التمحيص والنظر حتى تتبين صدقه من كذبه، وإذا خامرها تشيع لرأي أو نحلة قبلت ما يوافقها من الأخبار لأول وهلة، وكان ذلك الميل غطاءاً على عين بصيرتها عن الاعتقاد والتمحيص فتقع في قبول الكذب ونقله..)) [3]، وثمة أسباب الهدف منها التقرب لأصحاب المراكز والمراتب المهمة عن طريق المدح والثناء والإطراء، كذلك المبالغات في إحصاء العديد من الأموال والعساكر بسبب ((.. ولوع النفس بالغرائب وسهولة التجاوز على اللسان..)) [4]، ومنها أيضاً محاولة البعض تبرير خروجهم عن الأفعال المألوفة والتي يقرها الدين والمجتمع بزعمهم وتذرعهم بأن مثل هذه الأفعال قد أتى بها كبار وعلية المجتمع من خلفاء

(1) الجابري، فكر ابن خلدون، ص 162.
(2) الملاح، المفصل، ص 152؛ الجابري، فكر ابن خلدون، ص 142.
(3) ابن خلدون، المقدمة، ج 1، ص 409.
(4) ابن خلدون، المقدمة، ج 1، ص 367.

أو فقهاء [1]، وفي ذلك يقول ابن خلدون: ((.. وأمثال هذه الحكايات كثيرة، وفي كتب المؤرخين معروفة، وإنما يبعث على وضعها والحديث بها الانهماك في اللذات المحرمة، وهتك قناع المخدرات، يتعللون بالتأسي بالقوم فيما يأتونه من طاعة لذاتهم..)) [2].

2-عدم مراعاة القوانين التي تخضع لها الظواهر الطبيعية:

استقرأ ابن خلدون ما وقع بين يديه من المؤلفات التاريخية استقراءاً دقيقاً ومتأنياً، فوجد فيه الكثير من النصوص التاريخية التي لا تتطابق وقائعها مع القوانين والظواهر الطبيعية وتكون مستحيلة الحدوث لتعارضها مع هذه القوانين التي لا تسمح بوقوعها، ومع هذا فقد أوردها الرواة والمؤرخون، وقد ذكر ابن خلدون أنه: ((.. كثيراً ما يعرض للسامعين قبول الأخبار المستحيلة وينقلونها وتؤثر عنهم..))[3]. وقد أورد أمثلة لأخبار نقلها المسعودي والبكري وغيرهما دون أن ينتبهوا إلى استحالة وقوع مثل هذه الأخبار لتعارضها مع قوانين الطبيعة، فمثلاً الرواية التي نقلها المسعودي عن ((.. الاسكندر لما صدته دواب البحر عن بناء الإسكندرية وكيف اتخذ صندوق الزجاج وغاص فيه إلى قعر البحر..)) [4]. ومن الأخبار المستحيلة أيضاً أنه أورد عن البكري خبر: ((.. بناء المدينة المسماة ذات الأبواب تحيط بأكثر من ثلاثين مرحلة، وتشتمل على عشرة آلاف باب..)) [5]، وهنا طبّق ابن خلدون القاعدة التي وضعها في تمحيص النصوص التاريخية، فهنا لا يرجع إلى تعديل الرواة في تمحيص هذه الأخبار، لأنها مستحيلة الوقوع أصلاً ومنافية لقوانين وظواهر الطبيعة، ولم يكتفِ ابن خلدون بذلك، بل شخّص الأخطاء التي يقع فيها المؤرخون عادةً مع نصوص كهذه، منها عدم علم المؤرخين الذين دوّنوها بالقوانين التي تخضع لها الظواهر الطبيعية وفقدانهم الخبرة بالظواهر الاجتماعية،

---

(1) الجابري، فكر ابن خلدون، ص 143؛ الملاح، المفصل، ص 153.
(2) ابن خلدون، المقدمة، ج 1، ص 385.
(3) ابن خلدون، المصدر نفسه، ج 1، ص 410.
(4) ابن خلدون، المصدر نفسه، ج 1، ص 410.
(5) ابن خلدون، المصدر نفسه، ج 1، ص 412.

وإلاّ لما أقدموا على نقل هذه الأخبـار المنافيـة للواقـع وغـير القابلـة للتصديـق [1]، ووجـد في هــذه الأخبار بأن: ((.. القادح المحيل لها من طريق الوجود أبين من هذا كله..)) [2].

3-الجهل بطبائع الأحوال في العمران:

صنّف ابن خلدون جهل المؤرخين بطبائع الأحوال في العمران كسـبب ثالـث لأخطـائهم، مـع أنه يعتقد أن هذا السبب سابق على جميع مـا تقـدم مـن الأسـباب، لأن أحـوال العمـران في الاجـتماع البشري لها طبائع محددة وحركتها محكومة بقوانين كالقوانين التي تحكـم الطبيعـة، وقـد ترتـب عـلى هذا نتيجةً هي عدم إمكانية تمحيص أي خـبر مـن أخبـار البشر- التـي تتنـاول اجـتماعهم وتعاونهـم وتنظيمهم الاجتماعـي، الذي هو العمران البشري [3]، دون معرفة طبائع العمــران والتـي مـن أبرزهـا التغير الذي يطرأ على المجتمعات بتغير الزمن وتقدمه، وإذا لم يتنبـه المـؤرخ لهـذا التغـير فقـد يقـع في الأخطاء عند تدوينه للأحداث، لأن أحوال العالـم لا تسير بنسق واحد، وإنما تختلف بـاختلاف الأزمـان، فكمـا أن الناس تتغير، فكذلـك العصور والبلدان والـدول. والخطـأ الـذي يقـع فيـه المـؤرخ هنـا يكـون لغفلته عمّا حصل من تغير بتقـدم الزمن فيدفعه إلى ((.. القياس والمحاكاة.. فربما يسمع السـامع كثـيراً من أخبار الماضين ولا يتفطن لِما وقع من تغيير الأحـوال وانقلابها، فيجريها لأول وهلـة عـلى مـا عُـرف ويقيسها بما شهد، وقد يكون الفرق بينهما كبيراً فيقع في مهواة من الغلط..)) [4]، كما نبّه ابـن خلـدون مرة أخرى إلى أن على المؤرخ أن يعمل على قياس الغائب بالشاهد، والحاضر بالمـاضي عـلى أن لا ينسى- ما حصـل بينهما من اختلاف أو وفاق ثم عليه أن ((يعلـل المتفق منهما والمختلف)) [5].

تطرق ابن خلدون إلى مسألة مهمة تتعلق بالتغير، وهي غفلة بعض

(1) الساعاتي، علم الاجتماع الخلدوني، ص 97.
(2) ابن خلدون، المقدمة، ج 1، ص 411.
(3) الساعاتي، علم الاجتماع الخلدوني، ص 96.
(4) ابن خلدون، المقدمة، ج 1، ص 401.
(5) ابن خلدون، المصدر نفسه، ج 1، ص 399.

المؤرخين عن: ((.. مقاصد المؤلفين الأقدمين والذهول عن تحري الأغراض عند كتابتهم للتاريخ..)) [1]، وهنا يحث على نقد وتمحيص الخبر قبل نقله عن المؤرخين السابقين، والانتباه إلى ما كان يهمهم من تدوين الخبر والظروف التي أحاطت بهم ودفعتهم لانتقاء الأحداث التاريخية وتدوينها، مع التأكيد على وجوب انشغال المؤرخ بشؤون عصره والمشاكل والظروف السائدة في مجتمعه لكي يستطيع أن يمنح جيله ومعاصريه ما يسهل لهم فهم واقعهم وحاضرهم [2].

د- شروط المؤرخ عند ابن خلدون:

إنّ اهتمام ابن خلدون بالتدوين التاريخي والمؤرخين، جَعَلَهُ لا يغفل عن وضع شروط وصفات محددة من الواجب توفرها لدى المؤرخ على الرغم من تطرقه بشكل غير مباشر إلى هذه الشروط التي يجب أن يكون عليها المؤرخ، ليتحمل بموجبها مسؤوليات أعباء التقصي- والبحث عن الحقيقة فيما يكتب [3]، وتحددت هذه الشروط بنوعين:

النوع الأول: يتعلق بصفات المؤرخ العقلية والخلقية والتي هي باختصار تتمثل بالاعتدال وعدم التحيز - الموضوعية - والتروي وضبط النفس واليقظة والتمحيص والصبر ومحبة الحقيقة ولو كانت مخالفة لهواه [4]،وهي بذاتها تعبر عن الاستعداد الذي يجب أن يكون عليه المؤرخ عند تلقيه المعلومات والأخبار والاطلاع على النصوص التاريخية والوقائع بصورتها الحقيقية بعيداً عن الأساطير والكذب والمبالغة، اضافة إلى امتلاكه لروح نقدية واضحة وكونه متسلحاً بالضبط والدقة والاستعداد لسبر غور كل خبر في ذاته من حيث الشكل والمضمون، باعتماد منهج نقدي يجنب المؤرخ الوقوع في الأخطاء التي أشار إليها وحذّر منها [5].

النوع الثاني: تحدد بمقتضيات المعرفة التاريخية الموضوعية والتي تعبر

(1) ابن خلدون، المقدمة، ج 1، ص 405.
(2) الجابري، فكر ابن خلدون، ص 144.
(3) الملاح، المفصل، ص 156.
(4) نصار، الفكر الواقعي عند ابن خلدون، ص 153.
(5) الملاح، المفصل، ص 59.

عن الثقافة العامة التي يجب أن تتوافر في المؤرخ ليستطيع التعامل مع الأخبار والأحداث ويصقلها أثناء قيامه بعملية التدوين التاريخي، وهنا يحتاج المؤرخ حسب رأي ابن خلدون إلى: ((.. العلم بقواعد السياسة، وطبائع الموجودات، واختلاف الأمم والبقاع والاعصار.. والإحاطة بالحاضر من ذلك ومماثلة ما بينه وبين الغائب. والقيام على أصول الدول والملل ومبادئ ظهورها، وأسباب حدوثها ودواعي كونها وأحوال القائمين بها وأخبارهم، حتى يكون مستوعباً لأسباب كل حادث واقفاً على أصول كل خبر، وحينئذٍ يعرض خبر المنقول على ما عنده من القواعد والأصول، فإن وافقها وجرى على مقتضاها كان صحيحاً، وإلاّ زيّفه واستغنى عنه..)) [1].

من هنا نرى أن ابن خلدون قد قدّم لنا صورة علم جماعي يشترك فيه العالم والسياسي والجغرافي والاقتصادي والاجتماعي، فالمؤرخ عليه أن يطلع على هذه الفروع العلمية كلها ليفهم التاريخ من خلالها فهماً كاملاً. وهذه الشروط لازمة كي تجعل من المؤرخ مؤرخاً حقيقياً وإلاّ كان ممن يذكرون الأخبار ويدوّنونها دون تمحيص وتدقيق وتعليل [2]، فيضيع بذلك ميدان التدوين التاريخي وتضيع الحقائق وسط الأساطير والمبالغات فيفرغ علم التاريخ من محتواه العلمي ويتقولب في القصة ورواية الأخبار جامداً غير قابل للتفاعل والتحريك.

هـ- خصائص منهج ابن خلدون:

تعد سمتا السعة والشمول من أهم سمات مفهوم التاريخ عند ابن خلدون من حيث الموضوع والامتداد الزماني والمكاني، كما امتاز أيضاً، بمحاولة دراسة التاريخ بأوسع أبعاده الزمانية والمكانية، فحاز بذلك صفة المؤرخ ذي النزعة الشمولية العالمية في تدوينه التاريخي، وفي علم الاجتماع السكاني، لتوجهاته الحضارية في هذا المجال [3]، ولعلنا نستطيع إيجاز هذه الخصائص بما يأتي:

---

(1) ابن خلدون، المقدمة، ج 1، ص ص 398 - 399.

(2) ابن عمار، الفكر العلمي عند ابن خلدون، ص 58.

(3) الملاح، المفصل، ص 158.

الشمولية:

استثمر ابن خلدون مدة وجوده في ظل رعاية بني الأحمر ⁽¹⁾، فانكب على المصادر الأوربية المعربة ⁽²⁾ التي استطاع من خلال الاطلاع عليها إكمال أو إيضاح ما أهملته المؤلفات التاريخية العربية الاسلامية السابقة له، فعد بكتاباته هذه عند البعض، المؤرخ العربي الوحيد إلى عصره، الذي كتب تاريخاً شاملاً، أو ما يسمى تاريخاً عاماً لاقتصار مؤلفات أسلافه من المؤرخين على التاريخ العربي الإسلامي فقط، مع مقدمات عامة عن قصة الخليقة وتاريخ الأنبياء والرسل، في حين أغفلوا التطرق إلى تاريخ الأمم الأخرى ذات الحضارات الكبرى كالفراعنة والآشوريين والبابليين والرومان والفينيقيين وغيرهم، مع تفصيل الكثير من الوقائع التاريخية لدى الفرس والروم وغيرهم ⁽³⁾، إلى جانب العرب وعبّر عن ذلك بقوله: ((.. الالماع ببعض من عاصرهم من الأمم المشاهير ودولهم، مثل النبط، والسريانيين، والفرس، وبني إسرائيل، والقبط، واليونان، والروم، والترك، والفرنجة..))، كما تحدث بإسهاب عن النصرانية ومذاهبها بدقة لم يصل إليها غيره من المؤرخين لاعتماده بشكل أفضل وأوسع على المصادر العبرية والنصرانية المعربة،وخاصةً كتاب هرشيوش الذي انفرد بالنقل عنه نقلاً واسعاً، هذا من ناحية الامتداد المكاني الذي شغلته الأمم، أما الامتداد الزماني فقد برع ابن خلدون أيضاً بتدوينه في محاولة منه لاستيعاب ((.. أخبار الخليقة استيعاباً..)) ⁽⁴⁾ فكتب عن أصل الخليقة

(1) حكم بنو الأحمر غرناطة ووادي (أش) للفترة (635 - 897هـ / 1238 - 1492م)، ومن أشهر حكامهم في حياة ابن خلدون، أبو الحجاج يوسف الأول ابن اسماعيل وليَ سنة (733هـ - 1332م)، ومحمد الخامس الغني بالله، وليَ سنة (755 هـ - 1354 م)، وولي للمرة الثانية سنة (763 هـ - 1361 م)، وأبو الحجاج يوسف الثاني بن محمد الخامس، ولي سنة (793 هـ - 1390 م). عنان، نهاية الأندلس، ص 55.
(2) لم يعرف عنه أنه يجيد لغة أجنبية، فقرأ المترجم منها إلى العربية. وافي، تقديمه لمقدمة ابن خلدون، ص 224.
(3) غاستون بوتول، ابن خلدون، فلسفته الاجتماعية، ترجمة: عادل زعيتر، ط 2، المؤسسة العربية، (بيروت: 1984 م)، ص 9؛ عويس، ابن خلدون وتطور الفكر الاسلامي، ص 16.
(4) ابن خلدون، المقدمة، ج 1، ص 356.

وأنساب الأمم المختلفة - وهو تقليد لمن سبقه من المؤرخين - ثم تطرق إلى الدول الإسلامية التي ارتكز نفوذها على قيادة العرب لها، سواء أكان ذلك في المشرق أم المغرب أم الأندلس من ظهور الإسلام وحياة الرسول صلى الله عليه وسلم وأيام الخلفاء الراشدين رضي الله عنهم حتى نهاية سنة (797 هـ - 1394 م) وذلك لمصر وللترك، وقد جاء ذلك كله في كتابه الثاني ضمن مؤلفه الكبير **العبر**.

أما كتابه الثالث فكتب فيه عن البربر ومن جاورهم من الدول السابقة لعهده، مركزاً في ذلك على الدول التي قربت من عهده أو التي عاصرها إلى قبيل وفاته ببضعة أعوام، ووصل هذا التاريخ إلى غاية سنة (796 هـ - 1393 م) [1].

الاستفاضة والتوسع:

لتأكيد رؤيته الشمولية، لجأ ابن خلدون في الكتابة التاريخية إلى أسلوب الشرح المستفيض والمتوسع للوقائع التاريخية في محاولة منه لتوضيح وإظهار العلل والمبررات التي ساهمت جميعها ووقفت خلف صناعة الأحداث التاريخية، ولعبت دوراً مهماً وبارزاً في تشكيلها وهيكلتها، ولهذا قد يطرح موضوعاً معيناً في أكثر من فصل أو باب، ويعود لطرحه مع مواضيع مختلفة لارتباطه بها من زوايا معينة فهو يقلب الحدث على أكثر من وجه ويعطيه أكثر من احتمال ولا يقيمه على عامل واحد تماشياً مع سياق منهجيته الشمولية المزدوجة التي ترفض اعتماد العامل الواحد في تفسير أحداث التاريخ [2].

ولإيضاح وتوسيع ما قد يورده من معلومات في كتابه - خاصةً المقدمة - اتخذ ابن خلدون أسلوب المعلم الذي يلقن علمه لتلامذته فكان يشرح ويوضح ويتوسع بطرح الموضوعات ولا يبخل بعلمه عليهم [3]، فكان يعالج بعض الموضوعات بتجزئتها في فصول عديدة، في كل فصل يبحث فيها من ناحية يعرض فيها آراءه بما يتلاءم وموضوعات الفصل ذاته، ولعل أبرز مثال على ذلك نظرية

---

(1) الطالبي، منهجية ابن خلدون، ص 60.

(2) عماد الدين، ابن خلدون إسلامياً، ص 11.

(3) الساعاتي، علم الاجتماع الخلدوني، ص 186.

(الدولة والملك) [1]، فإنه طرحها في أكثر من فصل في سبيل الاستفاضة في طرح الموضوع لغرض تقديم كل ما يتيسر له من علم وإيصاله إلى المتلقي، ولهذا نراه يقول: ((.. اعلم أيها المتعلم إني أتحفك بفائدة في تعلمك فإن تلقيتها بالقبول وأمسكتها بيد الصناعة ظفرت بكنز عظيم وذخيرة شريفة وأقدم لك مقدمة تعينك في فهمها، وذلك أن الفكر الإنساني طبيعة مخصوصة فطرها الله كما فطر سائر مبدعاته..)) [2].

احتمالية علم التاريخ:

حاول ابن خلدون التأكيد على تقسيم البلغاء للكلام إلى خبر وإنشاء، والخبر عندهم، ما يصح فيه التصديق والتكذيب، أما الإنشاء فهو ما لا يصح فيه تصديق ولا تكذيب، كالأمر والنهي والاستفهام والدعاء، وهي تدخل ضمن الشرائع السماوية (أوامرٍ ونواهٍ وعقائد)، التي يتأكد من صحتها عن طريق سلسلة الرواة الثقاة.

ولما كان الخبر يحتمل التصديق والتكذيب لأن: ((.. الكذب متطرق للخبر بطبيعته..)) [3]، فلا يعتمد فيه التوثيق عن طريق الرواة، لعدم ضمان سلامة الوقوع في الخطأ والكذب وليس شيء أدل على ذلك من وجهة نظر ابن خلدون من: ((.. تلك السلسلة الطويلة من المغالط السافرة التي وقع فيها المؤرخون من صنو الطبري والمسعودي وغيرهما، مما لا يختلف اثنان في عدالتهم..)) [4]، فابن خلدون يرى إن الخبر عرضةً للتحريف والتزييف بقصد أو بغير قصد لوجود أسباب يقتضيها [5]، ومنها: ((.. الذهول عن تبدل الأحوال..))، أو ((التشيعات للآراء والمذاهب..))، ومن نتائج ذلك، احتمالية خضوع المؤرخين والتدوين التاريخي -

(1) الحصري، دراسات عن مقدمة ابن خلدون، ص ص 262 - 263.

(2) ابن خلدون، المقدمة، تحقيق: علي عبد الواحد وافي، ج 4، (لجنة البيان العربي:1962م)، ص 1235.

(3) ابن خلدون، المصدر نفسه، ج 1، ص ص 399 - 400.

(4) الطالبي، منهجية ابن خلدون، ص 22.

(5) هذه الأسباب ورد ذكرها في فقرة أسباب الكذب عند المؤرخين.

تحت ضغط الإغراء المادي - لخدمة السياسة على حساب الحقيقة ((.. وهو ما لم يخل منه عصر ولا نظام..)) [1].

اعتباره التاريخ فرعاً من فروع الحكمة:

أيقن ابن خلدون بوجود سبب في عدم اعتبار الفلاسفة التاريخ فرعاً من فروع الفلسفة على الرغم من جميع الجهود المبذولة من قبل المؤرخين في ذلك، وتبين له أن السبب لا يكمن في سوء تقدير من قبل الفلاسفة، بقدر ما هو في الطابع اللاعلمي الظاهر على مؤلفات المؤرخين. هنا برزت بصمات ابن خلدون الذي حصر القضية بفكره من أجل إيضاح وتبيين درجة المعقولية لماضي البشرية كمدخل إلى حقيقة العلم التاريخي [2]، لأن التاريخ في نظره ليس كما توهم كثير من الناس مجرد سرد روايات وأخبار الوقائع الماضية في الأيام السالفة التي يتم تناقلها لأغراض المتعة والتسلية، وإنما هو ومن وجهة نظره [3]: ((.. نظر وتحقيق، وتعليل للكائنات ومباديها دقيق، وعلم بكيفيات الوقائع وأسبابها عميق، فهو لذلك أصيل في الحكمة عريق، وجدير بأن يعد في علومها وخليق..)) [4].

ولذلك حاول ابن خلدون من خلال كتاب **(المقدمة)** البحث عن علم مستقل، والبحث في التاريخ كعلم لا ليبحث في كتابة التاريخ إلاّ بصورة غير مباشرة[5]. وهذا ما أطلق عليه فلسفة التاريخ [6]، وفي ذلك قال أنّ: ((.. حقيقة التاريخ أنه خبر عن الاجتماع الإنساني الذي هو عمران العالم، وما يعرض لطبيعة

(1) الطالبي، المصدر السابق، ص 135.

(2) نصار، الفكر الواقعي عند ابن خلدون، ص 135.

(3) هاشم الملاح، ((**إشكالية البحث عن الحقيقة في التاريخ**))، مجلة آداب الرافدين، من اعمال المؤتمر العلمي السنوي الرابع، كلية الآداب - جامعة الموصل، (9 - 10 آيار 2007 م)، ص 9.

(4) ابن خلدون، المقدمة، ج 1، ص 351.

(5) فرانز روزنثال، علم التاريخ عند المسلمين، ترجمة: صالح أحمد العلي، (بغداد: 1963 م)، ص 318.

(6) زينب محمود الخضيري، فلسفة التاريخ عند ابن خلدون، ط 2، دار التنوير، (بيروت: 1985م)، ص 54.

ذلك العمران من الأحوال مثل التوحش والتأنس والعصبيات وأصناف التغلبات للبشر بعضهم على بعض، وما ينشأ عن ذلك من الملك والدول ومراتبها، وما ينتحله البشر بأعمالهم ومساعيهم من الكسب والمعاش والعلوم والصنائع، وسائر ما يحدث في ذلك العمران بطبيعته من الأحوال..)) [1].

وبناءً على ذلك عمد ابن خلدون إلى ضرورة التركيز على (علمية) المعرفة التاريخية عن طريق توضيح عمل المؤرخ، فذكر إن من صميم عمله هو ((.. تحقيق الأخبار والتأكد من صحة روايتها..))، ((.. والبحث عن الأسباب والعلل..)) التي تقف وراءها، فيكون هدف المؤرخ هنا مشابهاً لهدف العالم والفيلسوف وهو البحث الجدي والسعي المتواصل للوصول إلى الحقيقة [2]، عن طريق قيامه بنقد الأخبار وتمييز صحيحها من زائفها اعتماداً على أحكام العقل [3]، لأن التاريخ كمعرفة علمية - من وجهة نظره - عليه أن يستفيد من مناهج علوم الحكمة حتى يصبح هو نفسه علماً [4]. وحدد الوسائل الموصلة إلى العلم بالتجربة والملاحظة والاستقراء، فاستعمال هذه الوسائل من قبل المؤرخ توصله إلى الحقيقة التاريخية وتعززها وتعمل على غربلتها مما علق بها من كذب وأوهام دخلت كتب التاريخ بسبب أهواء بعض المؤرخين والرواة المدفوعين بعوامل الجهل والهوى والمصلحة [5].

وقد أعطت هذه الآراء التي طرحها ابن خلدون توضيحاً لما قصده بقوله (علم التاريخ) و(فن التاريخ) والذي ميّز بينهما من حيث الظاهر والباطن، فالظاهر من التاريخ أراد به سرد أحداث الماضي، والكلام عن قيام الدول واستقرارها وزوالها. أما الباطن منه فهو من فروع الحكمة، لأنه يبحث في أسباب الوقائع والقوانين التي تتحكم بها، ويطبق بنفس الوقت من أساليب الفكر العقلاني والمعرفة على أحداث التاريخ، فذلك يجعل التاريخ فرعاً من فروع الحكمة، وهذا

---

(1) ابن خلدون، المقدمة، ج 1، ص 409.

(2) نصّار، الفكر الواقعي عند ابن خلدون، ص ص 131، 177، 188.

(3) الملاح، إشكالية البحث، ص 9.

(4) نصّار، الفكر الواقعي عند ابن خلدون، ص 181.

(5) الملاح، إشكالية البحث، ص 9.

ما دفع الأستاذ الملاح إلى القول أن ابن خلدون من خلال مقدمته لكتابه (**العبر**) حاول أن يؤسس لعلم جديد هو علم العمران ((.. يتم بواسطته رفع التاريخ من مستوى الفن إلى مستوى العلم..)) [1]، وقال باحث آخر أن كتاب ابن خلدون الذي يسجل ظهور التاريخ بوصفه علماً، ربما كان العامل الأكثر أهمية لما ينبغي أن يسمى بـ ((**المعجزة العربية**)) [2].

اعتماده النقد والتوضيح والتفسير:

لم يكتفِ ابن خلدون بعرض الأحداث وحسب، بل مارس دوره ناقداً وموضحاً ومفسراً فكانت هذه الخصائص بارزة في منهجيته وتدوينه، وظهرت ميزته عمن سبقه باهتمامه المتميز بتقصي العلل والأسباب والأحداث أو الحقائق الاجتماعية التي يبدأ تحليلها بعد أن يقرر استقراءاته في شكل قضايا عامة، ويبحث عن كيفية حدوثها باستخدامه المتكرر لعبارتي ((السبب في ذلك)) و((ذلك لأن))[3]، ثمّ يقرر رأيه بعد ربط الأسباب بالمسببات بقوله: ((.. إنّا نشاهد هذا العالم بما فيه من المخلوقات كلها على هيئة من الترتيب والأحكام وربط الأسباب بالمسببات..))[4]، وكان ذلك مدعاة لابن خلدون لانتقاد من سبقه من المؤرخين لغفلتهم عن ذكر أسباب الوقائع والأحداث.

كما استخدم ابن خلدون شكّه النقدي في تمحيص الروايات والأخبار التي تكون، مادة علم التاريخ، وبعد أن يشكك فيها يقول: ((.. فلا تَثِقَنَّ بما يُلقى اليكَ من ذلك، وتأمل الأخبار واعرضها على القوانين الصحيحة يقع لك تمحيصها بأحسن وجه..))[5]. ولم يكتف بالشك والنقد، بل عمل على توضيح وتحليل وتعليل أحداث الماضي فيتساءل عن كيفية حدوثها، وسبب وقوعها، وهذا ما

(1) الملاح، اشكالية البحث، ص 10.

(2) ملحم قربان، خلدونيات: نظرية المعرفة في مقدمة ابن خلدون، المؤسسة الجامعية، (بيروت: 1985 م)، ص 21.

(3) هاتان العبارتان مذكورتان عشرات المرات في فصول كثيرة من المقدمة.

(4) ابن خلدون، المقدمة، ج 1، ص 508.

(5) ابن خلدون، المقدمة، ج 1، ص 372.

وجدناه عند كتابته عن ظواهر العمران فيسأل: ماذا؟ وكيف؟ ولماذا؟ وهكذا كان دأبه أيضاً في كتابة المقدمة [1]، التي أظهرت أن مهمة التاريخ ليست سرد الوقائع الماضية والاكتفاء بها وإن كانت صحيحة، بل هي تحليل الروابط بينها وإظهار ما خفي منها [2] من أسباب وعلل وما ترتب عليها من نتائج، وهنا تكمن فائدة النقد، كذلك كما قرره ابن خلدون كمبدأ أساسي ومنطلق عام لكل الطرق التي من شأنها أن تجعل التدوين التاريخي مستوعباً حقيقة الماضي [3].

اكتشاف ابن خلدون علم العمران:

حاول ابن خلدون في المقدمة تأكيد توصله إلى علم جديد سمّاهُ علم العمران من خلال الدراسة المستفيضة للتاريخ التي استهدف منها الكشف عن القوانين التي تسير وتتطور طبقها الأحداث والمجتمعات [4]، ففلسفة التاريخ عنده تقوم على أساس هذا العلم، فهو علم يهتم بدراسة بناء المجتمعات ويجعل من علم التاريخ نظاماً فلسفياً يقوم على الحياة الاجتماعية، أما مادة هذا النظام فهي المجتمع وثقافته الفكرية [5]، ولتحقيق هذه الغاية وزّع ابن خلدون العلوم الاقتصادية والاجتماعية على ستّة فصول في كتاب المقدمة [6]:

1 - (**الفصل الأول في العمران البشري على الجملة**): أي البيئة وتأثيرها في الكائنات البشرية (أنتولوجية، وانطربولوجية).

---

(1) الساعاتي، علم الاجتماع الخلدوني، ص ص 62 - 63.

(2) عبد القادر جغلول، الإشكاليات التاريخية في علم الاجتماع السياسي عند ابن خلدون، دار الحداثة، (بيروت: 1980 م)، ص 36؛ عبد الرزاق مسلم ماجد، دراسة ابن خلدون في ضوء النظرية الإشتراكية، دار الحرية، (بغداد: 1976 م)، ص 58.

(3) نصّار، الفكر الواقعي عند ابن خلدون، ص 181 وما بعدها.

(4) الطالبي، منهجية ابن خلدون، ص 28.

(5) محمد عبد الله عنان، ((**ابن خلدون والنقد الحديث**))، مجلة المقتطف، مج 83، ج 5، عدد كانون الأول (ديسمبر)، 1933 م. ص 565.

(6) ابن خلدون، المقدمة، ج 1، ص 419؛ وافي، تقديمه لمقدمة ابن خلدون، ج 1، ص ص 226، 229، 234، 235، تحمل هذه الفصول اسم (باب)، وكل باب ينقسم إلى مقدمات وفصول مختلفة الأحجام، توزعت على أجزاء المقدمة الأربعة.

2 - **(الفصل الثاني في العمران البدوي):** أي في الحضارات الريفية القائمة غالباً على الرعي أو الزراعة، والتي كثيراً ما تكون بدائية، وترتكز على ما يسمى اليوم بالقطاع الأول.

3 - **(الفصل الثالث في الدول، والخلافة، والملك):** أي في المؤسسات السياسية والإدارية التي تنشأ مع كل حضارة مهما كانت بسيطة، وتنظم الحياة الاجتماعية.

4 - **(الفصل الرابع في العمران الحضاري والبلدان والأمصار):** أي في الحضارات التي تبلغ النضج، وتزدهر في المدن خاصةً، وترتكز على ما نسميه اليوم القطاع الثاني.

5 - **(الفصل الخامس في الصنائع،والمعاش والكسب):** أي في العلوم الاقتصادية، التي لا بد من تحليلها لفهم (العمران الحضري)، وهذه العلوم تهم كامل أنشطة القطاعين الثاني والثالث، وتزداد تعقيداً بازدهار العمران.

6 - **(الفصل السادس في العلوم،واكتسابها وتعلمها):** أي فيما تفرزه الحضارات، بقدر ما تبلغ من الاكتمال من أنواع الثقافة، التي تكتسب بالبحث، وتورث وتكتنز بالتعلم فتنمو نمواً متواصلاً [1].

2 - منهجية ابن خلدون في التعامل مع الروايات والأخبار:

كرّس ابن خلدون جهده وأعمل فكره لوضع منهجيته الجديدة في التدوين التاريخي، فبدأ بوضع الأصول النقدية والنظريات الاجتماعية والفلسفية التاريخية لقبول الروايات ونقل الأخبار التاريخية وفق أصول علمية تستند إلى التجربة والمشاهدة ورفض نمط التفكير والتدوين التاريخي السائدين في عصره [2].

إنَّ القواعد المنهجية للبحث عن الحقيقة التاريخية من قبل مؤرخي الرعيل

(1) الطالبي، منهجية ابن خلدون، ص ص 29 - 30.

(2) محمد علي الأحمد، ((**نحو رؤية منهجية مواكبة في دراسة التاريخ**))، بحث (غير منشور)، من أعمال الندوة العلمية في الأردن (9 - 10 آيار 2007 م)، ص 12.

الأول المسعودي والبيروني وغيرهما [1]، قد مهّدت السبيل أمام إبداع ابن خلدون في صياغة وتطور منهجيته في دراسة الوقائع التاريخية مستفيداً من المنهج النقدي المعروف بـ (**علم الجرح والتعديل أو علم الرجال**) في خدمة التدوين التاريخي، مع تأكيده على أهمية الرواة والعناية (بعملية) ونقل الأخبار، إلاّ أنه ولتفادي أي انتقادات قد توجه إلى عملية التدوين التاريخي حول الأخبار المنقولة ومدى صدقيتها، اتجه نحو اعتماد بعض التعديلات على هذا المنهج عن طريق الجمع بينه وبين منهج (الدراية) القائم على أساس الرجوع إلى المصادر الأولية للمعلومات عن طريق المشاهدة ما أمكن ذلك، واستخدام الوثائق والمستندات، وهذا منهج المحدثين أيضاً، إضافة إلى إعمال العقل في نقد الأخبار وتفسيرها في ضوء العوامل المؤثرة فيها، الطبيعية، والاجتماعية، هذه المنهجية التي وضّحت صورتها في كتاب (**المقدمة**) عدّها الكثير من الكتّاب المعاصرين الآن أول فلسفة لكتابة التاريخ [2]. وإنّ مما ساعد ابن خلدون في بلورة منهجيته هذه، الخبرات العلمية والثقافية المتراكمة لديه والتجارب العملية التي خاضها في الحياة السياسية والمشاركة الفعلية في الحكم والإدارة [3].

وليحقق ابن خلدون منهجيته هذه أستند على قوانين عديدة منها:

أ - قانون السببية (تعليل الحوادث وربطها بأسبابها):

اعتمد ابن خلدون مبدأ الربط السببي بين الحوادث [4]، التي تحددت بـ(سنّة الله) التي تردد ذكرها في القرآن الكريم، فهو يصر على حتمية تلازم السبب

(1) من أبرز المؤرخين الذين رسموا معالم مدرسة التاريخ بالدراية كل من المسعودي (ت 346 هـ)، والمطهر بن طاهر المقدسي (ت 390 هـ)، ومسكويه (ت 421 هـ)، ومحمد بن أحمد البيروني (ت 440 هـ)، وعبد الرحمن بن خلدون (732 - 808 هـ)، الذي تعد مساهمته ذروة ما حققته هذه المدرسة من تطور على المستوى المنهجي والفلسفي التاريخي. الملاح، إشكالية البحث، ص 5.

(2) الملاح، المصدر نفسه، ص ص 5 - 8.

(3) سالم الحمداني، ((**المنهج العلمي بين الجاحظ وابن خلدون**))، مجلة آداب الرافدين، كلية الآداب - جامعة الموصل، العدد (7)، (تشرين الأول: 1976 م)، ص 307.

(4) ماجد، دراسة ابن خلدون في ضوء النظرية الأشتراكية، ص 12.

والمسبب في صورة (**قانون طبيعي**) أكثر من غيره من المؤرخين المسلمين[1]، لاعتقاده الجازم أنه بإمكان التعليل أن يوصلنا إلى العلة الفاعلة للحدث، والكيفية التي حصل فيها الحدث، من خلال الترابط الجدلي الدائم بين العلة والسبب واللذين يذكرهما ابن خلدون معاً، مع أن العلة تعني مصدر وجود الشيء، في حين أن السبب يعني ما به يكون الشيء، أي بواسطته وفضله [2]، قال ابن خلدون: ((.. إنّا نشاهد هذا العالم بما فيه من المخلوقات كلها على هيئة من الترتيب والاحكام، وربط الأسباب بالمسببات..)) [3].

وفي دراسة التاريخ يعطي ابن خلدون مجالاً واسعاً للعقل مع ارتباط واضح بالواقعية باعتبار أن الاجتماع البشري يقوم على قوانين يستطيع العقل استيعابها من خلال الحواس، وهي جميعاً ترتبط بقانون السببية المتسم بالواقعية التي تحددت بالمجالات التي يتحرك فيها العقل في إطار قدرته ونشاطه، لذا عدّ ابن خلدون الأمور الغيبية، وما وراء الطبيعية ليست من اختصاص العقل [4]، باعتبار أن العقل قاصر عن تزويدنا بالمعرفة والكون أوسع من أن تستوعبه النفس الإنسانية[5]، لذا أراد للنشاط العقلي أن ينحصر في مجالات الطبيعة والحياة الاجتماعية (العمرانية) وغيرهما، فيسهل إدراكه وإستيعابه [6]، وفي ذلك يقول: ((.. لا تثقن بما يزعم لك الفكر من أنه مقتدر على الإحاطة بالكائنات وأسبابها، والوقوف على تفصيل الوجود كله، وسفه رأيه في ذلك، واعلم أن الوجود عند كل مدرك في باديء رأيه أنه منحصر في مداركه لا يعدوها..)) [7].

بناءاً على ما سبق تَلَمّسَ ابن خلدون بحسّ المؤرخ الحاذق الترابط

---

(1) جب، دراسات في حضارة الإسلام، ص 227.

(2) جب، المصدر نفسه، ص 227؛ نصار، الفكر الواقعي عند ابن خلدون، ص 241.

(3) ابن خلدون، المقدمة، ج 1، ص 508.

(4) الملاح، إشكالية البحث...، ص 9.

(5) نور الدين حقيقي، الخلدونية، العلوم الاجتماعية وأساس السلطة السياسية، ترجمة: الياس خليل، دار عويدات، (بيروت: 1983 م)، ص 15.

(6) الملاح، إشكالية البحث، ص 9.

(7) ابن خلدون، المقدمة، ج 3، ص 1035.

والتواصل في الأحداث التاريخية المتعاقبة بعد إخضاعها لقانون السببية، الذي تجاوز فيه التحليل الظاهري إلى أسباب وقوع هذه الحوادث وتعداها إلى اسبار غور مسبباتها الخفية والعميقة ومعرفة مغزاها وتأثيراتها والنتائج التي تترتب عليها [1]، إذ إن الكائنات المحسوسة جميعاً تخضع لقانون السببية، فلا مكان في هذا العلم للصدفة، فكل ما هو موجود وجد لسبب وينتهي لسبب، فكان فهم ابن خلدون لمسألة السببية قريباً جداً من مفهوم (**الحتمية العلمية**) الذي يقول: ((.. إن كل حادثة من الحوادث إنما هي نتيجة طبيعية لعلل وأسباب معينة، وبتعبير آخر أن الحادثات تتعين بصورة حتمية بالحوادث والأسباب السابقة لها..)) [2]. لقد أراد ابن خلدون بهذا القانون أن يعمم الفائدة، وهذا القانون اعتبر الدافع المباشر، الذي حدد منهجيته، ولا سيما بعد إغفال هذا المبدأ لدى العديد من المؤرخين السابقين له [3]، غير أن هناك من وجد أن رأي ابن خلدون يختلف قليلاً عن رأي أصحاب (**الحتمية العلمية**)، فهو يرى كالأشعري والغزالي، أنّ ((.. الاقتران والارتباط بين الأسباب والمسببات ليس ضرورياً وكل ما هنالك أن الله قد أجرى العادة على أن تحدث حوادث معينة عند اقترانها بحوادث أخرى، غير أن موقف ابن خلدون يتميز في هذا المجال عن موقف من سبقه من الأشاعرة في فارق بسيط، وهو أنه يرى أن العادة قد استقرت، وذهبت الخوارق وصار الحكم للعادة كما كان..، في حين أن قدماء الأشاعرة إنما قالوا بـ (**فكرة العادة**) ليترك الباب مفتوحاً أمام الخوارق والمعجزات..)) [4].

إنّ هدف ابن خلدون من دراساته التاريخية هو كيفية الدخول في شبكة العلاقات السببية الكثيرة التي لا يمكن للعقل حصرها، إنما يمكن بلوغها عن طريق العلم واستخدام وسائله التي حددها ابن خلدون في المعاينة والتجربة

---

(1) ايف لاكوست، العلامة ابن خلدون، ترجمة: ميشال سليمان، ط 3، دار ابن خلدون، (بيروت: 1982 م)، ص 221.
(2) الحصري، دراسات عن مقدمة ابن خلدون، ص 622.
(3) لاكوست، العلامة ابن خلدون، ص 222.
(4) الجابري، فكر ابن خلدون، ص 119 - 120.

والاستقراء[1]، وكان يطبقها للعثور على القوانين التي تربط الأسباب ببعضها وتساعده على دراسة وفهم الواقع الاجتماعي الذي يعيش فيه[2]، على اعتبار: ((.. أن الحوادث في عالم الكائنات، سواء كانت من الذوات أو من الأفعال البشرية أو الحيوانية، فلا بد لها من أسباب متقدمة عليها..))، ويضيف ابن خلدون أن هذه الحوادث تقع بأسبابها في ((مستقر العادة)) [3]. وهو الأمر الذي طالما أكّد عليه القرآن الكريم في العديد من الآيات التي تتحدث عن قانونية الحركة التاريخية وتدعو إلى إعمال العقل والحواس في الظواهر الطبيعية والاجتماعية.

ب - قانون التغير والتبدل:

توصل ابن خلدون إلى قانون آخر لا يقل أهمية عن سابقه، وهو قانون التغير والتبدل، أثر تنبهه إلى أن الحركة الدائبة المستمرة للطبيعة والمجتمع، يطرأ عليها تغيرات كثيرة، وليس بالضرورة أن يكون هذا التغير وفق نسق واحد، فقد يكون إيجابياً أو سلبياً، يحكمه ما حصل فيهما من تقدم أو تأخر حسب الظروف التي توجهه ويخضع لها[4]،استند هذا القانون إلى التحليل الاجتماعي العلمي للتغير والتبدل باعتباره من أهم ظواهر علم الاجتماع الانساني والعمران البشري، فالأمم تتغير والأجيال تتحول، والأحوال تتبدل، وكل شيء يؤول في النهاية إلى شيء آخر ويحدث ذلك تدريجياً وببطء شديد بحيث لا ينتبه أحد إلى هذه التطورات الهامة في حياة الناس والعمران، إلاّ المتابع المقارن بين العصور والأجيال بأحوالها وعوائدها، باعتبارها سنّة اجتماعية طبيعية يجريها الله على جميع مخلوقاته في كل عصر وكل جيل، وهي - كما يرى ابن خلدون - عادة أصيلة من عوائد العمران [5]، لأنه وحسب وجهة نظره ((.. من الغلط الخفي في التاريخ، الذهول عن تبدل الأحوال في الأمم والأجيال.. إذ لا يقع إلاّ بعد أحقاب متطاولة، فلا يكاد يتفطن له

(1) نصار، الفكر الواقعي عند ابن خلدون، ص ص 101 - 104.

(2) الجابري، فكر ابن خلدون، ص ص 118 - 120.

(3) ابن خلدون، المقدمة، ج 3، ص 1035.

(4) الساعاتي، علم الاجتماع الخلدوني، ص 179.

(5) الساعاتي، علم الاجتماع الخلدوني، ص 179.

إلاّ الآحاد من أهل الخليقة..)) [1].

أما طبائع العمران عند ابن خلدون، فهي ليست جامدة، بل تتحول وتتبدل وفق تطور ذاتي بفعل تقدم الزمن، وكما يقول: ((.. بتبدل الأحوال في الأمم والأجيال وبتبدل الأعصار ومرور الأيام..)) [2]، ولا دخل لرغبات الناس فيه إلاّ حينما تنقلب هذه الرغبات إلى ارادات واعية تعمل على ضوء المعطيات الموضوعية القائمة، وكذلك لا يغفل الإشارة، إلى مسألة الغفلة - التي تصيب البعض - عن مقاصد وأهداف ودوافع من سبقهم من الأمم، والغايات والظروف التي واجهتهم أثناء الكتابة عن الأحداث التاريخية [3]، وفي هذا الشأن قال ابن خلدون: ((.. فربما يسمع السامع كثيراً من أخبار الماضين ولا يتفطن لِما وقع من تغير الأحوال وانقلابها، فيجريها لأول وهلة على ما عُرف ويقيسها بما شهد، وقد يكون الفرق بينهما كثيراً فيقع في مهواة الغلط...)) [4].

أرجع ابن خلدون أسباب الكثير من التبدلات إلى تغير الحكام والسلاطين، وما يترتب على ذلك من تغيرات، لا تقتصر على الأحوال والعوائد، بل تتعداها إلى الانسان والبلدان والدول وإلى الطبيعة أيضاً وكثيراً ما يورد الأمثلة على ذلك، منها نظرة الإنسان إلى التعليم ومزاولة مهنته في بداية الإسلام باعتبارها غاية شريفة ونبيلة لأجل تعليم مبادئ الدين الحنيف وتعاليمه وكيف تغيرت نظرة الناس إلى التعليم بمرور الزمن وصولاً إلى عصر ابن خلدون حيث يقول: ((.. إن التعليم لهذا العهد من جملة الصنائع المعاشية البعيدة من اعتزاز أهل العصبية، والمعلم مستضعف مسكين منقطع [الجذم] [5]..)) [6]، ومما يترتب على تبدل السلاطين تغير الكثير من العوائد على أساس أن لكل سلطان عوائده ((والناس على دين

---

(1) ابن خلدون، المقدمة، ج 1، ص 339.

(2) ابن خلدون، المصدر نفسه، ص 339.

(3) الجابري، فكر ابن خلدون، ص ص 123، 155.

(4) ابن خلدون، المقدمة، ج 1، ص ص 400 - 401.

(5) **الجذم:** بكسر الجيم وفتحها الأصل (القاموس)، والعبارة كناية عن الضعة والمهانة. ابن خلدون، المقدمة، ج 1، ص 401.

(6) ابن خلدون، المصدر المقدمة، ج 1، ص 401.

الملك))، فتمتزج عوائدهم بعوائد الجيل السابق لهم والجيل اللاحق بهم مع القليل من المخالفة فيما بينهم ثم تزداد المخالفة وتتدرج بتعاقب الحكام والأجيال حتى يصبح التباين واضحاً بين الجيل الأول والأجيال المتعاقبة بعده فيكون: ((.. التدريج في المخالفة حتى ينتهي إلى المباينة بالجملة، فما دامت الأمم والأجيال تتعاقب في الملك والسلطان، لا تزال المخالفة في العدائد والأحوال واقعة..)) [1].

وهنا أيضاً يعد ابن خلدون هذا التبدل والتغير الذي يحصل في البلاد والعباد قانوناً طبيعياً أوجده الله باعتباره سنّة طبيعية لا بد أن تحصل فيقول: ((.. إنما هو اختلاف على الأيام والأزمنة وانتقال من حال إلى حال وكما يكون في الأشخاص والأوقات والأمصار، فكذلك في الآفاق والأقطار والأزمنة والدول: سنة الله التي قد خلت في عباده..)) [2].

ج - قانون الإمكان والاستحالة (معقولية الخبر):

اعتمد ابن خلدون في هذا القانون على معقولية الخبر ومدى قدرة العقل البشري على استيعابه وتصديقه، فما كان معقولاً كان ممكناً وما كان غير معقول فهو مستحيل [3]. مع تأكيده على ضرورة النظر والتمحيص في مضمون الخبر قبل النظر في التعديل والتجريح، وفي ذلك يقول: ((.. وهو سابق على التمحيص بتعديل الرواة.. حتى يعلم إن ذلك الخبر من نفسه ممكن أو ممتنع، أما إذا كان مستحيلاً فلا فائدة للنظر في التعديل والتجريح..)) [4]، وبذلك يريد ابن خلدون أن يطبق عملية التعليل العقلي على الواقع التاريخي، فهو لا ينسى أن بهذه العملية يكون واجب العقل الكشف عن الواقع الحقيقي بكل تفاصيله [5]. أما استخدام العقل فكان بصورة مباشرة أو غير مباشرة عن طريق الملاحظة الدقيقة والمشاهدة، ووضع

(1) ابن خلدون، المقدمة، ج 1، ص 401.
(2) ابن خلدون، المصدر نفسه، ج 1، ص 399 - 400.
(3) شرف الدين خليل، في سبيل موسوعة فلسفية، ابن خلدون، مكتبة دار الهلال، (بيروت: 1982م) ص 51.
(4) ابن خلدون، المقدمة، ج 1، ص 412.
(5) نصّار، الفكر الواقعي عند ابن خلدون، ص 142.

جميع الحوادث والأخبار في دائرة الشك لتدقيقها عقلياً باعتبار أنّ العقل وحده هو الذي يميز الممكن من المستحيل [1]، وأنه القادر على أن يتفهم كل حقيقة [2]، وكل حقيقة هي معقولة لهذا كان المعقول في التاريخ هو كل ما ليس مستحيلاً [3]، وعلى هذا فقد عدّ البعض تحكيم العقل عند ابن خلدون في التفسير والتعليل وفي قبول الأخبار أو رفضها، انعطافاً غير مألوف في الـوعي التـاريخي لكونه المفكر الأول الذي طالب بأن يتشكل النشاط التاريخي كنشـاط عقـلي محدد وتلمـس مـا يتطلبه ذلك [4]، بسعيه للكشف عن مجموعة من الأسس، تمثل الأول بالأسـاس الموضوعي للمعقولية التاريخية مـن خلال التدليل على الطبيعة المعقولة للعقل الإنساني، فالتاريخ ناتج عن أفعـال بشـرية وهـذه الأفعـال ربما كانت عاصية على التعليل المحدد من حيث مصدرها الذاتي، ولكنها كأفعال إنسانية لا بد لها مـن تدخل العقل في التخطيط والتنفيـذ، من هنا نجـد الأسـاس لمعقولية الحوادث التاريخيـة، التي لا يمكن أن تكون معاندة للعقل الإنساني باعتبار أن الإنسان نفسه الفاعـل المفكر لها، وهـذا جزء مـن نشاطه الإنساني [5].

أما الأساس الآخر فهو ظاهرة الاقتداء التي تحـددت للمعقولية التاريخية باعتبارهـا السلوك الرئيسي في الحياة الاجتماعية التي من خلالها تتم المقارنات التي تكشف أوجه التشابه والاختلاف بـين الأجيال المتتالية، وبها أيضاً يمكن الخروج مـن النطـاق الفـردي الضيّق إلى دائـرة الوجود الاجتماعـي الموضوعي الذي يعد المقياس الأفضل للإلمام بالواقعات التاريخية، وكان هذا الأساس أكـثر ترابطاً مـع سابقيه، لأنه يؤكد على أن الواقعة التاريخيـة بالحقيقـة واقعـة اجتماعية تقـوم عـلى اعتبـار التتابـع للحوادث المفردة كمحاولـة أولى تفضي إلى اعتبار أوسع للحوادث التاريخية مـن حيث انتماؤهـا إلى المجتمع واشتراكها في تطويره، وهذا يعني بالضرورة دراسة

(1) الحمداني، المنهج العلمي، ص 311.
(2) حقيقي، الخلدونية، ص 17.
(3) محمد بن أحمد البيروني، الآثار الباقية من القرون الخالية، تحقيق: ي. ساخاو، (لا. م)، (لايبزغ: 1933 م)، ص 5.
(4) نصّار، الفكر الواقعي عند ابن خلدون، ص 160.
(5) نصّار، المصدر نفسه، ص 144.

حتمية الصلات المتشعبة والمتلاحقة بين الحوادث المفردة للفعل الإنساني والجمع بينها وبين غيرها من الصلات وإرجاعها إلى وحدات تاريخية مناسبة باعتبارها الواقع الشامل للدولة الذي تتجمع حوله وتنتظم كل الأسباب النفسية، والسوسيولوجية، والطبيعية، الفاعلة في الواقعات التاريخية المعقولة [1].

من الواضح أن ابن خلدون - في مجال استخدام العقل - أبى أن يتبع خُطى معظم أسلافه من المؤرخين، ودعا إلى العمل بما يتفق مع العقل ورفض ما ترسمه أوهام الناس وخرافاتهم [2]، وكان يقول: ((.. فليرجع الإنسان إلى أصوله، وليكن مهيمناً على نفسه ومميزاً بين طبيعة الممكن والممتنع بصريح عقله ومستقيم فطرته، فما دخل في نطاق الإمكان قبله وما خرج عنه رفضه..)) [3].

وقد أورد لنا ابن خلدون أمثلة كثيرة في كتابه **المقدمة** على تطبيق هذا القانون ومنها على سبيل المثال، ما نقله عن المسعودي في كتابه **مروج الذهب ومعادن الجوهر** مقالته عن تمثال ((.. الزرزور الذي بروما الذي تجتمع إليه الزرازير في يوم معلوم من السنة حاملة للزيتون ومنه يتخذون زيتهم..))، وكان تعليق ابن خلدون على ذلك هو: ((.. انظر ما أبعد ذلك عن المجرى الطبيعي في اتخاذ الزيت..)) [4].

د - قانون المطابقة:

عدّ هذا القانون من أبرز القوانين التي وضعها ابن خلدون، وهو بمثابة حجر الزاوية في منهجيته التاريخية [5]، لا سيّما في مسألة نقد الروايات وقبول الأخبار، فما وجد عند من سبقه من المؤرخين الذين عملوا على تجميع الأخبار وخلطها ببعضها في مستوى واحد سواء أكانت حوادث تاريخية أم أحاديث وقصص

(1) نصّار، الفكر الواقعي عند ابن خلدون، ص 145.
(2) الحمداني، المنهج العلمي، ص ص311 - 312.
(3) ابن خلدون، المقدمة، ج 2، ص 506.
(4) ابن خلدون، المصدر نفسه، ج 1، ص 412.
(5) الطالبي، منهجية ابن خلدون، ص 35.

وروايات وقبلوها دون نقدها جعل الأخبار تبتعد عن الصحة [1]، ذلك كلهُ دفع ابن خلدون للاستناد على هذا القانون واعتماد مبدأ الشك فيما يُعرض للمؤرخ من نصوص وروايات وأخبار تاريخية لغرض تخليص البحوث التاريخية مما علق بها من أوهام وخرافات وأساطير لا يقبلها العقل أو المنطق.

وهذا لا يتحقق إلاّ بالشك، والذي عبّر عنه ابن خلدون بعبارات مختلفة، كثيراً ما ترددت في كتاباته من قبيل ((إمكان وقوع الشيء)) أو ((تمييز الحق من الباطل)) أو ((الإمكان والاستحالة)) [2]، وهي تستند في مجملها على نقد الأخبار والتمييز بين الخبر الصحيح والخبر الزائف استناداً إلى أحكام العقل، وقانون (**مطابقة الخبر مع الواقع الفعلي**) لاختبار مصداقية الروايات وقبول الأخبار ومعرفة الأسباب والعلل الفاعلة في صنع الوقائع التاريخية للوصول إلى الأهداف التي تتجه إليها حركة التاريخ مع تأكيده على ضرورة النظر والتمحيص في مضمون الخبر ومطابقته للقوانين الطبيعية وإخضاعه لـ (**طبائع العمران**) والتي عدّ معرفتها أساساً لتدقيق الأخبار [3]. وهكذا كانت قواعد البحث التي استخدمها ابن خلدون عبارة عن (**طرائق نظرية**) تبحث كون الواقعة التاريخية ممكنة في ذاتها، ولم تناقض طبائع العمران، وكونها مع الزمان والمكان اللذين حدثت فيهما [4].

استطاع ابن خلدون أن يميّز بين أنواع الأخبار، فالأخبار التاريخية، تتضمن أنباء عن واقعات طبيعية متعقلة، لذا من الضروري أن لا يفسح المؤرخ المجال لخياله وإسقاطات هوى نفسه وميوله أن تنصب تجاه الخبر باعتبار أن جوهر الأخبار التي يجمعها المؤرخون تختلف اختلافاً كلياً عن الأخبار التي يجمعها المحدثون باعتبارها[5]، ((... تكاليف إنشائية أوجب الشارع العمل بها..)) [6]. أما الأخبار التاريخية فلا بد لها من أن تخضع لاعتبار مطابقة مضمون الخبر لطبائع

(1) بوتول، ابن خلدون، ص 35.
(2) الحمداني، المنهج العلمي، ص 316.
(3) الملاح، المفصل، ص 158.
(4) طه حسين، فلسفة ابن خلدون الاجتماعية، مطبعة الاعتماد، (القاهرة: 1925 م)، ص 32.
(5) الجابري، فكر ابن خلدون، ص 146.
(6) ابن خلدون، المقدمة، ج 1، ص 413.

العمران لأنها ((.. أحسن الوجوه وأوثقها في تمحيص الأخبار وتمييز صدقها من كذبها..)) [1]، وهذا التمييز في التعامل مع هذين النوعين من الأخبار يعود إلى أن الأخبار التي يجمعها المحدثون يتوقف مضمونها على صياغتها، أما مضمون الأخبار التاريخية فمستمد من خارجها [2]، ولذلك لا بد لها من الخضوع لمعيار المطابقة وشروطه، كما عرضه ابن خلدون بقوله: ((.. وأما الإخبار عن الواقعات فلا بد في صدقها وصحتها من اعتبار المطابقة، فلذلك وجب أن ينظر في إمكان وقوعه، وصار فيها ذلك أهم من التعديل ومقدماً عليه، إذ فائدة الإنشاء منه فقط، وفائدة الخبر منه ومن الخارج بالمطابقة..)) [3].

إنّ تطبيق ابن خلدون لقانون المطابقة دفعه إلى البحث عن القوانين الاجتماعية التي وقعت الأحداث بموجبها في المجتمعات، أي أن يجمع بين علمي الاجتماع والتاريخ كي يجعل من هذه القوانين بعد البرهنة عليها، مقياساً يهتدي به المؤرخون وصولاً إلى طريق الصدق والصواب فيما ينقلونه من أخبار وروايات تاريخية [4].

---

(1) ابن خلدون، المقدمة، ج 1، ص 431.

(2) نصّار، الفكر الواقعي عند ابن خلدون، ص 58.

(3) ابن خلدون، المقدمة، ج 1، ص 413.

(4) الطالبي، منهجية ابن خلدون، ص ص 26 - 27.

فلسفة العمران عند ابن خلـدون

لغرض استكمال الصورة الخاصة بمنهجية ابن خلـدون في التـدوين التـاريخي، لا بـد لنـا مـن الوقوف عند فلسفة العمران عنده التـي سـعى لوضـع واسـتنباط أسسـها، مـن خـلال دراسـة الأخبـار والروايـات التاريخيـة بمختلـف أبعــادها الحضـارية والاجتماعيـة والسياسـية والاقتصـادية مـن أجـل استخدامها كمعيار لتمحيص الأخبـار التاريخية، وقد أطلق على هذه الفلسفة اسم علم العمران.

أ - علم العمران:

بَدا ابن خلدون مدركاً واعياً لأهمية العلم الذي اكتشفه، ومظهـراً في الوقـت ذاتـه اندهاشـه بهذا العلم الذي توصل إليه، وعبّر عن سعادته الغامرة لهذا الاكتشاف بقوله: ((.. لعمري لم أقـف عـلى الكلام في منحاه لأحد من الخليقة..)) [1]، ثمَّ إنه يبين أنه اهتدى إليه بإلهام إلهي خالص، وذلك لأنـه لم يمت بصلة إلى أي من مفكري القرون القديمة التي يمكـن أن يسـتفيد مـن كتبهـم، كـما فعـل فلاسـفة العرب قبله [2] فقـال: ((.. ونحـن ألهمنـا الله إلى ذلـك إلهامـاً.. مـن غيـر تعلـيم أرسـطو * ولا إفـادة موبذان **..)) [3]. ويغفل ابن خلدون هنا لا ندري لماذا الكشـوف القرآنيـة لقـوانين الحركـة التاريخيـة والتي سبقته بسبعة قرون.

---

(1) ابن خلدون، المقدمة، ج 1، ص 414.

(2) بوتول، ابن خلدون، ص 27.

* من المحتمل أن ابن خلدون أراد أن يبرز ابداعه بالاشارة إلى عدم وجود أي اتصال بينه وبين (**كتاب السياسة**) لأرسطو الذي كان لا يزال مفقوداً في ذلك العصر.

** أما (**كتاب الموبذان**)، فهو مشهور في الحكمة السياسية، وهو من تأليف فيلسوف فارسي كتبه للانتفاع به في تربية الأمراء. بوتول، ابن خلدون، ص 27.

(3) ابن خلدون، المقدمة، ج 1، ص ص 417 - 418.

في الوقت الذي أبدى فيه ابن خلدون تفاخره باكتشافه للعلم الجديد، أعلن تواضعه بتأكيده على أنه وضع اللبنات الأولى لهذا الاكتشاف، وأنه ممهد السبيل أمام من يلحق به من المهتمين بهذا العلم لإكمال بنائه إن فاته شيء وإصلاحه إن وجد خلل، وجاء ذلك في قوله: ((... فإن كنت قد استوفيت مسائله، وميّزت عن سائر الصنائع أنظاره وأنحاءه.. وإن فاتني شيء من احصائه، واشتبهت بغيره مسائله، فللناظر المحقق اصلاحه، ولي الفضل لأني نهجت له السبيل وأوضحت له الطريق..)) [1].

عرّف ابن خلدون العمران بأنه ((.. التساكن والتنازل في مصر أو حلة للأنس بالعشير واقتضاء الحاجات لما في طباعهم (البشر) من التعاون على المعاش..)) [2]، على أساس هذا التعريف، حدد ابن خلدون تعريف علم العمران والمهام الرئيسية له، فهو العلم الذي يختص بدراسة ((.. ما يعرض للبشر في اجتماعهم من أحوال العمران في الملك والكسب والعلوم والصنائع بوجوه برهانية يتضح به التحقيق في معارف الخاصة والعامة وتدفع به الأوهام وترفع الشكوك..))، وهو كذلك في عوامل قيام الدول وسقوطها وأسباب تعاقبها في إطار علم مستقل بنفسه،فإنه وكما يرى ابن خلدون: ((.. ذو موضوع وهو العمران البشري والاجتماع السكاني، وذو مسائل وهي بيان ما يلحقه من العوارض والأحوال لذاته..)) [3]، وقد أوضح ابن خلدون الأسس التي يقوم عليها هذا العلم.

ب - أسس علم العمران:

تتلخص الأسس التي يقوم عليها علم العمران عند ابن خلدون بالنقاط الآتية:

(1) ابن خلدون، المصدر نفسه، ج 1، ص ص 417 - 418.
(2) ابن خلدون، المقدمة، ج 1، ص ص 417 - 418.
(3) ابن خلدون، المصدر نفسه، ج 1، ص ص 417 - 418.

1 - ضرورة الاجتماع الإنساني:

يُعدّ هذا الأساس أحد الأركان الأساسية لعلم العمران عند ابن خلدون، وخاصةً أنه يبحث في العوامل التي جعلت الاجتماع الإنساني ضرورة لا بد منها لبني البشر[1]، وذلك لأن الإنسان مدني بالطبع، فلا بدّ له من الاجتماع الذي هو المدنية، وهو معنى العمران، لأن الاجتماع مرادف للتمدن والعمران، ولا مدنية ولا عمران دون الاجتماع الإنساني[2]، وهذا ما عبّر عنه ابن خلدون بقوله: ((.. إنّ الاجتماع الإنساني ضروري، يعبّر الحكماء عن هذا بقولهم الإنسان مدني بالطبع، أي لا بد له من الاجتماع الذي هو المدنية في اصطلاحهم، وهو معنى العمران..))[3]. وقد حدد ابن خلدون مجموعة من العوامل المؤثرة والموجهة والمتحكمة بالاجتماع الإنساني، تمثلت، أولاً: في التعاون الإنساني من أجل تحصيل الغذاء، باعتباره أحد مقومات العيش والبقاء، فتطلب ذلك مع حاجة المجتمعات إلى التعاون وتوزيع المهام بين أفراد المجتمع لصعوبة تحصيله من قبل الفرد الواحد، فلا بد من اجتماع أفراد كثيرين يتقاسمون العمل فيما بينهم لأجل تأمين الغذاء، كما يقول: ((.. إنّ قدرة الواحد من البشر قاصرة عن تحصيل حاجته من ذلك الغذاء، غير موفية له بمادة حياته منه..))[4]، وتمثلت ثانياً: في التعاون من أجل البقاء، لحاجة الناس إلى التكاتف مع بعضهم في الدفاع عن أنفسهم وبالأخص في مواجهة أخطار الحيوانات المفترسة، لعجز الإنسان بمفرده عن ((مدافعتها وحده بالجملة))[5].

(1) الجابري، فكر ابن خلدون، ص 172.
(2) الملاح، المفصل، ص 161.
(3) ابن خلدون، المقدمة، ج 1، ص 420.
(4) ابن خلدون، المقدمة، ج 1، ص 420.
(5) ابن خلدون، المصدر نفسه، ج 1، ص 422.

2 - ضرورة وجود السلطة (الوازع):

ترتب على الركن السابق وجود حاجة إنسانية ملحة لتنظيم المجتمعـات الإنسانية، تمثـل ذلك في الحاجة إلى وجود سلطة حاكمة منظمة أطلق عليها ابن خلـدون تسمية (الـوازع) تأخـذ عـلى عاتقها تنسيق التعـاون بـين أفـراد المجتمـع ومنع عـدوان بعضهـم عـلى بعـض [1]، لأن العلاقـات الاجتماعية في التجمع الإنساني تستلزم تنظيماً أو مجموعة من المؤسسات مصدرها السلطة السياسية في المجتمع [2]، باعتبار أنّ هذا الاجتماع - كما يرى ابن خلـدون - ((.. إذا حصل للبشر كما قررنـاه وتم عمران العالم بهم، فلا بدّ من وازع يدفع بعضهم عـن بعـض، لما في طبـاعهم الحيوانيـة مـن العـدوان والظلم.. فيكون ذلك الـوازع واحداً منهم يكون له عليهم الغلبـة والسلطان واليـد القـاهرة، بمعنـى لا يصل إلى غيره بعدوان، وهذا هو الملك..)) [3].

فالطبيعة الحيوانية التي تحكم البشر قد جعلت من الضروري وجود السلطة أو (الـوازع) أو الملك من أجـل منع وقوع الظلـم بين البشر لأن: ((الآدميين بالطبيعة الإنسانية يحتاجون في كل اجتماع إلى وازع وحاكم يزع بعضهم عن بعض)) [4]، إنّ تأكيد ابن خلدون على وجود الوازع يدفعنا إلى معرفة كيفية ظهوره في المجتمع وفرض سيطرته وسلطانه على أفراد مجتمعه وأنواع المجتمعات التي نتجت عن الاجتماع الإنساني، وكما حددها ابن خلدون.

ج - أنماط العمران:

رصد ابن خلدون بناءً على مشاهداته للحياة الاجتماعية، نمطين مـن العمران فيهـا، وهـما: العمران البدوي، والعمران الحضري، وشرع يقدم تحليلاً

---

(1) الملاح، المفصل، ص 161؛ الحصري، دراسات عن مقدمة ابن خلدون، ص 280.

(2) حقيقي، الخلدونية، ص 20.

(3) ابن خلدون، المقدمة، ج 1، ص 422.

(4) ابن خلدون، المصدر نفسه، ج 2، ص 439.

شاملاً لسماتهما اجتماعياً واقتصادياً وثقافياً وسياسياً من خلال المقارنة الشاملة بين النمطين، معتمداً على الأساس الاقتصادي لأن العمرانين البدوي والحضري يتماشيان مع الطبيعة، فالناس لم ينتظموا أصلاً في مجتمع إلاّ ليتعاونوا في الحصول على وسائل كسب معاشهم[1]. من هنا جاء الفصل بين المجتمعين عند ابن خلدون فقال: ((.. اختلاف الأجيال في أحوالهم إنما هو باختلاف نحلتهم من المعاش..)) [2].

وقد تطرق ابن خلدون بالتفصيل إلى طبيعة هذين النمطين، فقدّم العمران البدوي على الحضري، لأنه أسبق بالظهور، في سياق الزمن، كما أمتاز بالبساطة وتوفير كل ما هو ضروري من متطلبات الحياة البشرية، وذلك لثبات بنيته وقلّة تعقيدها، قياساً بالعمران الحضري الذي لا يكتفي بالضروريات، بل يتعداها إلى الكماليات [3] ((..لأنه أول مطالب الإنسان الضرورية، ولا ينتهي إلى الكمال والترف، إلاّ إذا كان الضروري حاصلاً، فخشونة البداوة قبل رقّة الحضارة، ولذا نجد التمدن غاية البدوي يجري إليها وينتهي بسعيه إلى مقترحه منها..)) [4].

صنّف ابن خلدون العمران البدوي إلى ثلاثة أصناف بحسب معاشهم، وهم: البدو بالمعنى الكامل للكلمة، والبدو الشاوية، وأهل الجبال، فمنهم من امتهن حرفة الزراعة والقيام بأعمال الفلاحة، ووجد أن استقرار هؤلاء في القرى والجبال أولى لهم وأنجع من حياة التنقل والترحال [5]، كما ميّز أيضاً بين من كان معاشه تربية الحيوانات السائمة كالأغنام والأبقار، فكان تنقلهم سعياً وراء الماء والكلأ أفضل لارتياد مسارح المياه والنبات لحيواناتهم، أما من كان معاشه قائماً على تربية

(1) حقيقي، الخلدونية، ص 21.
(2) ابن خلدون، المقدمة، ج 2، ص 413.
(3) الملاح، المفصل، ص 162؛ نصار، الفكر الواقعي عند ابن خلدون، ص 237.
(4) ابن خلدون، المقدمة، ج 2، ص 413.
(5) نصّار، الفكر الواقعي عند ابن خلدون، ص 239.

الإبل فهؤلاء أكثر ترحالاً في القفار ممن سبقهم [1]. وقد وصف ابن خلدون البدو بقوله: ((.. أن رزقهم في ظلال رماحهم..)) [2]، فهم لا يعرفون من دنياهم غير الفروسية والفخار بالغلبة والتنافس على الرئاسة.

قارن ابن خلدون بين العمران البدوي والعمران الحضري، فذكر: ((.. إنّ أهل البدو أقرب إلى الخير من أهل الحضر..)) [3]، كما أن طبيعة الحياة في الحضر تفقد الإنسان الحضري من ارتباطه بالطبيعة، وينعكس ذلك على بنية المجتمع، أما أقصى درجات الاختلاف بين العمران البدوي والعمران الحضري فلا تظهر إلاّ للمتأصل في المدينة والمتجذر في القفر، ويشدد ابن خلدون على هذا التباين التدريجي في محاولة منه لإظهار نقاط الاتصال ونقاط الانفصال بين نمطي العمران[4]، ولتبيين المراحل التي يمر بها الإنسان عند انتقاله من خشونة البداوة إلى رقّة الحضارة، وحدد ابن خلدون المرحلة الانتقالية بين البداوة والحضارة في مفهوم (المصر) فهو مرحلة بين القرية والمدينة، والفارق بينه وبين القرية هو عدم وجود الحاجة إلى الظعن والتقلب في الأرض، ونشوء المصر يكون بحصول ما فوق الضروري لحفظ الحياة والمدينة تنشأ طبيعياً من تكاثر سكان المصر واتساعه[5]، وذلك لأنه: ((.. اتسعت أحوال هؤلاء المنتحلين للمعاش وحصل لهم ما فوق الحاجة من الغنى والرقة... وتعاونوا في الزائد على الضرورة واستكثروا من الأقوات والملابس والتأنق فيها، وتوسعة البيوت واختطاط المدن والأمصار للتحضير..)) [6]، وبذلك ميّز ابن خلدون بين هذين النمطين، مع تأكيده على أهميتهما وتلازمهما، فلا عمران حضري إن لم يكن هناك عمران بدوي.

(1) الوردي، منطق ابن خلدون، ص 274.
(2) ابن خلدون، المقدمة، ج 2، ص 454.
(3) ابن خلدون، المصدر نفسه، ج 2، ص 415.
(4) نصّار، الفكر الواقعي عند ابن خلدون، ص 254.
(5) نصّار، المصدر نفسه، ص 254.
(6) ابن خلدون، المقدمة، ج 2، ص 408.

د - العصبية والبداوة:

عدّ ابن خلدون التغير والتطور ظاهرة اجتماعية على الرغم من وقوعه في فترات زمنية غير قصيرة، ولاحظ الحياة الاجتماعية في تطورها الطبيعي والتلقائي تعمل على إفراز عوامل لتنظيم العلاقات الاجتماعية تكون ضرورية لوجود الكائنات وبقائهم، وهذه ظاهرة حضارية لا اقتصادية [1]، فبمجرد اجتماع البشر تظهر الحاجة إلى ما سمّاه ابن خلدون بـ (العصبية) باعتبارها السبب الفعّال في إكساب القوة والمنعة، ولهذا كان حسب رأيه، البدو أقرب إلى الشجاعة من أهل الحضر- وأكثر تعاضداً، وعليه فهم أقدر: ((.. على التغلب وانتزاع ما في أيدي سواهم من الأمم..)) [2].

ولكي نفهم ما يقصده ابن خلدون بالعصبية، لا بد لنا من فهم معناها اللغوي، فمصطلح (**العصبية**) مشتق من عصبة الرجل، وهم بنوه وقرابته لأبيه، سموا بذلك لأنهم (عصبوا) به، أي أحاطوا به [3]، وثمة من يرى أنه مشتق من كلمة (العصب) والذي يعني ((أطناب المفاصل التي تلائم بينها وتشدها)) [4]. أما مدلول مصطلح العصبية الجامع للفكر السياسي العمراني لابن خلدون، فقد اختلفت الآراء حول تحديد أبعاده. فهناك من خرجه بمعنى التعاون الاجتماعي، في إطار ((تضامن المحارب القتالي)) [5]، في حين جعله آخرون مطابقاً لمعنى التضامن القبلي [6]، وفي الإطار ذاته أطلق ابن خلدون مفهوم العصبية على ما ينشأ بين أفراد القبيلة الواحدة من الشعور بقوة الصلة والالتحام، المستندة إلى النسب، ولهذا كان ظهور

(1) حقيقي، الخلدونية، ص ص 22 - 23.
(2) ابن خلدون، المقدمة، ج 2، ص 338.
(3) الرازي، مختار الصحاح، ص 435.
(4) محمد مرتضى الزبيدي، تاج العروس، تحقيق: عبد الكريم الغرباوي، ج 3، (لا. م، د. ت)، ص 375؛ الملاح، المفصل، ص 64.
(5) بوتول، ابن خلدون، ص 83.
(6) جغلول، الإشكاليات التاريخية، ص 71.

العصبية أكثر وأقوى كلما كانت القبائل موغلة في البدو باعتبارها تحافظ على أنسابها بعيداً عن الاختلاط وفساد النوع بسبب ما تتسم به حياتهم من قساوة وبعد عن الأقوام الأخرى[1]، في الوقت نفسه تكون هذه القبائل الأكثر استعداداً للقتال بتفوق وإصرار فتكون ((الأمم الوحشية أقدر على التغلب ممن سواها)) [2].

ويؤكد ابن خلدون كلامه هذا حينما يقول: ((... ومن كان من الأجيال أعرق في البداوة وأكثر توحشاً كان أقرب إلى التغلب على سواه إذا تقارب في العدد وتكافأ في القوة..)) [3]، مستندين إلى العصبية عندهم والقائمة على التعاون والتجانس داخل القبيلة ومتحدين بصفة القرابة (**رابطة الدم**) أو باتحاد ناشيء من علاقات وهمية كـ (**الولاء والحلف**)، ولأنّ القبيلة متكونة من عشائر أو قبائل متعددة في كل منها (**عصبية خاصة**) تحصل عملية مفاضلة بين القبائل تؤدي إلى ظهور (**العصبية العامة**) التي تمكن القبائل من فرض سيطرتها وإعلان قيادتها لبقية القبائل [4]، وعلل ذلك ابن خلدون بقوله: ((.. أن القبيل الواحد وإن كانت فيه بيوتات متفرقة وعصبيات متعددة فلا بد من عصبية تكون أقوى من جميعها وتغلبها وتستتبعها وتلتحم جميع العصبيات فيها وتصير كأنها عصبية واحدة كبرى وإلاّ وقع الافتراق المفضي إلى الاختلاف والتنازع..)) [5].

وبناءً على ما سبق، نجد أن العصبية لدى ابن خلدون تعد حجر الزاوية التي بنى عليها فلسفته، وأقام عليها علمه النفسي وأدبه وفلسفته التاريخية [6]، كذلك رأيناه يعدّها أهم أركان العمران البدوي، لاقتناعه بالحاجة الملحة لها في حماية هذه المجتمعات البشرية التي تحتاج الكثير من الفرسان الشجعان ذوي العصبية

(1) ابن خلدون، المقدمة، ج 2، ص 424.
(2) ابن خلدون، المقدمة، ج 2، ص 437.
(3) ابن خلدون، المصدر نفسه، ج 2، ص 438.
(4) جغلول، الإشكاليات التاريخية، ص ص 72 - 73.
(5) ابن خلدون، المقدمة، ج 2، 439.
(6) بوتول، ابن خلدون، ص 78.

وأهـل النسب الواحد للذود عنها فبهم تتقوى شوكتها ويخشى جانبها [1]، فالعصبية في العمران البدوي تضطلع بالدور نفسه الذي تقوم به الأسوار والجند في العمران الحضري، ولهذا أكّد عليها ابـن خلـدون باعتبارها ضرورة حيـاة لا يمكن العيش والبقـاء مـن دونهـا [2]، مقارنـة مـع طبيعـة الحيـاة الاجتماعيـة الحضرية التي يعتمد أبناؤها في مواجهة الأخطار والدفاع عن مـدنهم عـلى توكيـل أمـرهم إلى واليهـم والحاكم الذي يسوسهم والجيش الذي يتولى الدفاع عنهم فلا يكونوا بحاجة ماسة إلى العصبية [3].

ومع ذلك لعبت العصبية بأشكالها المختلفة - حسب وجهة نظر ابن خلـدون - أدواراً مهمـة في الحياة الاجتماعية الإنسانية وهي تمر بمراحـل عديـدة، ففـي بـدايتها تحمـل الأفـراد عـلى التكـاتف والتناصر للمدافعة والحماية، وهي ضرورة أيضاً في كل: ((.. أمر يحمل الناس عليـه مـن نبـوة أو إقامـة ملك أو دعوة إذ بلوغ الغرض من ذلك إنما يتم بالقتال عليه، لما في طبائع البشر من الاستعصاء، ولا بـد في القتال من العصبية..)) [4].

أما مصدر هذه العصبية فهي الطبيعة البشرية المستندة إلى القرابـة في الحيـاة الاجتماعيـة، وهي ((.. صلة الرحم الطبيعي في البـشر.. ومـن صـلتها النعـرة عـلى ذوي القـربى والأرحـام إن ينـالهم ضيـم أو تصيبهم هلكة..)) [5]، وعليه فإن النزعة البشرية تفضي إلى الاتحاد بين أفـراد النسـب الواحـد وتحملهم على التعاضد والتناصر إلى حد استماتة أحدهم دون صاحبه [6].

(1) الحصري، دراسات عن مقدمة ابن خلدون، ص 337.
(2) الملاح، المفصل، ص 164؛ الجابري، فكر ابن خلدون، ص 249.
(3) الحصري، دراسات عن مقدمة ابن خلدون، ص 338.
(4) ابن خلدون، المقدمة، ج 2، ص 469.
(5) ابن خلدون، المصدر نفسه، ص 424.
(6) ابن خلدون، المقدمة، ج 2، ص 461؛ الحصري، دراسات عن مقدمة ابن خلدون، ص 335.

هـ - العصبية والنبوة:

من المنطلق السابق القائم على اعتبار العصبية القـوة الجامعـة للنـاس في الرخـاء والشـدة، وجد ابن خلدون اعتماد الدعوات الدينية المختلفة ولا سيّما الأديـان السـماوية عـلى المنعـة والمدافعـة والمطالبة الموجـودة في العصبية بسـبب حاجتها لها لحمايتها والدفاع عنها ومساندتها ودعمها في نشـر دعوتها إلى الله ومبادئها وأفكارها الجديدة [1]. ولهـذا جـاء الاختيـار الإلهـي للأنبيـاء والرسـل مـن ذوي العصبية والمنعة القوية لتساندهـم في كفاحهم ودعوتهم من أجـل تغيير معتقـدات وديانات أقـوامهم التـي تبـدأ الـدعوة بهـم [2]، وقـد ورد في الصـحيح قـول النبـي محمـد صـلى الله عليـه وسـلم ((.. **ما بعث الله نبياً إلاّ في منعة من قومه..**)) [3].

مما سبق تتضح الأهمية الكبرى للعصبية لدى كل دعوة كقوة تستند إليهـا، وهـو مـا حـاول ابن خلدون التعبير عنه بقوله: ((.. وهكذا كـان حـال الأنبيـاء - عليـهم الصلاة والسـلام - في دعـوتهم إلى الله بالعشائر والعصائب، وهم المؤيدون من الله بالكون كله لو شاء..)) [4].

فالدعوة الدينية من غير دعم قومي لا تكتمل [5]، فإذا كان في أمـة ما عصبية ثم نشأت فيها دعوة دينية، فإن هذه الدعوة تزيد تلك العصبية قـوة إلى قوتهـا [6]، وهـذا مـا حصـل للعـرب بظهـور الدعوة الإسلامية. ويبرهن ابن خلدون على كلامه

(1) مصطفى غنيمات، ((**الفكر الاجتماعي عند ابن خلدون**))، بحث (غير منشور) من أعمال ندوة الأردن العلمية (9 - 10 مايس 2007 م)، ص 10.

(2) الساعاتي، علم الاجتماع الخلدوني، ص 148.

(3) الحديث أخرج معناه الإمام أحمد بن حنبل، المسند، شرحه ووضع فهارسه، أحمد محمد شاكر، دار المعارف، (القاهرة: 1956 م)، برقم (10483).

(4) ابن خلدون، المقدمة، ج 2، ص 468.

(5) محمد جابر الأنصاري، ((**العروبة والإسلام في فكر ابن خلدون**))، نقلاً عن موقع بلاغ على شبكة المعلوماتية (الأنترنيت):

http: // www. balagh. com.

(6) ابن خلدون، المقدمة، ج 2، ص 469.

هذا ويدعمه بما قام به العرب المسلمون من فتوحات في صدر الإسلام وأنهم حملوا على عاتقهم نشر الدعوة الإسلامية وواجهوا أقوى دولتين آنذاك، وهما الفرس والروم، ((.. فلم يقف للعرب أحد من الجانبين، وهزموهم وغلبوهم على ما بأيديهم..)) [1].

وفي نظر ابن خلدون أن للعصبية غاية طبيعية تسعى إليها وهي الملك، والذي لا يكون إلاّ بالعصبية، ومن ثم فإنّ الرياسة لا تكون إلاّ بالغلب، والغلب إنما يكون بالعصبية [2].

و - العصبية والدولة:

أفرد ابن خلدون للعصبية دوراً هاماً آخر تمثل في الغاية التي تسعى إليها العصبية والتي حددها بـ (الملك والسلطة)، إلاّ أن العصبية لا تلعب دورها التاريخي إلاّ بعد أن تكون قد وصلت إلى مرحلة العصبية العامة بعد احتوائها للعصبيات الخاصة المتفرقة حولها أولاً، ووقوع الدولة أو السلطة الحاكمة القائمة في طور الهرم ولم يكن لها قوة تمنعها، وتقف أمام مسعى العصبية الطالبة للسلطة والملك ثانياً، هنا تستطيع العصبية الطالبة للملك أن تستولي عليه وتنتزع الأمر من يد السلطة القديمة ويصبح الملك لها [3].

يؤكد ابن خلدون أيضاً، أن العصبية تكون عند البدو أقوى إما إذا حصلوا على الملك وكانوا ذوي صبغة دينية فإنهم يزدادون قوةً بها إلى قوتهم، لأن الدعوة الدينية تعمل من جهة على جمع القلوب، (أَنْفَقْتَ مَا فِي الْأَرْضِ جَمِيعًا مَا أَلَّفْتَ بَيْنَ قُلُوبِهِمْ) [4]، فتتحقق الوحدة التي ينشدها الدين بعد أن يذهب عنهم التنافس

(1) ابن خلدون، المصدر نفسه، ج 2، ص 467.

(2) ابن خلدون، المصدر نفسه، ج 2، ص ص 439، 472.

(3) الجابري، فكر ابن خلدون، ص 283.

(4) سورة الأنفال، من الآية (63).

والخلاف ويحل التعاون والاتحاد، ومن جهة أخرى فإنّ الدعوة الدينية تعمل على توجيه طبيعة البدو في الغزو إلى الجهاد من أجل نشر الدين وتعاليمه فينشأ مجتمع أفضل [1]، ((.. فإذا قام فيهم النبي أو الولي الذي يبعثهم على أمر الله، ويذهب عنهم مذمومات الأخلاق ويأخذهم بمحمودها، ويؤلف كلمتهم لإظهار الحق، تم اجتماعهم، وحصل لهم التغلب والملك..)) [2].

وقد استدل ابن خلدون على صحة هذه النظرية بما حصل للعرب المسلمين حينما حملوا راية الاسلام في عصر الرسالة والخلافة الراشدة، فشيد لهم ((.. الدين السياسة بالشريعة وأحكامها المراعية لمصالح العمران ظاهراً وباطناً، وتتابع فيه الخلفاء، عظم حينئذٍ ملكهم وقويَ سلطانهم..)) [3].

ز - حياة الدول وأجيالها:

أدرك ابن خلدون مدى أهمية العصبية كقوة منظمة وباعثة للأمم، وهي في الوقت نفسه تلعب دوراً مهماً في سقوطها وزوالها فاسحة المجال لعصبية أخرى للوصول إلى السلطة، فارتبطت أطوار حياة الدول بتطور أحوال عصبيتها الحاكمة، في تدرجها من شظف العيش وخشونة البادية إلى رقة الحضارة وترف الحياة ونضارتها، ثم من قوة العصبية إلى ضعفها، بتأثير عوامل التطور **(الاجتماعي والحضاري)** وما يصيبها من الترف والبذخ وغير ذلك، فنتج عن ذلك كلهُ عملية لانتقال السلطة مستمرة من **(العمران الحضري)** إلى **(العمران البدوي)** بسبب تفكك العصبية الحاكمة وانحلالها [4].

ومن أجل أن تبدو الصورة أكثر وضوحاً، عمد ابن خلدون إلى رسم سقف زمني لعمر العصبيات الحاكمة أو ما يسمى بـ **(الدورة العصبية)** وهي المدة اللازمة

(1) الملاح، المفصل، ص 166؛ الجابري، فكر ابن خلدون، ص ص 286 - 287.
(2) ابن خلدون، المقدمة، ج 2، ص 456.
(3) ابن خلدون، المصدر نفسه، ج 2، ص ص 457 - 458.
(4) حقيقي، الخلدونية، ص 25.

لانتقال الدول أو السلطة الحاكمة من حالة القوة إلى حالة الضعف، أو تتناوب العصبيات الخاصة على الحكم في إطار عصبية عامة واحدة [1] بثلاثة أجيال حدد عمرها بـ (120) عاماً، على أساس أن متوسط عمر الجيل الواحد أربعون عاماً، فيشير بذلك إلى أن للدولة أعماراً طبيعية كما للأشخاص ((.. فالدولة لا تعدو أعمار ثلاثة أجيال، والجيل هو عمر شخص واحد من العمر الوسط، فيكون أربعين هو انتهاء النمو والنشوء إلى غايته، قال عز وجل(حَتَّى إِذَا بَلَغَ أَشُدَّهُ وَبَلَغَ أَرْبَعِينَ سَنَةً) [2]..)) [3]. وينبغي الإشارة هنا إلى أن ابن خلدون عندما شبّه عمر الدولة بعمر الإنسان قصد بها الدولة الشخصية التي يحكمها رجال استناداً إلى قوة العصبية الأسرية، فيكون عمر الدولة مرتبطاً بمدى قوة تلك العصبية أو ضعفها واضمحلالها. ((وحين يحدد عمر الدولة بمائة وعشرين سنة لا يقصد بها الدولة)) [4]، ((.. الكلية مثل دولة الروم أو الفرس أو العرب على العموم أو بني أمية أو بني العباس..)) [5].

أجيال الدولة الثلاثة التي حددها ابن خلدون هي:

الجيل الأول: هو الذي قاد التغيير ووصل إلى السلطة، وأهم سماته وميزاته كونه جيل بدوي النشأة والتربية، اكتسب مختلف مظاهر شخصيته وسلوكه من المجتمع البدوي القبلي وحافظ عليها على الرغم من انتقاله إلى الحضر [6]، وباحتفاظ أولئك بعصبيتهم أضحى حدهم مرهفاً، وجانبهم مرهوباً، والناس لهم

(1) الجابري، فكر ابن خلدون، ص 326.
(2) سورة الأحقاف، من الآية (15).
(3) ابن خلدون، المقدمة، ج 2، ص 485.
(4) الملاح، المفصل، ص ص 168 - 169.
(5) ابن خلدون، المقدمة، ج 3، ص 884.
(6) الحصري، دراسات عن مقدمة ابن خلدون، ص 359؛ الجابري، فكر ابن خلدون، ص 330.

مغلوبين [1].

الجيل الثاني: يتمثل بذلك الذي أعقب الجيل الأول بأربعين عاماً، فنشأ وتربى في أحضان السلطة والملك والرئاسة في العاصمة قلب المجتمع الحضري[2]، فتحولت حالهم من قساوة البداوة إلى ترف الحضارة وخصبها ومن الاشتراك في الملك إلى الانفراد به وتثبط الباقين عن السعي فيه، ولهذا ((.. تنكسر سورة العصبية بعض الشيء، وتُؤنس منهم المهانة والخضوع..)) [3]، وهذا الجيل هو جيل وسط رافق الجيل الأول ورأى فيه اعتزازه وسعيه إلى المجد واستماتته في الدفاع وحماية مكاسبه وسلطته، فأخلاق البداوة لا تزال مؤثرة فيه [4]، غير أن عصبية الأسرة الحاكمة بدأت بالضعف في هذا الجيل [5].

الجيل الثالث: يعد هذا الجيل أقرب إلى الحضر منه إلى البدو، حيث نسي حياة البداوة واعتاد حياة الترف والبذخ حتى ((.. يبلغ فيهم الترف غايته فيصيرون عيالاً على الدولة.. فإذا جاء المُطالب لهم لم يقاوموا مدافعته، فيحتاج صاحب الدولة حينئذٍ إلى الاستظهار بسواهم من أهل النجدة، ويستكثر بالموالي، ويصطنع من يغني عن الدولة بعض الغناء، حتى يتأذن الله بانقراضها، فتذهب الدولة بما حملت..)) [6]﴿فَإِذَا جَاءَ أَجَلُهُمْ لَايَسْتَأْخِرُونَ سَاعَةً وَلَا يَسْتَقْدِمُونَ﴾ [7]. مع ذلك أكّد ابن خلدون أن هذا التحول ليس له تأثيره الكبير في أحوال العمران ما دام الأمر مقتصراً على تداول السلطة بين العصبيات الخاصة في إطار العصبية العامة الجامعة لها كعصبية بني أمية أو بني العباس.

---

(1) ابن خلدون، المقدمة، ج 2، ص 486.
(2) الجابري، فكر ابن خلدون، ص 330.
(3) ابن خلدون، المقدمة، ج 2، ص 486.
(4) الحصري، دراسات عن مقدمة ابن خلدون، ص 359؛ الجابري، فكر ابن خلدون، ص 330.
(5) الملاح، المفصل، ص 167.
(6) ابن خلدون، المقدمة، ج 2، ص ص 486 - 487.
(7) سورة الأعراف، من الآية (34).

ولاحَظَ أيضاً أن ما ينطبق على عمر الدولة الشخصية ينطبق كذلك على كل من المجتمع والحضارة من حيث تشبههم بالكائن الحي[1]، فالحضارة تكون في العمران الحضري أعلى وأرفع درجات التقدم والرقي الذي يمكن للمجتمع أن يصلها، فهي ذروة وجود هذا المجتمع، وكذلك هي مؤشر تدهوره وانحطاطه [2] لكون: ((.. العمران كله من بداوة وحضارة له عمر محسوس، كما للشخص الواحد من أشخاص المكونات عمراً محسوساً..)) [3]، وهو بذلك يتوصل إلى استنتاج يتمثل في أن الحضارة عندما تبلغ غايتها فإنها تؤدي إلى فساد الدولة والعمران، ولا تصل إلى ذلك إلاّ في حالة طغيان الترف والبذخ على رجال السلطة والرعية فتفتر عندهم همة العمل والمنافسة للابداع، فتضعف المقاومة وتتفكك الروابط التي يقوم عليها المجتمع، فيترتب عليها تفكك عصبية الدولة [4].

مما تجدر ملاحظته أن ابن خلدون في الوقت الذي يقيم فيه ترابطاً حتمياً بين الدولة والحضارة لا يشترط لاستمرار الحضارة ونموها بقاء دولة معينة ودوامها، بل المهم وجود الحضارة داخل إطار دولة ترعاها وتحتضنها مع توفير الأمن والاستقرار في المجتمع، فالحضارة تنمو وتواصل حياتها وتستمر ولو تبدلت الدول والحكام، ولهذا نرى أنّ الحضارة تستمر آلاف السنين فيكون عمرها أطول كثيراً من عمر الدولة، وهذا ما يستدل عليه من تاريخ المجتمعات، ومع ذلك فإن ابن خلدون لا يتوقع استمرار ونمو الحضارة وتقدمها إلى ما لا نهاية، لأن: ((العمران كله من بداوة وحضارة وملك وسوقة له عمر محسوس)) [5].

---

(1) الملاح، المفصل، ص 169.

(2) حقيقي، الخلدونية، ص 23.

(3) ابن خلدون، المقدمة، ج 3، ص 876.

(4) الملاح، المفصل، ص 173.

(5) ابن خلدون، المقدمة، ج 3، ص 876؛ الملاح، المفصل، ص 173.

الفصل الثاني/ تدوين السيرة
النبوية عند ابن
خلـدون

اولا - مصادر ابن خلـدون في تدوين السيرة

بعد استعراض منهجية ابن خلدون في تدوين التاريخ، لا بد لي من توضيح المنهج الذي اتبعه في تدوينه للسيرة النبويـة، وتبيين هيكليتها ومقارنتها مع هيكليات السيرة النبويـة عنـد كـتّاب السـيرة الأوائل، ثم وضع الملاحظات النقدية التي يُمكن استخلاصها عنـد عـرض هـذه المنهجيـة، واختبـار مـدى تنفيذه لمقولاته في المقدمة على تعامله مع السيرة.

نهل ابن خلـدون شأنه شأن المؤرخين العرب والمسلمين من مصـادر السيرة الرئيسية بما فيهـا القرآن الكريـم، والسنّة النبوية الشريفة، إضافـة إلى المصـادر التاريخيـة المختلفـة، وخاصـة تلـك التـي عنيت بشكل مباشـر أو غير مباشر بالسـيرة النبويـة ومغـازي الرسـول الكـريم صـلى الله عليـه وسـلم، سأعرض فيما يأتي المصادر الأساسية التي اعتمدها ابن خلدون في كتابته للسـيرة، ثـم أذكـر موقفـه مـن كتّاب السيرة الأوائل باعتبارهم من المصادر الأولية في تدوينه للسيرة النبوية.

1ـ المصادر الأساسية في تدوين السيرة النبوية عند ابن خلدون:

في تدوين السيرة النبوية، اعتمد ابن خلـدون وكما هـو واضح في كتاب (**العبـر**) على مصادر عديدة ومتنوعة، حاول اختيارها وفق أسـس خاصة لعل من أبرزها، القـرآن الكـريم وتفاسـيره، وكتـب الحديث، وكتب السيرة المختلفة، وسأحاول إلقاء الضوء عـلى أبـرز هـذه المصـادر وكيفيـة تعامـل ابـن خلدون معها.

أ - القرآن الكريم وكتب التفاسير:

لا بد لمن يبتغي تدوين سيرة النبي محمـد صـلى الله عليـه وسـلم مـن الرجـوع إلى نصـوص القرآن الكريم كأهم وأكثر المصادر ثقةً [1]، وقد عرّف ابن خلدون القرآن الكريم

(1) محيي الدين ديب مستو، مناهج التأليف في السيرة النبوية، دار الكلم، (دمشق: 2000 م)، ص 77.

بأنه: ((.. كلام الله المنزل على نبيه المكتوب بين دفتي المصحف، وهو متواتر بين الأمة)) [1]، وأنه أي (**القرآن الكريم**)، ((أُنزل بلغة العرب وعلى أساليب بلاغتهم.. وكان ينزل.. لبيان التوحيد والفروض الدينية بحسب الوقائع)) [2].

على هذا نجد اعتماد ابن خلدون الواضح على القرآن الكريم، كمصدر مهم في دراسة السيرة النبوية، وقد تجلى ذلك بوضوح خلال تدوينه للسيرة واستشهاده المتكرر بالآيات القرآنية التي أحاطت بأحداث السيرة وحفظتها من الضياع والنسيان منذ بدء الدعوة الإسلامية ونزول الوحي بأول سورة من القرآن إلى آخر سورة فيه، لا سيّما وأن القرآن وثّق الكثير من الأحداث التاريخية التي لها علاقة وثيقة بالسيرة النبوية قبل البعثة وبعدها.

كانت اقتباسات ابن خلدون في هذا السياق كثيرة، فمنها ما يتعلق بحوادث تاريخية، سبقت الإسلام، ولها علاقة مباشرة بالسيرة النبوية، لا سيّما حادثة الفيل، وإيلاف قريش، فالأولى أرّخ بها العرب وعُرفت لديهم بـ (**عام الفيل**)، وارتبط ميلاد النبي محمد صلى الله عليه وسلم في أغلب الروايات بهذا العام، والثانية تتعلق برحلات قبيلة قريش الشتوية والصيفية، وأحلافها التجارية، وقد وثقهما القرآن الكريم بـ (**سورة الفيل**) و(**سورة قريش**)، كما استشهد ابن خلدون بالعديد من الآيات القرآنية التي وصفت الكثير من أحداث السيرة، فثلث آيات القرآن الكريم نزلت على النبي صلى الله عليه وسلم في مكة المكرمة وأوضحت سير أحداث السيرة من نزول الوحي، ووصف الهجرة النبوية إلى المدينة، ونزلت قرابة ثلثي آيات القرآن الكريم بعد الهجرة [3]، فحفظت الكثير من وقائع السيرة ومنها بعض غزوات الرسول صلى الله عليه وسلم وما رافقها من أحداث المعارك، وما ترتب عليها من نتائج، ولعلنا نستطيع رصد ذلك في تتبع آيات سور (آل عمران، الأنفال، الأحزاب، التوبة) [4].

في القرآن الكريم، الكثير من الحوادث التي كان لا بد من الرجوع فيها إلى

(1) ابن خلدون، المقدمة، ج 3، ص 994.
(2) ابن خلدون، المصدر نفسه، ج 3، ص 996.
(3) محمد صالح العلي، الدولة في عهد الرسول، مج 1، مطبعة المجمع العلمي العراقي، (بغداد: 1988 م)، ص 8.
(4) حسين نصّار، نشأة التدوين التاريخي عند المسلمين، (د. م)، (بيروت: 1980)، ص 8.

كتب التفسير لمعرفة أسباب نزول الآيات ومناسباتها وخاصةً بعد تطور العلوم اللغوية وأحكام الإعراب والبلاغة في التراكيب، وبعد وضع الدواوين ودخول أعداد كبيرة من غير العرب في الإسلام، ظهرت الحاجة إلى ((.. تفسير القرآن، لأنه بلسان العرب وعلى منهاج بلاغتهم..)) [1]. وهنا أورد ابن خلدون صنفين من التفسير هما:

1 - **التفسير النقلي:** وهو ما تمَّ نقله عن الصحابة والتابعين، وهو يتعلق بالناسخ والمنسوخ، وأسباب النزول، المجموع في كتب التفسير الأولى، إلاّ أن ابن خلدون حذّر في الوقت نفسه من ((.. أن كتبهم ومنقولاتهم تشتمل على الغث والسمين والمقبول والمردود..))، وعزا أسباب ذلك إلى اعتمادهم على روايات اليهود، ولم يستثنِ ابن خلدون حتى من أسلم منهم أيضاً، وتساهل المفسرون في ذلك وملأوا كتب التفسير بهذه المعلومات غير الدقيقة [2].

2 - **التفسير اللساني:** وهو ما يرجع - حسب رأي ابن خلدون - إلى ((.. اللسان من معرفة اللغة والإعراب والبلاغة في تأدية المعنى بحسب المقاصد والأساليب..)) [3].

على أية حال، فإن ابن خلدون اعتمد على كتب التفسير لتوضيح أحداث السيرة التي وردت في آيات القرآن الكريم، فهي التي تشرح وتفصل ما ورد مختصراً في القرآن عن الأقوام البائدة وأخبار العرب قبل الإسلام، وكل ما تعلق بالرسول صلى الله عليه وسلم والإسلام والمسلمين [4]، وكان تفسير الطبري أهم كتب التفسير التي اعتمدها ابن خلدون فكان اعتماده واضحاً، لكثرة ذكره في مجلده الثاني وفيما يخص موضوع السيرة النبوية خاصة، عدا الأماكن التي اعتمد فيها عليه دون أن يشير إليه.

(1) ابن خلدون، المقدمة، ج 3، ص 997.

(2) ابن خلدون، المقدمة، ج 3، ص 997.

(3) ابن خلدون، المصدر نفسه، ج 3، 998.

(4) جواد علي، المفصل في تاريخ العرب قبل الإسلام، ج 1، دار العلم للملايين، (بيروت: 1968 م)، ص ص 42، و67.

ب - كتب الحديث:

لم يغفل ابن خلدون عن توظيف ما توفر لديه من كتب الحديث في كتابة السيرة، لما وفرته هذه الكتب من أخبار عن الرسول صلى الله عليه وسلم وأقواله، وما حوته من معلومات قيّمة عن سيرته صلى الله عليه وسلم،[1] فقد عنى ((.. الحفاظ بمعرفة طرق الأحاديث وأسانيدها المختلفة.. وربما يقع إسناد الحديث من طرق متعددة عن رواة مختلفين.. وقد يقع الحديث أيضاً في أبواب متعددة باختلاف المعاني التي اشتمل عليها " [2]، والملاحظ أن هذه الكتب دوّنت الأحاديث حسب موضوعاتها الفقهية، أو حسب مسانيد الرواة من الصحابة، ويعدّ كتاب **(الموطأ)** للإمام مالك (ت 179هـ - 795م) أقدم كتب الحديث، ذكر فيه الأحاديث التي اختصت بسيرة الرسول صلى الله عليه وسلم وأوصافه وأسمائه وجهاده عليه السلام [3]. أما ابن خلدون فقال عنه: ((.. وكتب مالك - رحمه الله - كتاب الموطأ.. أودعه أصول الأحكام من الصحيح المتفق عليه، ورتبه على أبواب الفقه..)) [4].

أما كتب الصحاح، فقد امتازت هي الأخرى بالثقة، فأحاديثها أوثق رواةً من ناحية سندهم ومتونها أكثر دقة [5]، فمنها كتاب **(البخاري)** الذي قال عنه ابن خلدون: ((.. خرّج أحاديث السنة على أبوابها في مسنده الصحيح..))، وكثيراً ما أشار إليه ابن خلدون أثناء كتابته للسيرة بعبارة **((وفي الصحيح))**، كما تحدث ابن خلدون عن **(صحيح مسلم)** بقوله: ((جاء مسلم فألّف مسنده الصحيح، حذا فيه حذو البخاري في نقل المجمع على صحته وحذف المتكرر منها..)) [6].

هذا وقد شكّلت كتب الحديث المصدر الثاني بعد القرآن الكريم للتشريع

---

(1) مستو، مناهج التأليف، ص ص 80 - 81.

(2) ابن خلدون، المقدمة، ج 3، ص 1004.

(3) السيرة النبوية، ((**أهمية السيرة النبوية في فهم الإسلام**))، موقع اسلام بيديا، على شبكة المعلوماتية (الأنترنيت) www. Islampedia. com.

(4) ابن خلدون، المقدمة، ج 3، ص 1004.

(5) أكرم ضياء العمري، ((**أهم مصادر السيرة النبوية**))، موقع اسلام ويب، على شبكة المعلوماتية (الأنترنيت) www. Islam web. net.

(6) ابن خلدون، المقدمة، ج 3، ص 1005.

الإسلامي، وأساساً إرتكزت عليه فيما بعد مؤلفات السيرة والمغازي [1].

ج - كتب الأخباريين:

لم يدوّن العرب، قبل الإسلام تراثهم وأنسابهم، وإنما حفظوا أحداثهم التاريخية وأيامهم عن طريق مجموعة من نقلة الأخبار عرفوا بـ (**الأخباريين**)، وبظهور الإسلام ارتبطت الأخبار به ويسّرت لخدمته خاصةً أخبار الرسول صلى الله عليه وسلم، ومع ذلك بقي للأخباري وللخبر شأنه الذي يميزه عن المحدثين والحديث النبوي الشريف[2].

وكان الأخباريون أقل مرتبةً من المحدثين، لِما عُرف عنهم من التساهل في ذكر أخبارهم، وقال عنهم ابن خلدون أنهم دوّنوا: ((.. في الأخبار وأكثروا، وجمعوا تواريخ الأمم والدول في العالم وسطروا..)) [3]، وهذا ما أهّلها - وكما يبدو - لأن تكون مادة مهمة لابن خلدون استعان بها في تدوينه للسيرة النبوية على الرغم من تحذيره من استخدام هذه الكتب خوفاً من اختلاط أخبارها بالاسرائيليات، خاصةً وان أخبارها ليست فيها أحكام شرعية [4]، وإنما هي أخبار عن وقائع وأحداث بعيدة عن أمور الشرع والدين، فركّز اعتماده عليها في المدة التي ارتبطت بأخبار العرب قبل الإسلام أكثر من اعتماده عليها في توثيق أخبار الرسول صلى الله عليه وسلم، ومما لوحظ عليه، كثرة اعتماده وإشارته إلى ابن الكلبي فقد أشار إليه بقوله: ((.. قال ابن الكلبي..))، أو ((.. قال هشام بن محمد..)) [5].

د - كتب السيرة الأولى:

بعد توسع الدولة الإسلامية بالفتوحات، وبُعد الزمن بين مصدر الحدث

---

(1) السيد عبد العزيز سالم، التاريخ والمؤرخون العرب، مؤسسة شباب الجامعة، (الأسكندرية: 1981 م)، ص 53.

(2) سالم أحمد محل، المنظور الحضاري في التدوين التاريخي عند العرب، كتاب الأمة، العدد، (60)، السنة (17)، (قطر: 1997 م)، ص ص 86 - 87.

(3) ابن خلدون، المقدمة، ج 1، ص 352.

(4) ابن خلدون، المصدر نفسه، ج 3، ص ص 997 - 998.

(5) **هشام بن محمد الكلبي (ت 206 هـ - 822 م):** اشتهر بكتابه (جمهرة النسب).

ووقت وقوعه ووفاة الصحابة والحفظة من رواة السيرة، واتفاق المسلمين على القراءة بقرآن واحد في كل بلاد الإسلام، ظهرت الحاجة إلى تدوين كل ما ورد عن الرسول صلى الله عليه وسلم من أقوال وأفعال..[1]، وأهم من مثّل هذه الطريقة، ابن إسحاق، والواقدي، وابن سعد، الذين اعتبرت كتبهم في السيرة حجر الأساس الذي بُنيت عليه فيما بعد كل كتب السيرة وأخبارها، فما من سيرة للنبي محمد صلى الله عليه وسلم كتبت إلاّ وكاتبها يستمد معلوماته من كتب السيرة الأولى معتمداً عليها في جمع مادته، ومنهم ابن خلدون.

لعل خير دليل على ذلك كثرة الاستشهادات والإشارات الواردة في كتاباته، لا سيّما ما يخص السيرة النبوية، غير أن الملاحظ عليه أن ابن خلدون أكثر من الاستشهاد بابن إسحاق حتى بلغت إشاراته إليه ما يربو على الأربعين مرة، في حين كان اعتماده على الواقدي أقلّ من ذلك بكثير، أما ابن سعد فلم يُشر إليه في موضوع السيرة، ولعله اعتمد عليه دون ذكره، فكثير من الأخبار التي أوردها ابن خلدون في موضوع السيرة النبوية فيها أوجه شبه بأخبار هذه الكتب دون أن يذكر مصدر معلوماته[2].

هـ - كتب المؤرخين المسلمين:

أفرد المؤرخون المسلمون جزءاً مهماً من مؤلفاتهم للحديث عن السيرة النبوية، وقد عدّت كتاباتهم اللبنة الأولى في تاريخ الإسلام، وكان لتدوين الحديث أثره الواضح في التدوين التاريخي، بالاستناد إلى الرواية الشفوية، وسار المؤرخون الموسوعيون في تتبع الأخبار منذ بدء الخليقة وحتى عصر المؤلف مروراً بالسيرة النبوية، التي خصصوا لها فصلاً أو أكثر في كتبهم، متتبعين مراحل حياة النبي محمد صلى الله عليه وسلم، وحوادث السيرة النبوية، على أساس التاريخ الزمني (**الحولي**)، لهذا أصبحت كتبهم مصدراً مهماً لا غنى عنه في كتابة السيرة، وابن خلدون ممن أفادوا منها في

(1) سالم محمد الحميدة، سيرة النبي محمد صلى الله عليه وسلم الفترة المكية، دار الشؤون الثقافية، (بغداد: 2001 م)، ص 15.

(2) للتفاصيل، ينظر: عبد الرحمن ابن خلدون، تاريخ العلامة ابن خلدون، مج 2، دار الكتاب اللبناني، (بيروت: 1966 م)، ص ص372، 684، 697، 772، 788، 793 وغيرها.

كتابة السيرة، فاعتمد على مؤلفات الطبري، والمسعودي، وابن الأثير، وغيرهم، وسواء أشار إلى إليهم من خلال عبارة ((وقال الطبري))، أو ((وقال المسعودي))[1]، أو أنه لم يُشر إليهم مثل ابن الأثير الذي اتضح أنه اعتمد عليه كثيراً وذلك من خلال مقارنتنا بين نصوصهما للحادثة الواحدة[2].

أما اعتماد ابن خلدون على الطبري، حسبما ذكره هو في مجلده الثاني فكان كثيراً، إذ بلغ مئة مرة من بداية المجلد في حديثه عن أنساب العالم ومنهم العرب وأنسابهم ونسب قريش والرسول صلى الله عليه وسلم إلى نهاية موضوع تسليم الحسن رضي الله عنه الأمر لمعاوية[3].

و - كتب الأنساب وتراجم الرجال:

لا غنى لمن يكتب عن السيرة النبوية من الرجوع إلى كتب الأنساب التي حفظت معلومات مهمة عن قبائل العرب وأنسابها، ورجالاتها مع أبرز أعمالهم، في إطار اعتزاز وتفاخر العرب بذلك.

وقد أبدى ابن خلدون اهتمامه بكتب الأنساب هذه، وظهر ذلك جلياً في المجلد الثاني من كتابه **(العبر)** والذي خصصه لذكر العرب وأجيالهم وأنسابهم من بدء الخليقة إلى عهده[4]، مشيراً إلى عدد من النسّابة الذين اعتمد عليهم ومنهم: (هشام بن محمد الكلبي) الذي اهتم بإيراد أنساب العرب جميعاً ومنهم صحابة رسول الله صلى الله عليه وسلم، وعلي بن عبد العزيز الجرجاني، وابن حزم، إضافةً إلى إشارته إلى كتب المؤرخين بما اعتمدوا عليه من كتب الأنساب[5]. وهكذا أورد ابن خلدون نسب قريش والأوس والخزرج، وذكر الصحابة بأنسابهم، هذا ما سنذكره في منهجيته في كتابة السيرة النبوية.

---

(1) انظر: ابن خلدون، المصدر نفسه، مج 2، ص 101، 601، 697، 727، 744، وغيرها.

(2) على سبيل المثال: قارن بين ما ذكره ابن خلدون وابن الأثير. عز الدين بن الأثير، الكامل في التاريخ، تحقيق: أبي الفداء القاضي، مج 1، دار الكتب العلمية، (بيروت: 2006 م)، ص ص 545، 570؛ ابن خلدون، تاريخ، مج 2، ص ص 697، 706 وغيرها.

(3) ينظر: ابن خلدون، التاريخ، مج 2، ص ص 601، 727، 839 وغيرها.

(4) ابن خلدون، المصدر نفسه، مج 2، ص ص 3، 5، 6، 33، 34، 39 وغيرها.

(5) ينظر على سبيل المثال: المصدر نفسه، مج 2، ص ص 71، 615، 616، 668، 682.

يتضح لنا مما سبق، تنوع وتعدد المصادر التي اعتمدها ابن خلدون في كتابته للسيرة النبوية، شأنه شأن المؤرخين السابقين أو المعاصرين له، فلم يبخل بتوظيف كل ما طالته يده من المصادر خدمةً لقلمه في تدوينه للسيرة النبوية.

2ـ موقفه من كتّاب السيرة الأوائل:

وقف ابن خلدون موقف إجلال وإكبار أمام مدونات الكتّاب الروّاد الأوائل للسيرة النبوية، وعلى رأسهم ابن إسحاق، والواقدي، وابن سعد، كما أثنى عليهم وثمّن جهودهم الكبيرة التي بذلوها، وهم يأخذون على عاتقهم جمع وتدوين أخبار سيرة النبي محمد صلى الله عليه وسلم من شفاه الرواة، أو ممن سبقهم في تدوين الحديث النبوي الشريف، باعتبار أن سيرة الرسول صلى الله عليه وسلم هدايةً للناس ونبراس لمن يروم الاقتداء به.

ولم يغفل ابن خلدون أيضاً الإشادة بما اتصفت به كتابات هؤلاء الرواد من صفات الأمانة والصدق في التدوين [1]، والتزامهم بذكر أسانيد الروايات لتأكيد صحتها [2]، فأغلب من دوّنوا السيرة كانوا من أبناء الصحابة والتابعين وأبنائهم، ولم يفصلهم عن أخبار السيرة زمن طويل، فهؤلاء تعلموا السيرة ودوّنوها وتناقلوها، كما تعلموا آيات القرآن، قال علي بن الحسين رضي الله عنه ((كنّا نتعلم مغازي رسول الله صلى الله عليه وسلم، كما نتعلم السورة من القرآن)) [3]، فغدوا بذلك رواة ثقاة قبلت رواياتهم من قبل الجميع، فأصبحوا مثلاً يُحتذى به وسار من تبعهم على خطاهم في التأليف والتصنيف، عبّر ابن خلدون عن رأيه فيهم بقوله: ((.. والذين ذهبوا بفضل الشهرة والأمانة المعتبرة، استفرغوا دواوين من قبلهم في صحفهم المتأخرة، هم قليلون لا يكادون يجاوزون عدد الأنامل، مثل ابن إسحاق والطبري وابن الكلبي ومحمد بن عمر الواقدي... وهم من المشاهير المتميزين عن الجماهير... إلاّ أن الكافة اختصتهم بقبول أخبارهم، واقتفاء آثارهم..)) [4].

(1) ابن خلدون، المقدمة، ج 1، ص 352.
(2) ابن خلدون، المصدر نفسه، ج 2، ص ص 412 - 413.
(3) أبو بكر علي بن ثابت الخطيب البغدادي، الجامع لأخلاق الراوي وآداب السامع، تحقيق: محمود الطحان، مكتبة المعارف، (الرياض: 1403 هـ)، ج 8، ق 2، ص 252.
(4) ابن خلدون، المقدمة، ج 1، ص 352.

لم يقدح ابن خلدون من خلال كتاباته في جهود هؤلاء الرواد ولم يحط من قدرهم، وكثيراً ما كال لهم المديح، إلاّ أن ذلك لم يمنعه في الوقت ذاته من إخضاع روايات بعضهم للنقد التاريخي، فشخّص بذلك مجموعة من المآخذ العلمية على كتاباتهم، دون القدح في صدقية الكثير من المعلومات الواردة في مؤلفاتهم، وتحدد السبب من وجهة نظره، في اعتماد هؤلاء على نقد الأسانيد فقط، الذي عدّه ابن خلدون نقداً غير مكتمل يحتاج إلى نقد المتن أيضاً لكي تكتمل عملية التدوين العلمية الصحيحة، فنجده يعلق على ذلك بقوله: ((.. إن كان في كتب المسعودي والواقدي من المطعن والمغمز ما هو معروف عند الإثبات، ومشهور بين الحفظة الثقاة، والناقد البصير قسطاس نفسه في تزييفهم فيما ينقلون أو اعتبارهم..)) [1].

ومن الأسباب الأخرى التي شخّصها ابن خلدون وحددها، الاعتماد المفرط على نقل النصوص والروايات على علاتها وكيفما اتفق دون العودة إلى مصادرها، أو اعتماد القياس بنظائرها من الأحداث ودون إحكام العقل في كتابتها أو إمعان النظر والعقل في الأخبار والروايات التي دوّنوها، أي إيجاد التفسيرات المنطقية التي يتقبلها العقل، ولا تتعارض مع الواقع والطبيعة الإنسانية، وساق ابن خلدون شواهد تاريخية للمغالط التي وقع فيها المؤرخون الأوائل لاعتمادهم على مجرد النقل دون تمحيص ونقد وما تبع ذلك من آثار سلبية على الأخبار التي نقلوها، وعن ذلك يقول ابن خلدون: ((.. وكثيراً ما وقع للمؤرخين والمفسرين وأئمة النقل المغالط في الحكايات والوقائع، لاعتمادهم على مجرد النقل غثاً أو سميناً، ولم يعرضوها على أصولها، ولا قاسوها بأشباهها، ولا سبروها بمعيار الحكمة، والوقوف على طبائع الكائنات، وتحكيم النظر والبصيرة في الأخبار..)) [2].

(1) ابن خلدون، المقدمة، ج 1، ص 352.

(2) ابن خلدون، المصدر نفسه، ج 1، ص 362.

كما تحاشى ابن خلدون أثناء كتابته لموضوع السيرة النبوية ذكر بعض الروايات التي وجدها مخالفة للواقع أو لسير الأحداث، وربّما فضّل عدم التطرق إليها لعدم قناعته بما ورد عنها، في حين ذكر روايات وأخباراً أخرى وردت في كتب السيرة موجهاً إليها سهام نقده مع إيراده بعض التفسيرات المخالفة لمن سبقه، وهذا ما سأتطرق إليه لاحقاً.

ثانيا: هيكلية السيرة النبوية ومضمونها عند ابن خلـدون

كان لابن خلدون طابعه الخاص في الكتابة التاريخية، ولا سيّما ما يتصل بالمنهج والهيكلية التي اتبعها في كتابة التاريخ عامةً، والسيرة النبوية خاصةً، وذلك تطلب الوقوف عندها ومقارنتها مع غيرها من هيكليات السير السابقة عليها،لا سيّما ما وصل إلينا من كتابات الروّاد الأوائل كابن إسحاق، والواقدي، وابن سعد، ولإيضاح الصورة لا بد لي من التمهيد لذلك بتوضيح السياق العام الذي عالج فيه ابن خلدون السيرة النبوية.

فابن خلدون لم يُؤلف كتاباً خاصاً في السيرة النبوية، وإنما عالج موضوع السيرة في المجلد الثاني من كتاب **(العبر)**، وتوزع هذا الموضوع ما بين القسم الثالث والرابع منه في أكثر من مئة وخمسين صفحة، مع أنه أورد الكثير من أحداث السيرة النبوية في موضوعات أخرى موزعة في القسمين الأول والثاني من الكتاب، وسأبين ذلك لاحقاً في ملاحظاتي النقدية على منهجيته في كتابة السيرة في المبحث الرابع من هذا الفصل.

أورد ابن خلدون أخبار السيرة النبوية بعد أن ذكر عدة محاور منها:

1 - أنساب العرب عامةً ومنهم نسب النبي محمد صلى الله عليه وسلم.

2 - أخبار المدينة المنورة وسكانها، وأخبار الأوس والخزرج وأنسابهم.

3 - أخبار مكة المكرمة، وأخبار قريش وأنسابها.

4 - أخبار الجزيرة العربية قبل الإسلام.

5 - أخبار المولد الكريم للنبي محمد صلى الله عليه وسلم وبدء الوحي، وأخبار سيرة الرسول صلى الله عليه وسلم من المولد إلى الوفاة.

هكذا وردت محاور هيكلية السيرة النبوية عند ابن خلدون والتي شغلت حيّزاً كبيراً في كتاباته، ولتحقيق الفائدة اعتمدت في تنظيم محاور هيكلية السيرة حسبما اعتمدت عند العديد من مؤرخي السيرة، وكما يأتي:

1 - أخبار الجزيرة العربية قبل الإسلام.

2 - أخبار قريش.

3 - أخبار الأوس والخزرج.

4 - أخبار السيرة النبوية:

أ - ولادة الرسول صلى الله عليه وسلم وحياته قبل البعثة.

ب - البعثة النبوية وبدء الوحي، سرية الدعوة وعلنيتها.

ج - هجرة الحبشة، وأخبار الرسول صلى الله عليه وسلم والمسلمين في مكة.

د - الهجرة وبدء المرحلة المدنية.

هـ - غزوات وبعوث الرسول صلى الله عليه وسلم وأخباره إلى فتح مكة.

و - فتح مكة، وذكر أخبار بعض الغزوات، أخبار الوفود، وحجة الوداع.

ز - ذكر مرض الرسول صلى الله عليه وسلم، وظهور مُدعي النبوة ووفاة الرسول صلى الله عليه وسلم، وخبر اجتماع سقيفة بني ساعدة.

وينبغي الإشارة، إلى أنني لغرض توثيق المعلومات التي أوردها ابن خلدون، ارتأيت أن أدعمهما بما ورد من أخبار السيرة، في المصادر السابقة له، مراعيةً في الوقت ذاته أوجه التشابه في الخبر، واحتمال اقتباس ابن خلدون من هذه المصادر وخاصةً عند تجاهله الإشارة إلى مصدر معلوماته في معرض عرضه للوقائع المتعلقة بالسيرة النبوية، مع ملاحظة كثرة اعتماده على كتب السيرة الأولى، والمغازي، وكتب المؤرخين في تدوينه للسيرة النبوية.

1 - هيكلية السيرة النبوية عند ابن خلدون:

وفيما يأتي عرض لمحاور هيكلية السيرة النبوية، وما أورد ابن خلدون من معلومات عنها:

- أخبار الجزيرة العربية قبل الإسلام:

قبل حديث ابن خلدون عن السيرة النبوية، التي أفرد لها حيّزاً واسعاً في تاريخه، حاول أن يمهد لها بوصف الوضع السياسي العام في الجزيرة العربية وأبرز القوى الفاعلة في المنطقة، فبدأ حديثه بذكر القوى العربية المختلفة، وخصّ منها

آل المنذر في الحيرة، وآل جفنة في الشام، وملوك كندة بن حِجر على مُضر والحجاز.

ثمَّ تحدث عن مكة المكرمة وسيطرة قريش فيها، وانتشار بقية القبائل في مناطق الجزيرة العربية[1]، أما عن ديانتها فذكر أن أغلبها قبائل ملحدة تعبد الأوثان والحجارة، حيث قال: ((كانت قبائل مضر.. وسائر العرب أهل بغي وإلحاد، وقطع للأرحام.. وإعراض عن ذكر الله، فكانت عبادتهم الأوثان والحجارة)) [2].

وتطرق أيضاً، إلى ما أصاب العرب من عز ومنعَة قبل البعثة النبوية المباركة حين هزم العرب من بني شيبان، وسائر بكر بن وائل، وعبس بن غطفان الفرس، فقال في ذلك: ((.. فأوقعوا بهم الوقعة المشهورة بذي قار، والتحمت عساكر الفرس، وأخبر بها رسول الله صلى الله عليه وسلم بالمدينة بيومها، وقال: ((**اليوم انتصفت العرب من العجم وبي نصروا**))..)) [3]. وخلال ذلك أورد ابن خلدون تفاصيل عن طبيعة أخلاق العرب مقارنةً مع أخلاق الفرس، ولتعزيز آرائه أورد العديد من الشواهد التاريخية، فمنها ما كتبه عمر بن الخطاب رضي اله عنه إلى أبي عبيدة بن المثنى حينما وجهه إلى حرب فارس إذ قال: ((.. إنك تقدم على أرض المكر والخديعة...)) وغيرها من الاستدلالات التي تؤكد القيم النبيلة للعرب مقارنةً مع الفرس [4].

استرسل ابن خلدون أيضاً في هذا القسم في الحديث عن تسابق العرب نحو المجد والشرف وصولاً إلى حلف الفضول، حين اجتمع بنو هاشم وبنو المطلب وبنو أسد

وبنو عبد العزى وبنو زهرة وبنو تميم.. فتعاقدوا وتعاهدوا على نصرة

(1) ابن خلدون، تاريخ، مج 2، ص 704؛ أحمد ابراهيم الشريف، مكة والمدينة في الجاهلية وعصر الرسول، ط 2، دار الفكر، (القاهرة: 1967)، ص 24.

(2) ابن خلدون، تاريخ، مج 2، ص 704.

(3) ابن خلدون، تاريخ، مج 2، ص 705؛ ابن الأثير، الكامل في التاريخ، مج 1، ص 374؛ محمد ابن جرير الطبري، تاريخ الطبري، تحقيق: محمد أبو الفضل، مج 2، ط 5، دار المعارف، (القاهرة: 1986 م)، ص 193.

(4) ابن خلدون، تاريخ، مج 2، ص 706؛ أحمد بن اسحاق اليعقوبي، تاريخ اليعقوبي، مج 2، تعليق: خليل المنصور، ط 2، دار الكتب العلمية، (بيروت: 2002)، ص ص 98 - 99.

المظلوم، ولتدعيم رأيه هذا أورد حديثاً عن النبي محمد صلى الله عليه وسلم **فقال: ((وفي الصحيح عن طلحة أن الرسول** صلى الله عليه وسلم **قال لقد شهدت في دار عبد الملك بن جدعان حلفاً ما أحب أن لي به حُمْرَ النعَم ولو دُعيتُ به في الإسلام لأجبت..))** [1].

ثم انتقل ابن خلدون إلى ذكر الأحناف، وتحدث عن الأربعة [2]، الذين التمسوا دين الحنفية، دين ابراهيم عليه السلام وما آل إليه أمرهم قبل الإسلام [3]، ثم أورد حديث الكهان عن النبوة، وأنها كائنة في العرب وأن ملكهم سيظهر، وحديث أهل الكتاب من اليهود والنصارى بما في التوراة والإنجيل من بعث النبي محمد صلى الله عليه وسلم وأمته.

وبعدها تحدث ابن خلدون عن أبرهة وغزوه مكة وظهور كرامة الله بقريش ومكة في أصحاب الفيل [4]، ثم انتقل إلى الحديث عن تبشير سيف بن ذي يزن لعبد المطلب جد الرسول صلى الله عليه وسلم، حين وفد عليه يهنيه باسترجاع مُلك اليمن من أيدي الحبشة،فبشره بظهور نبي من العرب وأنه من ولده [5].

ويذكر ابن خلدون هنا كيف تحرك الكثير من رؤساء العرب وزعمائهم نحو الرهبان والأحبار من أهل الكتاب يسألونهم عن أمر النبوة، لعل الأمر يكون فيهم، ثم نراه ينهي حديثه ذلك بقوله: ((.. ثمَّ رجمت الشياطين عن استماع خبر السماء من أمره، وأصغى الكون لاستماع أنبائه..)) [6].

(1) ابن خلدون، المصدر نفسه، مج 2، ص 706 - 708؛ عبد الملك بن هشام، السيرة النبوية، تقديم: طه عبد الرؤوف سعد، ج 1، (دار الجيل)، (بيروت: 1975)، ص 122 وما بعدها؛ اليعقوبي، تاريخ اليعقوبي، ج 2، ط 2.

(2) وهم: ورقة بن نوفل بن أسد بن عبد العزى، وعثمان بن الحويرث بن أسد، وزيد بن عمرو بن نفيل من بني عدي بن كعب، وعبد الله بن جحش من بني أسد بن خزيمة.

(3) ابن خلدون، تاريخ، مج 2، ص 707؛ ابن هشام، السيرة النبوية، ج 1، ص ص 204 - 211.

(4) ابن خلدون، تاريخ، ج 2، ص 708؛ محمد بن اسحاق، المغازي والسير، تحقيق: محمد حميد الله، معهد الدراسات والأبحاث، (الرباط: 1976 م)، ص 38؛ الطبري، تاريخ الطبري، ج 1، ص 130.

(5) ابن خلدون، تاريخ، مج 2، ص 708؛ اليعقوبي، تاريخ اليعقوبي، ج 2، ص 9.

(6) ابن خلدون، تاريخ، مج 2، ص 709.

- أخبار قريـش:

قبل أن يبدأ ابن خلدون بتدوين السيرة اتجه نحو تفصيل الحديث عن قبيلـة النبـي محمـد صلى الله عليه وسلم قبيلة قريش، وافتتح حديثه بذكر سبب هـذه التسـمية التـي أرجعهـا إلى جـدهـم النضر، فقال: ((.. قريش هـم ولد النضر بن كنانة بن فهـر بن مالك بن النضر، والنضر هو الذي يُسمى قريشاً، قيل للتقرش وهو التجارة، وقيل تصغير قِرْش وهو الحوت المفـترس... وأمـا الـذي اسـمه قـريش فهو النضر فَوَلَدَ فهر غالب والحارث ومحارب)) [1].

بعد ذلك، تحدث ابن خلـدون عن ابناء النضر، ابتـداءاً مـن فهـر بـن مالـك الجد الأعـلى لقريش، ثم تطرق بعد ذلك إلى الحديث عن غالب بن فهر، ثم لـؤي بـن غالـب الـذي قـال عنـه ابـن خلدون: ((هو في عمود النسب الكريم، فولد كعباً وعامراً وبطوناً أخـرى، يختلـف في نسـبها إلى لـؤي.. وهم من قريش الظواهر - أي يسكنون خارج مكة -...)) [2].

تحدث عن كعب بن لؤي فقال: ((... وهو في عمـود النسـب الكـريم وولـده مُـرّة وهُصـيص وعُدي وهم قريش البطائح - أي داخل مكة -...))، ثم تحـدث عن مُرة وابنه كلاب الـذي ((.. ولـد لـه قصي وزهرة، فبنو زُهـرة بن كلاب منهم آمنة بنت وهب بن عبد مناف بن زُهرة أم النبي محمد صلى الله عليه وسلم...)) [3].

استرسل ابن خلـدون في تفصيل سلسلة نسب الرسول الكريم محمـد صـلى الله عليـه وسـلم، فقال: ((قصي بن كلاب.. ولد له عبد مناف وعبد الدار وعبد العزى، وكان لهذا النسـب صـلة قُـربى مـع زوجته أم المؤمنين خديجة بنت خويلد بن أسد بن

---

(1) ابن خلدون، تاريخ، مج 2، ص 669؛ أحمد أبو العباس القلقشندي، نهاية الأرب في معرفة أنساب العرب، تحقيق: ابراهيم الأبياري، دار الكتاب اللبناني، (بيروت: 1980 م)، ص 397.

(2) ابن خلدون، تاريخ، مج 2، ص ص 670 - 671؛ هشام بن محمد الكلبي، جمهرة النسب، رواه ابو سعيد السكري، عن ابن حبيب، عنه، ج 1، تحقيق: عبد الستار أحمد فراج، (د. مطبعة)، (د. م، د. ت)، ص ص 80 - 81.

(3) ابن خلدون، تاريخ، مج 2، ص 674؛ ابن الكلبي، جمهرة النسب، ص 86.

عبد العزى)) [1]. أما عبد مناف، وكما قال ابن خلدون فـ ((هو صاحب الشوكة في قريش وسنام الشرف، فولد له عبد شمس وهاشم والمطلب ونوفل.. وكان بنو هاشم وبنو عبد شمس متقاسمين رياسة بني عبد مناف، والبقية أحلاف لهم، فبنو المطلب أحلاف لبني هاشم، وبنو نوفل أحلاف لبني عبد شمس..)) [2].

توسع ابن خلدون في كتابة تفاصيل النسب الشريف، بذكر التفرعات وأشهر الشخصيات التي تتصل بالنسب، فنجده يفصّل الحديث عن بني هاشم بن عبد مناف، ثم ولده عبد المطلب الذي خصّه بالحديث، وذكر أنّ له من الأبناء عشرة [3].

بعد ذلك ذكر ابن خلدون تفاصيل عن أخبار قريش وسائر مضر، وما كانت عليه حالهم قبل الإسلام، فتحدث عن القحط الذي أصاب اليمن وهجرة قبائل (جرهم وقطورا) إلى مكة المكرمة ولقائهم نبي الله إسماعيل عليه السلام وأمه هاجر عند زمزم وأنه نشأ بينهم وتزوج منهم، وأن الله بعثه إليهم، وبعد وفاته كان يقوم بأمر البيت أبناؤه، ثمَّ انتقلت إلى بني جرهم حتى كان تفرق سبأ ونزول قبيلة خزاعة مكة وملكوا البيت [4]، واستمرت خزاعة مسيطرة في مكة.. حتى وصلت ولاية البيت إلى حُلَيْلِ بن حَبَشِيَّة بن سلول بن كعب، والذي خطب قصي ابنته حُبى فأنكحه إياها فولدت له عبد الدار وعبد مناف وعبد العُزى وعبد قصي.

وبعد هلاك حُلَيْلٍ استطاع قصي أن ينفرد بولاية البيت، وبعد قصي قام أبناؤه بالأمر بعده، إلى أن قام بأمر بني عبد مناف هاشم لمكانته وغناه بمكة، وتقلب أخوه عبد شمس بالتجارة إلى الشام [5]، وبعد وفاة هاشم في غزة تولى الأمر بعده أخوه المطلب، وكان ذا شرف وفضل، وكان هاشم قد خلّف ابناً له في يثرب من زوجته من بني عدي، وبعد وفاة هاشم خرج إليه أخوه المطلب وقدم به مكة، وبعد

(1) ابن خلدون، تاريخ، ج 2، ص ص 676 - 678؛ ابن الكلبي، جمهرة النسب، ص ص86 - 91.

(2) ابن خلدون، تاريخ، مج 2، ص 678؛ ابن الكلبي، جمهرة النسب، ص 91.

(3) ابن خلدون، تاريخ، مج 2، ص 681؛ ابن الكلبي، جمهرة النسب، ص 101.

(4) ابن خلدون، تاريخ، ج 2، ص ص 685 - 687؛ محمد أبو الوليد الأزرقي، أخبار مكة، تحقيق: رشدي صالح، (مكة المكرمة: 1352 هـ)، ج 1، ص ص 49 - 58.

(5) ابن خلدون، تاريخ، مج 2، ص 693 - 696؛ الأزرقي، أخبار مكة، ج 1، ص 54.

وفاة المطلب بردمان في اليمن، قام بأمر بني هاشم بعده عبد المطلب بن هاشم [1].

وذكر ابن خلدون أن عبد المطلب أقام الرفادة *، والسقاية ** للحجاج على أحسن ما كان قومه يقيمونه بمكة من قبله.

ثمَّ بدأ ابن خلدون الحديث عن عبد المطلب جد الرسول صلى الله عليه وسلم ووفادته على ملوك اليمن من حمير والحبشة، وأعماله في حفر بئر زمزم واعتراض قريش على ذلك، ولم يكن له من الولد يومئذٍ غير واحد، فنذر لئن وُلِدَ له عشرة من الولد، لينحرن أحدهم قرباناً لله عند الكعبة، ولمّا أراد عبد المطّلب أن يفي بنذره وضرب القداح على أولاده وقع نذره على عبد الله، ثم منعه قومه من تنفيذ نذره، وانتهى الأمر بذبح مائة ناقة فداءاً له، وهنا يورد ابن خلدون حديثاً للنبي محمد صلى الله عليه وسلم قال فيه: ((**أنا ابن الذبيحين - يعني عبد الله أباه، واسماعيل بن ابراهيم جده -**)) اللذين قربا للذبح ثم فديا بذبح الأنعام [2].

بعد ذلك تحدث ابن خلدون عن زواج عبد الله والد النبي محمد صلى الله عليه وسلم بأمه آمنة بنت وهب، وقال في ذلك: ((... زوّج عبد المطلب ابنه عبد الله، بآمنة بنت وهب بن عبد مناف بن زُهرة فدخل بها وحملت برسول الله صلى الله عليه وسلم، وبعثه عبد المطلب يمتار له تمراً فمات هنالك، فلما أبطأ عليهم خبره بعث في أثره...)).

ويستشهد ابن خلدون بنص من الطبري عن الواقدي فيقول: ((.. الصحيح أنه أقبل من الشام في حي لقريش، فنزل بالمدينة ومرض بها ومات..)) [3].

---

(1) ابن خلدون، تاريخ، ج 2، ص 696؛ محمد بن سعد، الطبقات الكبير، تصحيح: يوسف هورفتس، دار راصد، (بيروت: 1960 م)، ج 1، ق 1، ص 49.

* **الرفادة:** خرج كانت قريش تخرجه من أموالها كل عام تدفعه إلى من تكون له الرفادة ليصار به طعامٌ للحجاج أيام منى وبمكة. ابن سعد، الطبقات، ج 1، ق 1، ص 41؛ الشريف، مكة والمدينة، ص 118.

** **السقاية:** هي توفير الماء اللازم لشرب الحجاج في موسم الحج، عن طريق وضع الماء في أحواض صنعت من الجلود تُوضع في فناء الكعبة، ويسقى منها الحجاج. ابن سعد، الطبقات، ج 1، ق 1، ص 41؛ الشريف، مكة والمدينة، ص 116.

(2) ابن خلدون، تاريخ، مج 2، ص ص 696 - 697؛ ابن سعد، الطبقات، ج 1، ق 1، ص 49 - 50.

(3) ابن خلدون، تاريخ، مج 2، ص 697؛ ابن سعد، الطبقات، ج 1، ق 1، ص ص 58 - 62.

- أخبار الأوس والخزرج:

بدأ ابن خلدون كلامه عن الأوس والخزرج بحديثه عن إنهيار سد مأرب * في اليمن والآثار السلبية التي ترتبت عليه، ولا سيّما هجرة القبائل ومنها قبائل الأزد الذين سكنوا يثرب [(1)]، وقد ذكر أن الأوس والخزرج هما ابنا حارثة بن ثعلبة الأزدي وأمهما قيلة بنت الأرقم بن عمرو بن جفنة [(2)]. أقام الأوس والخزرج مدة طويلة في المدينة حتى تمكنوا من السيطرة عليها بعد أن ((.. أثروا وامتنعوا في جانبهم وكثر نسلهم وشعوبهم...)) [(3)]، ويسترسل ابن خلدون في ذكر تفاصيل الحوادث التي وقعت بين الأوس والخزرج وزعمائهم وبين اليهود في يثرب.

بعدها تناول ابن خلدون سرد أخبار بطون الأوس والخزرج وزعمائها والأماكن التي تسكن فيها، فقد سكنت الأوس منطقة العوالي بجوار بني قريظة وبني النضير من يهود المدينة، أما بطونها فهي بنو عوف بن مالك، وبنو عمرو بن مالك، وبنو جشم بن مالك، وبنو مرّة بن مالك [(4)]، وذكر بطون الخزرج وهي كل من كعب، وعمرو، وعوف، وجشم، والحارث، ثم بدأ بذكر تفرعات هذه البطون والأماكن التي سكنوا فيها [(5)]، فكان بهذا التوسع والكثرة للأوس والخزرج وغلبهم اليهود، وفي ذلك يقول ابن خلدون: ((كان الاعتزاز والمنعة تعرف لهم في ذلك، ويدخل في حلفهم من جاورهم من قبائل مُضر، وكانت بينهم في الحيين فتن

---

* **مأرب:** أرض سبأ التي عُنيت بقوله عز وجل: (**بَلْدَةٌ طَيِّبَةٌ**) [سبأ: 15]، عن ابن عباس، أنها كانت أخصب البلاد وأطيبها. محمد بن الحسن بن زبالة، أخبار المدينة، جمع وتوثيق: صلاح عبد العزيز زين سلامة، مركز بحوث ودراسات المدينة المنورة، (المدينة المنورة: 1424 هـ)، ص 170.

(1) ابن خلدون، تاريخ، مج 2، ص 595؛ ابن هشام، السيرة، ج 1، ص 16 0

(2) ابن خلدون، تاريخ، مج 2، ص 596؛ ابن حزم، جمهرة أنساب العرب، ص ص 312، 351.

(3) ابن خلدون، تاريخ، مج 2، ص 598؛ أبو الفرج علي بن الحسين الأصبهاني، الأغاني، مؤسسة عز الدين، (بيروت: د. ت)، ج 19، ص 96.

(4) ابن خلدون، تاريخ، مج 2، ص 598؛ خليل ابراهيم السامرائي، المظاهر الحضارية للمدينة المنورة في عصر النبوة، (الموصل: 1984 م)، ص ص 20 - 22.

(5) ابن خلدون، تاريخ، مج 2، ص 599؛ السامرائي، المظاهر الحضارية، ص ص 22 - 24.

وحروب، ويستصرخ كلٌّ بمن دخل في حلفه من العرب ويهود..)) [1].

وكانت آخر الحروب بينهما، حرب بُعاث، وعنها يقول ابن خلدون: ((..من أشهر الوقائع التي كانت بينهم يوم بُعاث *، قبل المبعث..)) [2]، وقتل فيها زعيم الخزرج عمرو بن النعمان، وبانتهاء هذه الحرب، ومجيء الإسلام بعدها انتهى ما كان بينهم من قتال، كما عبّر عن ذلك ابن خلدون: ((وكان آخر الأيام بينهم وصبحهم الإسلام، وقد سئموا الحرب وكرهوا الفتنة، فأجمعوا على أن يتوجوا عبد الله بن أبي ابن سلول، ثم اجتمع أهل العقبة منهم بالنبي صلى الله عليه وسلم بمكة ودعاهم إلى نصرة الإسلام، فجاؤوا إلى قومهم بالخبر.. وأجابوا واجتمعوا على نصرته، ورئيس الخزرج سعد بن عبادة والأوس سعد بن معاذ)) [3]، وأورد هنا ابن خلدون عن عائشة - رضي الله عنها - أنها قالت: ((كان يوم بُعاث يوماً قدمه الله لرسوله)) [4].

ثم يتطرق ابن خلدون إلى ذكر العلاقات التي نشأت بين الأوس والخزرج ورسول الله صلى الله عليه وسلم حتى هجرته إلى المدينة المنورة وبعدها ومواقفهم المؤيدة للإسلام وللنبي محمد صلى الله عليه وسلم إلى وفاته، ثم يذكر خبر اجتماع الأنصار في سقيفة بني ساعدة بن مالك وما دار فيها، ثم مبايعة أبي بكر الصديق رضي اله عنه خليفةً للمسلمين وخروج سعد بن عبادة ببني الخزرج إلى الشام، وهذا ما سنورده في هيكلية السيرة عند ابن خلدون.

---

(1) ابن خلدون، تاريخ، مج 2، ص 601؛ ابن الأثير، الكامل في التاريخ، مج 1، ص 417 - 420.

* **بُعاث:** موضع من نواحي المدينة كانت به وقائع بين الأوس والخزرج في الجاهلية. ياقوت الحموي، معجم البلدان، ج 1، ص 535. **وبُعاث:** اسم حصن للأوس. ابن منظور، لسان العرب، ج 2، ص 117.

(2) ابن خلدون، تاريخ، ج 2، ص 601؛ نور الدين علي بن عبد الله السمهودي، وفاء الوفا في أخبار دار المصطفى، (القاهرة: 1955 م)، ج 1، ص ص 152 - 155؛ ابن الأثير، الكامل في التاريخ، ج 1، ص ص 417 - 420.

(3) ابن خلدون، تاريخ، مج 2، ص 601 - 602؛ السمهودي، وفاء الوفا، ج 1، ص ص 166 - 270.

(4) ابن خلدون، تاريخ، مج 2، ص 602؛ محمد بن عبد المنعم الحميري، الروض المعطار في خبر الأقطار، معجم جغرافي، ط 2، تحقيق: إحسان عباس، مكتبة لبنان، (لبنان: 1984 م)، ص 109.

واستمر ابن خلـدون بذكر أبنـاء الأوس والخزرج ودورهم في شد عضد الدولة الإسلامية حتى ينتهي بذكـر افتراق قبائل المهاجرين والأنصار وانتشارهم في بقـاع الدولـة الاسلامية، حيـث يقـول: ((.. حاميةً ومرابطين فافترق الحيُّ أجمع من ابناء قيلة وافترقت وأقفرت منهم يثرب..)) [1].

- أخبار السيرة النبوية:

رأينا فيما تقدم كيف فصّل ابن خلـدون الحديث عن أوضاع الجزيرة العربية، وأوضاع مكـة، ونسب قريـش، ودعمهما بالحديث عن الأوس والخزرج، وأوضاع المدينة، مُهَيّـأً الأجـواء للحـديث عـن السيرة النبوية، معتمـداً في الوقـت ذاتـه، النسـق التـاريخي المعـروف في تسلسـل الأحـداث التاريخيـة المتعلقة بالسيرة النبوية، والتي ابتدأها بالحديث عن:

أ - ولادة النبي محمد صلى الله عليه وسلم وحياته قبل البعثة:

بدأ ابن خلـدون حديثه عن ولادة النبي محمد صلى الله عليه وسلم ونشأته، فبوّب هذا الموضوع تحت عنوان (**المولـد الكريم وبـدء الوحي**)، وذكر أن ولادته صلى الله عليه وسلم كانت في عام الفيل [2]، وأنَّ جده عبد المطلب بن هاشم قد كفله، والتمس له المرضعات، ثم تحدث عن حادثة شق الملكين بطن الرسول صلى الله عليه وسلم واستخرجا (**العلقة السوداء**) من قلبه وذلك في ((.. الرابعة من مولده..)) [3]، ثم تطرق ابن خلدون إلى زيـارة النبي محمد صلى الله عليه وسلم ليثرب مع أمه آمنة بنت وهب، وأنها توفيت في هذه الزيارة، بعـدها تحدث عن وفاة جده عبد المطلب وانتقال الرسول صلى الله عليه وسلم إلى كفالة

(1) ابن خلدون، تاريخ، ج 2، ص ص 602 - 614؛ محمد بن محمود بن الحسن بن النجار، الدرة الثمينة في أخبار المدينة، تحقيق: صلاح الدين عباس بن شكر، مركز بحوث ودراسات المدينة المنورة، (المدينة المنورة: 1427 هـ)، ص ص 80 - 91.

(2) ابن خلدون، تاريخ، مج 2، ص 710؛ ابن اسحاق، المغازي، ص 25؛ اليعقوبي، تاريخ اليعقوبي، ج 2، ص 5.

(3) ابن خلدون، تاريخ، مج2، ص 711؛ ابن اسحاق، المغازي، ص ص 27 - 28؛ ابن سعد، الطبقات، ج 1، ق 1، ص 70.

عمه أبي طالب [1].

وتناول بعدها الحديث عن عصمة النبي محمد صلى الله عليه وسلم من أحوال الجاهلية، منها أنه كلما حضر عرساً لهم ((.. أصابه غشيُ النوم فما آفاق حتى طلعت الشمس..)) [2].

كما أورد أيضاً خبراً عن مشاركة الرسول صلى الله عليه وسلم وحمله الحجارة مع عمه العباس لبناء الكعبة وهما صبيان[3]، بعدها ذكر سفر الرسول صلى الله عليه وسلم مع عمه أبي طالب ومرورهم ببحيرا الراهب عند بُصرى *، وانه أخبرهم بنبوته بعدما رأى علاماتها فيه صلى الله عليه وسلم [4]، وهي رواية مشكوك في مصداقيتها، ثم خروجه إلى الشام تاجراً بمال خديجة بنت خويلد، مع غلامها ميسرة ومرورهم بنسطور الراهب [5]، الذي أخبر ميسرة بشأنه، فأخبر ميسرة خديجة فعرضت نفسها عليه [6].

وتحدث ابن خلدون عن إعادة بناء الكعبة ومشاركة الرسول صلى الله عليه وسلم وهو شاب في وضع الحجر الأسود في مكانه بعد أن رفعه إليه أشراف قريش، حين رضوا به حكماً لهم بعد أن تخاصموا في رفعه، فكان أول من دخل عليهم من باب المسجد كما اتفقوا، فإذا به الأمين - بذلك كانوا يسمونه - ويذكر ابن خلدون أن عمر

(1) ابن خلدون، تاريخ، مج 2، ص711؛ ابن اسحاق، المغازي، ص ص 45 - 47؛ ابن سعد، الطبقات، ج 1، ق 1، ص 74.

(2) ابن خلدون، تاريخ، مج 2، ص 711؛ ابن اسحاق، المغازي، ص 58؛ الطبري، تاريخ الطبري، ج 2، ط 1، ص 279.

(3) ابن خلدون، تاريخ، مج 2، ص 711؛ ابن اسحاق، المغازي، ص 87؛ أبو محمد عبد الله بن قتيبة، المعارف، دار الكتب العلمية، (بيروت: 1987 م)، ص 56.

* **بُصرى:** أرض من بلاد الشام، قصبة لحوران، وكانت في ذلك الوقت تحت حكم الرومان، صفي الرحمن المباركفوري، الرحيق المختوم، دار المعرفة، (بيروت: 2003 م)، ص 53.

(4) ابن خلدون، تاريخ، مج 2، ص 712؛ ابن سعد، الطبقات، ج 1، ق 1، ص ص 75 - 76؛ ابن قتيبة، المعارف، ص 88؛ الطبري، تاريخ الطبري، ج 2، ص ص 277 - 278.

(5) ابن خلدون، تاريخ، مج2، ص 712؛ ابن اسحاق، المغازي، ص59؛ الطبري، تاريخ الطبري، ج 2، ص 80.

(6) ابن خلدون، تاريخ، مج 2، ص 712؛ ابن اسحاق، المغازي، ص 60.

الرسول صلى الله عليه وسلم كان حينها خمساً وثلاثون عاماً [1].

ب - البعثة النبوية وبدء الوحي، سرية الدعوة وعلنيتها:

أورد ابن خلدون خبر النبوة وكيف ابتدأ أمرها عند رسول الله صلى الله عليه وسلم أولاً بالرؤيا الصالحة، ثم تحدث الناس بشأن نبوته، ويذكر أنه حُبب إلى الرسول صلى الله عليه وسلم العبادة والخلوة حتى جاء الوحي. وأوضح ابن خلدون صورة الوحي التي ظهر بها على الرسول صلى الله عليه وسلم، وذكر نزول أول آية في غار حراء [2]، ثمَّ إخباره بذلك زوجته خديجة التي آمنت به، ثم ذكر كيف علمّه جبريل الصلاة، ثم ما كان من شأن الإسراء، بعدها ذكر أول من أسلم من الرجال والنساء، وهم خديجة بنت خويلد زوجة رسول الله صلى الله عليه وسلم، ثمَّ أبو بكر، وعلي بن أبي طالب، وزيد بن حارثة مولى رسول الله صلى الله عليه وسلم، وبلال بن حمامة مولى أبي بكر وآخرون، ثم يبدأ بذكر من أسلم من بقية قبائل قريش، فيقول: ((.. ودخل الناس في الدين ارسالاً، وفشا الاسلام وهم ينتجعون به، ويذهبون إلى الشعاب فيصلون..))، وأكد ابن خلدون أنّ هذه المدة من الدعوة استمرت ثلاثة أعوام من مبدأ الوحي [3].

انتقل بعدها ابن خلدون، إلى الحديث عن مرحلة الدعوة العلنية، وكيف أمر الله تعالى الرسول بذلك بقوله أن يصدع بأمره ويدعو إلى دينه، ثمَّ يذكر صعود النبي محمد صلى الله عليه وسلم إلى الصفا وهو ينادي بقريش بعد أن اجتمعت حوله، ثم يذكر نزول قوله صلى الله عليه وسلم:(وَأَنْذِرْ عَشِيرَتَكَ الْأَقْرَبِينَ(214)) [4]، وكيف جمع الرسول صلى الله عليه وسلم عشيرته على طعام ودعاهم إلى الإسلام [5]، وبذلك بدأت مرحلة الدعوة العلنية في مكة التي جعلت قريشاً تجمع على عداوة النبي محمد صلى الله عليه وسلم والمسلمين، ثم ذكر حماية عمه أبي

(1) ابن خلدون، تاريخ، مج 2، ص 713؛ ابن اسحاق، المغازي، ص 87.

(2) ابن خلدون، تاريخ، مج 2، ص 714؛ ابن سعد، الطبقات، ج 1، ق 1، ص 110؛ الطبري، تاريخ الطبري، ج 2، ص 298.

(3) ابن خلدون، تاريخ، مج 2، ص 715 - 716؛ ابن اسحاق، المغازي، ص ص 112 - 124؛ الطبري، تاريخ، ج 2، ص ص 308 - 318.

(4) سورة الشعراء، الآية (214).

(5) ابن خلدون، تاريخ، مج 2، ص 718؛ ابن اسحاق، المغازي، ص 127؛ اليعقوبي، تاريخ، ج 2، ص ص 18 - 19؛ الطبري، تاريخ الطبري، ج 2، ص 321.

طالب له بعد أن يذكر الحديث الذي دار بين المشركين وعمه أبي طالب، ثمَّ أورد قول أبي طالب للرسول صلى الله عليه وسلم: ((يا ابن أخي قل ما أحببت فوالله لا أسلمك أبداً))، في اشارة إلى دعم وحماية عمه أبي طالب في دعوته إلى الإسلام " [1].

ج - هجرة الحبشة، وأخبار الرسول صلى الله عليه وسلم والمسلمين في مكة:

تناول ابن خلدون بالتفصيل مسألة هجرة المسلمين إلى الحبشة، وذكر أن سببها اشتداد تعذيب المشركين لمن أسلم، وأنها هجرة واحدة متتابعة وليست في وقت واحد، وأنها جاءت بعد أن تعاهد بنو هاشم وبنو المطلب مع أبي طالب على القيام بحماية الرسول صلى الله عليه وسلم، حينما أمر الرسول صلى الله عليه وسلم المسلمين بالهجرة إلى الحبشة فراراً بدينهم [2]، ثم يذكر أسماء المهاجرين [3]، وبعدها يتحدث عن اشتداد أذى قريش للرسول صلى الله عليه وسلم، ويذكر أسماء المستهزئين منهم بالنبي محمد صلى الله عليه وسلم [4]، ثم يتطرق إلى إسلام حمزة عم النبي صلى الله عليه وسلم، وكيف قَوِيَ جانب المسلمين به [5]، بعدها يذكر أخبار الوفد الذي بعثته قريش إلى النجاشي ملك الحبشة لإرجاع المسلمين ورفض النجاشي ذلك [6].

ويورد ابن خلدون أيضاً قصة إسلام عمر بن الخطاب رضي اله عنه وكيف أعزّ الله به المسلمين وخرجوا معه للصلاة عند الكعبة [7]، بعد ذلك يتناول بالحديث كيف

(1) ابن خلدون، تاريخ، مج 2، ص 719؛ ابن سعد، الطبقات، ج 1، ق 1، ص 135؛ الطبري، تاريخ الطبري، ج 2، ص 206.
(2) ابن خلدون، تاريخ، مج 2، ص 719؛ ابن هشام، السيرة، ج 1، ص 280؛ ابن سعد، الطبقات، ج 1، ق 1، ص 136.
(3) ابن خلدون، تاريخ، مج 2، ص 719؛ ابن اسحاق، المغازي، ص 156؛ ابن سعد، الطبقات، ج 1، ق 1، ص 306.
(4) ابن خلدون، تاريخ، ج 2، ص 720؛ ابن هشام، السيرة، ج 1، ص 258؛ ابن الأثير، الكامل في التاريخ، مج 1، ص ص 588 - 596.
(5) ابن خلدون، تاريخ، مج 2، ص 721؛ ابن اسحاق، المغازي، ص 151؛ ابن الأثير، الكامل في التاريخ، مج 1، ص 601.
(6) ابن خلدون، تاريخ، ج 2، ص 723؛ اليعقوبي، تاريخ اليعقوبي، ج 2، ص ص 19 - 20؛ ابن الأثير، الكامل في التاريخ، مج 1، ص 598.
(7) ابن خلدون، تاريخ، ج 2، ص ص 723 - 724؛ ابن اسحاق، المغازي، ص 160؛ ابن

اجتمعت قريش وتعاهدوا على مقاطعة بني هاشم وبني المطلب وحصارهم في شعب * أبي طالب، مؤمنهم وكافرهم، وبقوا على هذه الحال ثلاث سنين لا يصل إليهم شيء ممن أرادوا صلتهم إلاّ سرّاً، وتحدث بعد ذلك على نقض الصحيفة من قبل بعض شخصيات قريش، وكان قد بلغهم عن النبي صلى الله عليه وسلم أن الأرضة أكلت كتابتها كلها عدا اسم الله، وحقاً وجدوها كما قال النبي صلى الله عليه وسلم وبذلك بطل حكمها. وكان الرسول صلى الله عليه وسلم مواصلاً دعوته والوحي متتابع عليه أثناء الحصار [1].

وتطرق ابن خلدون إلى عودة بعض مهاجري الحبشة بعد أن وصلهم خبر كاذب بإسلام قريش [2]، ثم يورد ما أصاب الرسول صلى الله عليه وسلم بوفاة عمه أبي طالب وزوجته خديجة - رضي الله عنها - وذلك قبل هجرته صلى الله عليه وسلم إلى المدينة المنورة بثلاثة أعوام [3]، وكيف اشتد أذى المشركين له وخروجه إلى الطائف،وما أصابه فيها حين أغروا به سفهاءهم، ثم عودته وبياته بنخلة، وكيف سمعته الجن، ثم عودته إلى مكة المكرمة، وأنه صلى الله عليه وسلم دخلها بجوار المطعم بن عدي بن نوفل [4]، ثم يشير ابن خلدون إلى حادثة الإسراء إلى بيت المقدس ومنه معراجه صلى الله عليه وسلم إلى السماوات [5]، وكيف أخذ الرسول صلى الله عليه وسلم يعرض نفسه على وفود العرب في الموسم - موسم الحج - ويدعوهم إلى نصره وقريش تعترضه، ثمّ يقول: ((وقد ذخر الله الخير في ذلك كله

الأثير، الكامل في التاريخ، مج 1، ص ص 601 - 604.

* **الشعبْ:** لغةً الوادي أو الطريق يخترق الجبال. الحموي، معجم البلدان، مج 3، ص 347.

(1) ابن خلدون، تاريخ، مج 2، ص 725؛ ابن اسحاق، المغازي، ص ص 137 - 144؛ اليعقوبي، تاريخ اليعقوبي، ج 2، ص 20 - 21؛ ابن الأثير، الكامل في التاريخ، مج 2، ص ص 604 - 606.

(2) ابن خلدون، تاريخ، مج 2، ص 725 - 726؛ ابن أسحاق، المغازي، ص 158؛ ابن سعد، الطبقات، ج 1، ق 1، ص 137.

(3) ابن خلدون، تاريخ، مج 2، ص 726؛ ابن اسحاق، المغازي، ص ص220، 224، 227؛ ابن كثير، السيرة النبوية، ج 1، ص 312

(4) ابن خلدون، تاريخ، مج 2، ص ص 726 - 727؛ ابن سعد، الطبقات، ج 1، ص 141؛ ابن هشام، السيرة، ج 2، ص 48.

(5) ابن خلدون، تاريخ، مج 2، ص 727؛ ابن اسحاق، المغازي، ص 274؛ ابن سعد، الطبقات، ج 1، ق 1، ص 142.

للأنصار)) [1]، فقد جاء وفد من الأوس من يثرب يطلب حلفاً فدعاهم الرسول صلى الله عليه وسلم إلى الإسلام، لكن الحلف لم يتم [2]، ثمَّ التقى النبي صلى الله عليه وسلم بستة أنفار من الخزرج كانت لديهم أخبار من يهود المدينة عن قرب ظهور نبي، فلما عرض عليهم النبي صلى الله عليه وسلم الدعوة آمنوا وأسلموا وعادوا إلى المدينة يدعون قومهم إلى الإسلام فلم يبقَ دار من دور الأنصار إلاّ وفيهم ذكر النبي محمد صلى الله عليه وسلم [3].

وتحدث ابن خلدون عن لقاء النبي محمد صلى الله عليه وسلم في العام التالي بـ (اثني عشر) رجلاً من أهل المدينة خمسة منهم ممن التقاهم في العام السابق وسبعة جدد، وذكر أسماءَهم ومبايعاتهم للرسول صلى الله عليه وسلم في العقبة الأولى (بيعة النساء)، ثم ذكر ما جاء فيها، وعند عودتهم بعث معهم صلى الله عليه وسلم ابن أم مكتوم ومصعب بن عمير ليدعوا الناس إلى الإسلام ويعلّموا من أسلم القرآن والشرائع.

ثم ذكر بيعة العقبة الثانية وكيف تمت ومن حضرها وموعدها وحضور العباس عم النبي صلى الله عليه وسلم وهو لا يزال على دين قومه، ويذكر عدد من حضرها واختيار الرسول صلى الله عليه وسلم للنقباء من الأوس والخزرج مع ذكر أسمائهم، بعد ذلك يتطرق إلى ما فعلته قريش مع الأنصار، وازدياد أذى قريش للمسلمين بمكة، وأمر الرسول صلى الله عليه وسلم للمسلمين بالهجرة إلى المدينة، وكيف خرجوا ارسالاً، يذكر أسماءَهم وعلى من نزلوا، ثم يذكر أنه لم يبقَ في مكة من المسلمين إلاّ أبو بكر، وعلي بن أبي طالب - رضي الله عنهما -، والرسول صلى الله عليه وسلم ينتظر أن يُؤذن له في الهجرة [4].

---

(1) ابن خلدون، تاريخ، مج 2، ص 728؛ ابن اسحاق، المغازي، ص ص 215 - 216؛ ابن سعد، الطبقات، ج 1، ق 1، ص 145؛ ابن هشام، السيرة، ج 2، ص ص 54 - 55؛ الطبري، تاريخ الطبري، ج 2، ص ص 328 - 350.

(2) ابن خلدون، تاريخ، مج 2، ص 728؛ ابن هشام، السيرة، ج 2، ص 53.

(3) ابن خلدون، تاريخ، مج 2، ص ص 728، 729؛ ابن سعد، الطبقات، ج 1، ق 1، ص 146؛ ابن هشام، السيرة، ج 2، ص 55؛ ابن الأثير، الكامل في التاريخ، مج 2، ص 610.

(4) ابن خلدون، تاريخ، مج 2، ص ص 729 - 730؛ ابن سعد، الطبقات، ج 1، ق 1، ص ص 147 - 150؛ ابن هشام، السيرة، ج 2، ص ص 56 - 92؛ اليعقوبي، تاريخ اليعقوبي، ج 2، ص ص24 - 26؛ ابن الأثير، الكامل في التاريخ، مج 1، ص ص 610 - 612.

د - الهجرة وبدء المرحلة المدنية:

بدأ ابن خلدون هذه المرحلة بالحديث عن اجتماع قريش على قتل النبي محمد صلى الله عليه وسلم بعد علمهم بهجرة أصحابه إلى المدينة، وأنه عازم على اللحاق بهم، ثم يورد كيفية خروج **النبي**صلى الله عليه وسلم مع أبي بكر رضي اله عنه ووصولهما إلى غار جبل ثور بأسفل مكة وبقائهما فيه ثلاث ليالٍ، ويسترسل بالحديث، ويذكر ما حصل لسراقة بن مالك مع الرسول صلى الله عليه وسلم، بعدها يورد رواية وصول الرسول صلى الله عليه وسلم إلى المدينة، واستقبال الأنصار لهم، ثم يورد لحاق علي رضي اله عنه بهما بعد أن ردّ الودائع التي كانت عند النبي محمد صلى الله عليه وسلم إلى أصحابها[1].

بعدها ينتقل ابن خلدون بالحديث عن أعمال النبي محمد صلى الله عليه وسلم في المدينة المنورة فيذكر أن الرسول صلى الله عليه وسلمأدركته الجمعة فصلى في مسجد بني سالم بن عوف،ثم يورد قصة ناقة رسول الله صلى الله عليه وسلم المأمورة، وشرائه صلى الله عليه وسلم مربداً من بني النجار لبناء
المسجد[2].

تناول ابن خلدون بعدها الحديث عن موادعة الرسول صلى الله عليه وسلم اليهود وكتابته كتاباً بينه وبينهم شرط فيه لهم وعليهم[3]، ثمَّ يذكر قدوم عائلة أبي بكر رضي اله عنه المدينة وزواج الرسول صلى الله عليه وسلم من عائشة - رضي الله عنها - بنت أبي بكر رضي اله عنه[4].

ينتقل بعد ذلك للحديث عن المؤاخاة بين المهاجرين والأنصار، مع ذكر أسماء كل طرفين متآخيين[5]، ويذكر فرض الزكاة، وزيادة ركعتين في الصلاة

(1) ابن خلدون، تاريخ، مج 2، ص 737 - 739؛ ابن سعد، الطبقات، ج 1، ق 1، ص ص 152 - 153؛ ابن هشام، السيرة، ق 1، ص ص 480 - 482؛ اليعقوبي، تاريخ اليعقوبي، ج 2، ص 26؛ ابن الأثير، الكامل في التاريخ، مج 2، ص ص 3 - 9؛ أبي عبد الله محمد بن اسماعيل البخاري، صحيح البخاري، تحقيق: محمد محمد ناصر، ط 1، ج 2، دار الآفاق، (القاهرة: 2004 م)، ص 467.

(2) ابن خلدون، تاريخ، مج 2، ص ص 740 - 741؛ ابن هشام، السيرة، ج 2، ص 102؛ ابن سعد، الطبقات، ج 1، ق 2، ص 2.

(3) ابن خلدون، تاريخ، مج 2، ص 741؛ ابن هشام، السيرة، ج 2، ص 106.

(4) ابن خلدون، تاريخ، مج2، ص 741؛ ابن اسحاق، المغازي، ص 239؛ البخاري، صحيح البخاري، ج 2، ص 466.

(5) ابن خلدون، تاريخ، مج 2، ص ص 741 - 743؛ ابن سعد، الطبقات، ج 1، ق 2، ص 1؛ ابن هشام، السيرة، ج 2، ص 108.

فأصبحت أربعاً بعد أن كانت ركعتين سفراً وحضراً [1].

كما أورد ابن خلدون أخبار المنافقين في المدينة وأسماءَهم من الأوس ومن الخزرج ومن اليهود [2].

هـ - غزوات وبعوث الرسول صلى الله عليه وسلم وأخباره إلى فتح مكة:

أولى ابن خلدون أهمية خاصة لغزوات النبي صلى الله عليه وسلم وبعوثه، وحاول تتبعها زمنياً، وبدأ حديثه بغزوة الأبواء، وغزوة بواط [3]، وغزوة العشيرة [4]، ثمَّ غزوة بدر الأولى، وأكد أن الرسول صلى الله عليه وسلم غزا في هذه الغزوات بنفسه، ثم ذكر البعوث التي كانت بين هذه الغزوات، ومنها بعث حمزة بعد الأبواء، وبعث عبيدة بن الحرث بن عبد المطلب، ثم بعث سعد بن أبي وقاص، وبعث عبد الله بن جحش أثر مرجعه من بدر الأولى، إلى (نخلة) في ثمانية من المهاجرين يذكر أسماءَهم، وأوامر الرسول صلى الله عليه وسلم لعبد الله بن جحش بعدم فتح كتاب التكليف بالمهمة إلاّ بعد مسيرة يومين، وأن لا يكره أحداً من أصحابه على الذهاب معه، ويستمر الحديث إلى آخر أخبار البعث [5]. ثم ينتقل إلى ذكر خبر صرف القبلة عن بيت المقدس، إلى الكعبة المشرفة [6].

تحت عنوان منفصل وبارز [**غزوة بدر الثانية (العظمى والكبرى)**] أفرد

(1) ابن خلدون، تاريخ، مج 2، ص 742؛ ابن سعد، الطبقات، ج 2، ق 2، ص 8.

(2) ابن خلدون، تاريخ، مج 2، ص 743؛ ابن هشام، السيرة، ج 2، ص ص 120 - 126.

(3) ابن خلدون، تاريخ، مج 2، ص 744؛ محمد بن عمر الواقدي، كتاب المغازي، تحقيق: د. مارسدن جونس، ج 1، مطبعة المعارف، (القاهرة: 1964 م)، ص ص 11 - 12؛ الطبري، تاريخ الطبري، ج 2، ص ص 403 - 407.

(4) ابن خلدون، تاريخ، مج 2، ص ص 744 - 745؛ ابن سعد، الطبقات، ج 1، ق 2، ص 4؛ ابن هشام، السيرة، ج 2، ص 177.

(5) ابن خلدون، تاريخ، مج 2، ص 448؛ الطبري، تاريخ الطبري، ج 2، ص ص 416 - 417؛ ابن الأثير، الكامل في التاريخ، مج 2، ص 13.

(6) ابن خلدون، تاريخ، مج 2، ص ص 745 - 748؛ الواقدي، المغازي، ص 9 - 19؛ الطبري، تاريخ الطبري، ج 2، ص ص 412 - 415.

ابن خلدون صفحات عديدة لسرد رواية المعركة من بدايتها حتى نهايتها، واستشارته صلى الله عليه وسلم للمهاجرين والأنصار وتأييدهم له، ثم نزوله على ماء بدر، وبناء المسلمين عريشاً لرسول الله صلى الله عليه وسلم، ثم ذكر تفاصيل المعركة ومن قتل من المشركين ومن أسر منهم، وتحدث عن شهداء بدر من المسلمين بأسمائهم، وعن تقسيم الرسول صلى الله عليه وسلم الغنائم بعد عودته إلى المدينة المنورة، كما ذكر أسرى بدر وأسماءهم وما حلّ بهم [1].

واستمر ابن خلدون يورد تفاصيل بقية غزوات الرسول صلى الله عليه وسلم، ومنها غزوة الكرز [2]، وغزوة السويق [3]، ثم يذكر غزوة ذي آمر [4]، وغزوة بُحران [5].

ثمَّ انتقل إلى ذكر مقتل كعب بن الأشرف اليهودي، بسبب موقفه من المسلمين بعد انتصارهم في معركة بدر، وتحريضه قريشاً لحرب المسلمين، وانه ذكر نساء المسلمين، فأمر الرسول صلى الله عليه وسلم بقتله ويُفصّل عملية القتل، ومن قتله من الأوس [6].

أما غزوة بني قينقاع فذكر سببها وعدد مقاتلي اليهود وخروج الرسول صلى الله عليه وسلم إليهم وبعد حصارهم، وتوسل عبد الله بن أبي ابن سلول للرسول صلى الله عليه وسلم لتخلية

(1) ابن خلدون، تاريخ، مج 2، ص ص 748 - 755؛ الواقدي، المغازي، ج 1، ص 19 - 72؛ البخاري، صحيح البخاري، ج 3، ص 5.

(2) ابن خلدون، تاريخ، مج 2، ص 755؛ ابن اسحاق، المغازي، ج 2، ص 290؛ الطبري، تاريخ الطبري، ج 2، ص 482.

(3) ابن خلدون، تاريخ، مج 2، ص 756؛ خليفة بن خياط، تاريخ خليفة بن خياط، تحقيق: أكرم ضياء العمري، مطبعة الآداب، (النجف: 1967 م)، ص 59؛ أحمد بن الحسين البيهقي، دلائل النبوة، تحقيق: عبد الرحمن محمد عثمان، ج 2، (القاهرة: 1969)، ص 433.

(4) ابن خلدون، تاريخ، مج 2، ص 756؛ الواقدي، المغازي، ج 1، ص 193.

(5) ابن خلدون، تاريخ، مج 2، ص 756؛ عبد الرحمن بن عبد الله السهيلي، الروض الأنف، تعليق: طه عبد الرؤوف سعد، ج 3، دار المعرفة، (د. م: 1978)، ص 142؛ فتح الدين محمد ابن سيد الناس، عيون الأثر في فنون المغازي والشمائل والسير، دار الآفاق الجديدة، (بيروت: 1977 م)، مج 1، ص 318.

(6) ابن خلدون، تاريخ، مج 2، ص ص 757 - 758؛ ابن اسحاق، المغازي، ص ص 298 - 301؛ الواقدي، المغازي، ج 1، ص ص 184 - 194؛ البخاري، صحيح البخاري، ج 3، ص 24.

سبيلهم، فحقن الرسول صلى الله عليه وسلم دماءهم، وأمر بإجلائهم من المدينة [1]، بعدها تحدث عن سرية زيد بن حارثة إلى قردة وظفره بعير قريش بعد أن غيّر أبو سفيان طريقه إلى العراق، ويذكر أن خمس هذه الغنيمة كان عشرين ألفاً [2].

ثم يتناول ابن خلدون خبر قتل أبي الحقيق اليهودي الذي يوازي كعب بن الأشرف في إيذائه للمسلمين، واستئذان جماعة من الخزرج رسول الله صلى الله عليه وسلم في قتله، فأذن لهم، فقتلوه في داره بخيبر [3].

فصّل ابن خلدون أحداث معركة أحد واستعدادات المشركين لها وعدد قواتهم، وأنهم اصطحبوا معهم خمس عشرة امرأة بالدفوف يبكين قتلى بدر، وأورد اختلاف آراء المسلمين حول مجابهة قريش داخل المدينة أم خارجها، وأسهب في تفاصيل المعركة، وإعطاء الرسول صلى الله عليه وسلم سيفه إلى أبي دجانة من بني ساعدة، وذكر رماة المسلمين وما أصاب المسلمين في هذه المعركة، وجرح الرسول صلى الله عليه وسلم وكسر رباعيته، وذكر شهداء أُحُد وما فعلته هند زوجة أبي سفيان بحمزة عم الرسول صلى الله عليه وسلم، بعدها تحدث عن صعود أبي سفيان الجبل ونداءه بأعلى صوته: الحرب سجال يوم أحد بيوم بدر،.. موعدكم العام القابل، وكان ردّ النبي صلى الله عليه وسلم: **((قولوا له هو بيننا وبينكم))** [4].

تحدث بعد ذلك عن غزوات وبعوث أخرى بعد معركة أُحُد، منها غزوة حمراء الأسد [5]، وبعث الرجيع [6]، وغزوة بئر معونة وما حدث

---

(1) ابن خلدون، تاريخ، مج 2، ص ص 758 - 759؛ ابن اسحاق، المغازي، ص ص 294 - 296؛ ابن خياط، تاريخ خليفة، ص 66.

(2) ابن خلدون، تاريخ، مج 2، ص 760؛ ابن هشام، السيرة، ج 3، ص 7؛ ابن سيد الناس، عيون الأثر، مج 1، ص 364.

(3) ابن خلدون، تاريخ، مج 2، ص ص 760 - 761؛ الواقدي، المغازي، ج 1، ص 391؛ محمد بن أحمد الذهبي، سِيَرْ أعلام النبلاء، تحقيق: صلاح الدين، دار المعارف، (القاهرة: 1962)، ج 7، ص 46 - 51.

(4) ابن خلدون، تاريخ، مج 2، ص 761 - 767؛ ابن اسحاق، المغازي، ص 301؛ ابن هشام، السيرة، ج 3، ص ص 14 - 62؛ ابن سيد الناس، عيون الأثر، ج 2، ص 2 - 25.

(5) ابن خلدون، تاريخ، مج 2، ص 767 - 768؛ ابن سعد، الطبقات، ج 2، ق 1، ص 34 - 35؛ الذهبي، سير اعلام النبلاء، مج 1، ص 262.

(6) ابن خلدون، تاريخ، مج 2، ص 768 - 769؛ الطبري، تاريخ، ج 2، ص 538 - 542؛ ابن

للمسلمين فيها [1] وبعدها تحدث عن غزوة بني النضير وأن سببها محاولة اليهود قتل النبي محمد صلى الله عليه وسلم [2]، وبعدها ذكر غزوة ذات الرقاع، وذكر عدة آراء في تسميتها بهذا الأسم [3]، وأورد بعد ذلك خبر غزوة بدر الصغرى [4] - الموعد - الذي كان بين أبي سفيان ورسول الله صلى الله عليه وسلم، وغزوة دومة الجندل، وأنها كانت في ربيع الأول من العام الخامس [5]، ثمَّ يتحول إلى رواية غزوة الخندق، وهو يجزم بوقوعها في العام الرابع إستناداً إلى قول ابن عمر، ثمَّ يفصل أحداث الغزوة كاملة ثم عودة النبي صلى الله عليه وسلم إلى المدينة [6].

بعدها أورد ابن خلدون أخبار غزوة بني قريظة، وأن جبريل أتى الرسول صلى الله عليه وسلم بعد صلاة الظهر وأمره أن لا يُصلي العصر إلاّ في بني قريظة هو والمسلمون ويسرد كل أحداث حصار الرسول صلى الله عليه وسلم لهم، وحكم سعد بن معاذ في يهود بني قريظة [7]،

الأثير، الكامل في التاريخ، مج 1، ص 59 - 60.

(1) ابن خلدون، تاريخ، مج 2، ص 769 - 770؛ الواقدي، المغازي، ج 1، ص 346 - 353.

(2) ابن خلدون، تاريخ، مج 2، ص 771؛ الواقدي، المغازي، ج 1، ص 363 - 383؛ الطبري، تاريخ، ج 2، ص 550 - 555.

(3) ابن خلدون، تاريخ، مج 2، ص 772؛ الواقدي، المغازي، ج 1، ص 395 - 402؛ ابن سعد، الطبقات، ج 2، 43.

(4) ابن خلدون، تاريخ، مج 2، ص 772 - 773؛ ابن هشام، السيرة، ج3، ص 123؛ شمس الدين أبو عبد الله ابن القيّم، زاد المعاد في هدي خير العباد، المطبعة المصرية، (القاهرة: 1928)، ج 2، ص 112.

(5) ابن خلدون، تاريخ، مج 2، ص 773؛ ابن سعد، الطبقات، ج 1، ق 2، ص 44 - 45؛ الطبري، تاريخ، ج 2، ص 564.

(6) ابن خلدون، تاريخ، مج 2، ص ص 773 - 777؛ الواقدي، المغازي، ج 2، ص 440 - 480؛ ابن سعد، الطبقات، ج 1، ق 2، ص 40 - 53؛ ابن هشام، السيرة، ج 3، ص ص 127 - 129؛ الطبري، تاريخ، ج 2، ص 564 - 581؛ البخاري، صحيح البخاري، ج 3، ص 41.

(7) ابن خلدون، تاريخ، مج 2، ص 777 - 780؛ الواقدي، المغازي، ج 2، ص 496 - 521؛ الطبري، تاريخ، ج 2، ص 581 - 584.

وبعدها ذكر ابن خلدون غزوة بني لحيان [1]، وغزوة الغابة وذي قردة [2]، ثم يفصّل القول في غزوة بني المصطلق بحديث عن الغزوة، وزواج الرسول صلى الله عليه وسلم من جويرية (بنت سيد بني المصطلق)، وحديث عبد الله بن أُبي، ونزول سورة المنافقين فيه ثمَّ يُشير إلى حادثة الإفك دون تفصيلها - قصة عائشة - رضي الله عنها - مع أهل الإفك وتبرئة الله لها - [3].

انتقل بعد ذلك للحديث عن عمرة الحديبية وأن الرسول صلى الله عليه وسلم خرج معتمراً في العام السادس، ثم يذكر عدد المسلمين مع الرسول صلى الله عليه وسلم وإحرامه وسياقه الهدي، ثم نزوله الحديبية من أسفل مكة، ويورد سفارة عثمان بن عفان رضي اله عنه إلى قريش، ثم ورود خبر مقتله، وبيعة المسلمين للرسول صلى الله عليه وسلم (**بيعة الرضوان**) وبعدها ينتقل إلى الصلح وشروطه بين المسلمين وقريش ومدته، وكيف استبشر به الرسول صلى الله عليه وسلم وعدّه فرجاً للمسلمين في حين عظم على المسلمين حتى تكلم بعضهم فيه، ويستمر ابن خلدون بحديثه إلى قيام النبي محمد صلى الله عليه وسلم بنحر الهدي وحلقه ثم تابعه المسلمون في ذلك بعد أن كانوا قد امتنعوا عن تنفيذ أوامره [4].

بعد صلح الحديبية تطرق ابن خلدون إلى رسل الرسول صلى الله عليه وسلم إلى ملوك العرب والعجم، وذكر أسماء الرسل وإلى من أرسلهم ونص رسائلهم [5].

ثمَّ أورد حديث غزوة خيبر ومتى كانت، وذكر كل التفاصيل حولها وكيف تمكن المسلمون من فتح حصونها الواحد تلو الآخر، وذكر أن أغلبها فُتح صلحاً،

(1) ابن خلدون، تاريخ، مج 2، ص 78؛ ابن سعد، الطبقات، ج 1، ق 2، ص 53 - 56؛ ابن الأثير، الكامل في التاريخ، مج 8، ص 58.

(2) ابن خلدون، تاريخ، مج 2، ص 780 - 781؛ الواقدي، المغازي، ج 2، ص 537 - 549؛ ابن سعد، الطبقات، مج 1، ق 2، ص 58 - 61.

(3) ابن خلدون، تاريخ، مج 2، ص 781 - 784؛ الواقدي، المغازي، ج 1، ص 404 - 411؛ ابن هشام، السيرة، ج 3، ص 187؛ ابن القيم، زاد المعاد، ج 2، ص 115؛ ابن الأثير، الكامل في التاريخ، مج 2، ص 81 - 83.

(4) ابن خلدون، تاريخ، مج 2، ص 784 - 788؛ الواقدي، المغازي، ج 2، ص 571 - 633؛ الطبري، تاريخ، ج 2، ص 620 - 644؛ ابن الأثير، الكامل في التاريخ، مج 2، ص 86 - 95؛ ابن القيم، زاد المعاد، ج 2، ص 122 - 127.

(5) ابن خلدون، تاريخ، مج 2، ص 788 - 795؛ الطبري، تاريخ، ج 2، ص 644 - 657.

ثم تحدث عن محاولة تسميم زينب بنت الحرث اليهودية للنبي صلى الله عليه وسلم، واكتشافه صلى الله عليه وسلم ذلك، واعتراف اليهودية بقيامها بالمحاولة [1].

ثمّ تحدث ابن خلدون عن قدوم المسلمين من الحبشة، بعد أن كان قد سبقهم جماعة من المهاجرين وصلوا قبل فتح خيبر بعامين، وجاء غالبيتهم، بعد فتح خيبر، أثر إرسال النبي محمد صلى الله عليه وسلم إلى النجاشي - ملك الحبشة - يستقدمهم، وقد أورد اسماءَهم بالتفصيل إلى جانب تقبيل الرسول صلى الله عليه وسلم لابن عمّه جعفر بن أبي طالب فرحاً بعودته [2].

وأورد ابن خلدون خبر فدك بعد أن اتصل أهلها برسول الله صلى الله عليه وسلم يسألونه الأمان مقابل أموالهم، فأجابهم إلى ذلك، ثمّ افتتح وادي القرى عنوةً [3]، وبعد ذلك انتقل إلى الحديث عن عمرة القضاء التي عاهد عليها قريشاً يوم الحديبية، وذكر إعجال قريش إخراج الرسول صلى الله عليه وسلم بعد انقضاء الأيام الثلاث، وحديثه بخصوص العمرة مختصر [4].

وتناول ابن خلدون الحديث عن غزوة جيش الأمراء أو غزوة مؤتة، وإنها كانت في العام الثامن للهجرة، وأورد أسماء قادة جيش المسلمين، وأعداد جيش الروم واستعداده، ومن كان معهم من نصارى العرب،ثم تناول وقائع المعركة وتفاصيل القتال واستشهاد القادة، ثم تولي خالد بن الوليد زمام الأمور وانحيازه بجيش المسلمين [5].

---

(1) ابن خلدون، تاريخ، مج 2، ص 795 - 797؛ ابن سعد، الطبقات، ج 1، ص 77 - 84؛ ابن القيم، زاد المعاد، ج 2، ص 126 - 127.

(2) ابن خلدون، تاريخ، مج 2، ص 797 - 798؛ أبو الفداء اسماعيل ابن كثير، البداية والنهاية، (بيروت: 1966 م)، (السيرة النبوية)، ج 4، ص ص 205 - 206؛ الذهبي، سِيَرُ أعلام النبلاء، مج 1، ص ص 358 - 360.

(3) ابن خلدون، تاريخ، مج 2، ص 798؛ الواقدي، المغازي، ج 2، ص 706؛ ابن سيد الناس، عيون الأثر، ج 2، ص 142.

(4) ابن خلدون، تاريخ، مج 2، ص 798 - 799؛ الواقدي، المغازي، ج 2، ص 731 -741؛ ابن سعد، الطبقات،ج 1، ق 2، ص 87 - 88؛ الطبري، تاريخ، ج 3، ص 23 - 26.

(5) ابن خلدون، تاريخ، مج2، ص 799 - 801؛ الواقدي، المغازي، ج 2، ص 755 - 769؛ الطبري، التاريخ، ج 3، ص 36 - 44؛ ابن القيم، زاد المعاد، ج 2، ص 155 - 156.

و - فتح مكة، وذكر أخبار بعض الغزوات، والوفود، وحجة الوداع:

أما بخصوص فتح مكة المكرمة عام ثمانية للهجرة فبدأ ابن خلدون حديثه عنهُ ببغي قريش وبني بكر على بني كعب حلفاء الرسول صلى الله عليه وسلم الذين استغاثوا بـه مما أصابهم، وإجابة الرسول صلى الله عليه وسلم لهم: ((**أن أبا سفيان يأتي يشد العقد ويزيد في المدة، وأنه يرجع بغير حاجة**))، وهذا ما حصل مع أبي سفيان الذي لم يستطع أن يقابل الرسول صلى الله عليه وسلم، ورجع إلى مكـة، ثم أورد قيام الرسول صلى الله عليه وسلم بإعداد الجيش لفتح مكة، ثم يورد تفاصيل الفتح كاملةً وكيف دخل النبي محمد صلى الله عليه وسلم والمسلمون مكة المكرمة وإسلام أبي سفيان وإعطاء الرسول صلى الله عليه وسلم الأمان لأهل مكة، في حين أهدر دم عددٍ ممن آذوا المسلمين، ثمَّ دخول الرسول صلى الله عليه وسلم الحرم وطوافه بالكعبة بعد أن أخذ مفتاحها من عثمان بن طلحة، وذكر تحطيم الرسول صلى الله عليه وسلم الأصنام وإزالة التماثيل والصور، ثم أمر بلالاً فأذّن على ظهر الكعبة، ثم ذكر مبايعة أهل مكة للنبي محمد صلى الله عليه وسلم، وخطبةُ النبي صلى الله عليه وسلم لأهل مكة وبعدها تحدث عن سرايا بعثها الرسول صلى الله عليه وسلم حـول مكة المكرمة، وذكر طمأنة الرسول صلى الله عليه وسلم للأنصار بأنه لن يبقى في مكة بل هو عائدٌ معهم[1].

بعد ذلك تطرق ابن خلدون إلى ذكر غزوة حنين مفصلاً أسبابها التي تمثلت في خـروج قبائـل هوازن وثقيف برجالها ونسائها وذراريها وكل ما يملكون لاعتقادهم أن هذا أثبت للمقاتل، وذكر جيش المسلمين وعدته وتشكيله المكون من جيش فتح مكة مع مسلمي ما بعـد الفـتح،ثم وصـف مجريـات أحداث المعركة والهزيمة التي أصابت المسلمين أول الأمر، وثبات الرسول صلى الله عليه وسلم مع بعض الصحابة، ثم عودة المسلمين للقتال مع الرسول صلى الله عليه وسلم وانتصارهم، وذكر شهداء المسلمين

(1) ابن خلدون، تاريخ، مج 2، ص 801 - 810؛ الواقدي، المغازي، ج 2، ص 780 - 871؛ ابن هشام، السيرة، ج 4، ص ص 7 - 15؛ ابن خياط، تاريخ، ص 87؛ السهيلي، الروض الأنف، ج 4، ص 95؛ ابن سيد الناس، عيون الأثر، ج 2، ص212؛ ابن القيم، زاد المعاد، ج 2، ص ص 160 - 168.

وغنائم المسلمين، كما ذكر قتلى هوازن [1].

وتناول ابن خلدون حصار الطائف فقد تحصنت ثقيف بعد انسحابها من معركة حنين، فسار إليهم الرسول صلى الله عليه وسلم وحاصرهم خمس عشرة ليلة، ثم أمر الرسول صلى الله عليه وسلم بهدم بعض الحصون وضربهم بالمنجنيق،وذكر من استشهد من المسلمين، ثم عودة الرسول صلى الله عليه وسلم إلى الجعرانة فوضع غنائم المسلمين من حنين هناك، ومجيء وفد هوازن مسلمين راغبين، واختيارهم العيال والأبناء وترك الأموال بعد أن خيّرهم الرسول صلى الله عليه وسلم، وهنا أورد ابن خلدون مسألة المؤلفة قلوبهم وقيام الرسول صلى الله عليه وسلم بإعطاء خمس الخمس من الغنائم لكي يؤلف قلوبهم على الإسلام.

بعد ذلك روى تفاصيل عمرة الرسول صلى الله عليه وسلم التي بدأها من الجعرانة إلى مكة، ثمَّ رجوعه إلى المدينة، واستعماله عتاب بن أسيد على مكة وكان هو أول أمير أقام حج الإسلام [2].

وذكر انصراف رسول الله صلى الله عليه وسلم من الطائف إلى المدينة المنورة في ذي الحجة إلى شهر رجب من العام التاسع، ثم دعوته للناس بالتهيؤ لغزو الروم، بعدها تحدث ابن خلدون عن خطة الرسول صلى الله عليه وسلم في هذه المعركة والمغايرة لما انتهجه في غزواته السابقة، فقد أعلن الرسول صلى الله عليه وسلم عن وجهته في الحرب خلافاً للغزوات الأخرى، والسبب كما يذكر ابن خلدون: ((.. لعسرها بشدة الحرب، وبعد البلاد..))، كما ذكر موقف المنافقين واليهود والمخلفين من الأعراب، وتحدث عن موقف الرسول صلى الله عليه وسلم عند مروره بديار ثمود، ثم يذكر ما نزل من آيات المنافقين، وأن الرسول صلى الله عليه وسلم أقام في تبوك عشرين ليلة ثم انصرف، بعدها يذكر قصة هدم مسجد ضرار، ثم انتقل إلى الحديث عن المتخلفين عن غزوة تبوك، ومقاطعة الرسول صلى الله عليه وسلم والمسلمين

لهم، ثم نزلت آيات من سورة براءة بشأنهم، ثم يذكر أن هذه آخر غزوة غزاها الرسول صلى الله عليه وسلم [3].

(1) ابن خلدون، تاريخ، مج 2، ص 810 - 815؛ ابن سعد، الطبقات، ج 1، ق 2، ص ص 108 - 113؛ الطبري، تاريخ، ج 3، ص ص 70 - 72.

(2) ابن خلدون، تاريخ، مج 2، ص ص 815 - 819؛ الواقدي، المغازي، ج 3، ص 922 - 138؛ الطبري، تاريخ، ج 3، ص ص 82 - 85.

(3) ابن خلدون، تاريخ، مج 2، ص ص 819 - 822؛ الواقدي، المغازي، ج 3، ص ص 989 -

كما أفرد ابن خلدون بعدها حيزاً للحديث عن الوفود التي أتت إلى الرسول صلى الله عليه وسلم تعلن اسلامها بعد أن أسلمت قريش حتى سمي عامها بعام الوفود، وذكر أن أول وفد كان بعد تبوك وفد بني تميم، ثم بدأ يذكر الوفود الأخرى، وكان يهتم بذكر أسماء الوفود وما يدور بينهم وبين الرسول صلى الله عليه وسلم وما يقدمه الرسول صلى الله عليه وسلم للوفود عند مغادرتهم من هدايا وجوائز [(1)].

انتقل ابن خلدون بعد ذلك بحديثه إلى تفاصيل أحداث حجة الوداع وذكر أنها كانت في خمس ليالٍ بقين من ذي القعدة من العام العاشر ومعه المسلمون ومائة من الابل هدايا، ويذكر حج الرسول صلى الله عليه وسلم وخطبته يوم عرفة بالناس، ثم يذكر أن هذه الحجة تسمى **حجة البلاغ وحجة الوداع**،لأنه لم يحج بعدها رسول الله صلى الله عليه وسلم، ثم يذكر انصرافه عن مكة المكرمة [(2)].

بعدها تناول ابن خلدون مسائل تنظيمية في إدارة الرسول صلى الله عليه وسلم، ومنها إرسال الرسول صلى الله عليه وسلم العمال إلى النواحي والبلاد الخاضعة للدولة الإسلامية الفتية، وخاصةً اليمن بعد موت باذان عامل كسرى عليها الذي أسلم وأبقاه الرسول صلى الله عليه وسلم على ما بيده من مناطق ولم يشرك معه أحداً حتى مات، والرسول صلى الله عليه وسلم منصرف من حجة الوداع، فقسّم عمله على جماعة من الصحابة، ويذكر ابن خلدون اسم الصحابي واسم المكان الذي ولي عليها [(3)].

تكلم ابن خلدون أيضاً بالتفصيل عن أخبار مدعي النبوة مسيلمة الكذاب وغيره، وذكر أنه ما أن سمع خبر مرض النبي محمد صلى الله عليه وسلم إلاّ ووثب الأسود ومسيلمة وطليحة، وكل واحد منهم يدعي النبوة، ثم يذكر موقف الرسول صلى الله عليه وسلم منهم، وأنه بعث

1025؛ ابن الأثير، الكامل في التاريخ، مج 2، ص ص 149، 153.

(1) ابن خلدون، تاريخ، مج 2، ص ص 824 - 839؛ ابن هشام، السيرة، ج 4، ص 152؛ الذهبي، سِيَرْ أعلام النبلاء، مج 2، ص ص 107 - 112.

(2) ابن خلدون، تاريخ، مج 2، ص ص 839 - 841؛ الواقدي، المغازي، ج 3، ص ص 1088 - 1115؛ الذهبي، سير أعلام النبلاء، مج 2، ص ص 107 - 112؛ ابن سيد الناس، عيون الأثر، ج 2، ص 345.

(3) ابن خلدون، تاريخ، مج 2، ص ص 843 - 844؛ الطبري، تاريخ، ج 3، ص 227؛ ابن الأثير، الكامل في التاريخ، مج 2، ص 210.

إليهم بالرسل والكتب إلى عماله ومن ثبت على الإسلام من قومهم أن يعاهدوهم، وذكر أن نهاية العنسي كانت قبل وفاة الرسول صلى الله عليه وسلم بيوم واحد، ثم ذكر جواب الرسول صلى الله عليه وسلم لمسيلمة ودعائه على طليحة، وما كان منهم بعد وفاته صلى الله عليه وسلم [1].

وكان ابن خلدون قد تناول بالحديث خبر بعث أسامة بن زيد بن حارثة وأنه كان بعد حجة الوداع، حيث أعدّ الرسولصلى الله عليه وسلمالجيش الذي ضمَّ أغلب الصحابة الكبار وأمّر عليهم أسامة، وكيف تقوّل الناس في إمارته ورد الرسول صلى الله عليه وسلم عليهم، ثم يذكر أن الرسول صلى الله عليه وسلم توفي قبل توجه اسامة إلى وجهته التي حددها له الرسول صلى الله عليه وسلم [2].

ز - ذكر مرض الرسول صلى الله عليه وسلم ووفاته صلى الله عليه وسلم وخبر اجتماع سقيفة بني ساعدة:

خصص ابن خلدون القسم الأخير من الجزء الخاص بالسيرة النبوية للحديث عن مرض الرسول صلى الله عليه وسلم الذي توفي من جرائه، وكيف استأذن نساءه للبقاء في بيت عائشة زوجته - رضي الله عنها - فأَذِنَّ له، ثم يصف لنا خروج الرسول صلى الله عليه وسلم على الناس وأنه خطبَ فيهم وأوضح لهم كيفية تغسيله بعد وفاته صلى الله عليه وسلم، ثم الصلاة عليه بعد صلاة الملائكة ثم أهل بيته، ويذكر وصية الرسول صلى الله عليه وسلم للمسلمين في الأنصار، ثم يذكر ثقل الوجع بالرسول صلى الله عليه وسلم وأنه أمر أبا بكر رضي اله عنه أن يُصلي بالمسلمين، ثم يصف لنا حال الرسول صلى الله عليه وسلم وخروجه للصلاة إلى جانب أبي بكر رضي اله عنه، واستمر ابن خلدون يورد تفاصيل مرض الرسول صلى الله عليه وسلم واللحظات الأخيرة ووفاته صلى الله عليه وسلم، ثم أورد لنا حال المسلمين بعد إعلان وفاة الرسول صلى الله عليه وسلم وما قاله عمر بن الخطاب رضي اله عنه، ثم حضور أبي بكر رضي اله عنه ودخوله على النبي صلى الله عليه وسلم وكيف قبّله، ثمّ خروجه إلى المسلمين وخطب فيهم، ثم قرأ آيات من القرآن الكريم [3].

---

(1) ابن خلدون، تاريخ، مج 2، ص ص 844 - 846، ص ص 847 - 848؛ الطبري، تاريخ، ج 3، ص ص 281 - 301؛ الذهبي، سير اعلام النبلاء، مج 2، ص ص 233، 238، 242.

(2) ابن خلدون، تاريخ، مج 2، ص ص 846 - 847؛ ابن سعد، الطبقات، ج 1، ق 2، ص 136؛ ابن الأثير، الكامل في التاريخ، ج 2، ص 199؛ الذهبي، سير أعلام النبلاء، مج 2، ص 235.

(3) ابن خلدون، تاريخ، مج 2، ص ص 848 - 853؛ الواقدي، المغازي، ج 3، ص ص 1119

كما أورد لنا ابن خلدون خبر اجتماع الأنصار في سقيفة بني ساعدة وما حصل هناك، وانطلاق أبي بكر وعمر رضي الله عنهم مع جماعة من المهاجرين إليهم، ثم يعود بعد ذلك إلى ذكر كيفية غسل الرسول صلى الله عليه وسلم وتكفينه وصلاة المسلمين عليه ومكان دفنه صلى الله عليه وسلم، بعدها رجع إلى أخبار السقيفة وما حدث بين الأنصار والمهاجرين وكلٌ يدافع عن موقفه، ويريد خلافة رسول الله صلى الله عليه وسلم، ثم يذكر الملاحاة بين عمر رضي اله عنه وبين المنذر بن الحباب من الأنصار حتى قام بشير بن سعد من الخزرج وذكر حق قريش، ثم ذكر ابن خلدون مبايعة أبي بكر من قبل الأوس، ثم مبايعة الناس له، ثم يذكر موقف سعد بن عبادة من هذه البيعة ومقاطعته للمسلمين، ويورد لنا ما ذُكر بشأنه وكيف مات ويستشهد ببيتين من الشعر قيلت في موته [1].

بعد أن عرضنا هيكلية السيرة النبوية عند ابن خلدون، لا بد لنا من استعراض هيكليات السيرة عند بعض الروّاد الأوائل، للإطلاع على أوجه الشبه والاختلاف - على الرغم من التفاوت الزمني - فيما بين هيكليات السيرة عندهم وعند ابن خلدون، وذلك لأن مؤلفات هؤلاء الروّاد كانت تمثل المصادر الرئيسية لابن خلدون وهو يقوم بتدوين مباحث السيرة النبوية في كتابه **(العبر)**.

2ـ مقارنة بين هيكلية السيرة النبوية عند ابن خلدون مع ثلاثة من الروّاد الأوائل (ابن اسحاق، والواقدي، وابن سعد):

ليتسنى لنا فهم واستيعاب أبعاد بناء هيكلية السيرة النبوية عند ابن خلدون لا بد لنا من إجراء مقارنة علمية بين ثلاثة من الروّاد الأوائل تخصصوا في تدوين السيرة النبوية، اعتمد عليهم ابن خلدون في تدوين أحداث السيرة النبوية الشريفة للنبي محمد صلى الله عليه وسلم وهم: ابن اسحاق، والواقدي، وابن سعد.

- 1120؛ اليعقوبي، تاريخ اليعقوبي، ج 2، ص ص 76 - 79.

(1) ابن خلدون، تاريخ، مج 2، ص ص 853 - 855؛ الطبري، تاريخ الطبري، ج 3، ص ص 218 - 223.

أ - هيكلية السيرة عند ابن اسحاق:

تعد سيرة ابن اسحاق [1] من أقدم ما كُتب في هذا المضمار، حمل كتابه عنوان ((**المبتدأ والمبعث والمغازي**))، وهو مقسم على ثلاثة أقسام رئيسية وفقاً لعنوانه السابق، وينبغي الإشارة هنا، إلى أن هذه السيرة لم تصلنا كاملةً، وإنما وصلنا تهذيب لها من قبل محمد بن عبد الملك بن هشام، وعُرفت بـ (**سيرة ابن هشام**)، كما يمكننا العثور أيضاً على فقرات منها في (**تاريخ الطبري**) و(**تفسير ومستدرك الحاكم**) و(**أسد الغابة**) لابن الأثير، و(**الإصابة**) للحافظ ابن حجر، وقد اعتمد المؤرخون والباحثون المختصون بالسيرة النبوية على ما جاء به ابن اسحاق من خلال كتاب ابن هشام وهذه الكتب [2]. وبين أيدينا الآن جزء من سيرة ابن إسحاق [3]، ربما يوازي حجمه ثلث الكتاب الكامل.

في الجزء الأول المعنون (**المبتدأ**) تحدث ابن اسحاق عن تاريخ الرسالات السماوية التي سبقت الإسلام، منذ بداية خلق العالم وحتى مبعث السيد المسيح عليه السلام، واستخدم ابن اسحاق الحوليات، مستنداً في معلوماته على روايات وهب بن منبه [4]، وابن عباس، وكتابات اليهود والنصارى، واعتمد في ذكر أخبار

---

(1) ألفها أوائل أيام العباسيين، يروى أن ابن اسحاق دخل يوماً على المنصور وبين يديه ابنه المهدي، فقال له المنصور: أتعرف هذا يا ابن اسحاق؟ قال: نعم، هذا ابن أمير المؤمنين، فقال: اذهب فصنف له كتاباً منذ خلق الله آدم عليه السلام إلى يومك هذا، فذهب ابن اسحاق فصنّف له الكتاب وأتاه به، فلما رآه، قال: لقد طولته يا ابن اسحاق فاذهب فاختصره، فاختصره، وألقى الكتاب الكبير في خزانة الخليفة. ابن اسحاق، المغازي، مقدمة الكتاب، عن: محمد حميد الله، ص كج.

(2) مستو، مناهج التأليف، ص 257.

(3) عثر على قطع من أصل كتاب ابن اسحاق في فاس ودمشق، وحققها وعلّق عليها الأستاذ محمد حميد الله، وطبعت أكثر من مرة، وفي أكثر من مكان، منها في الرباط عام 1976، وفي تركيا عام 1981.

(4) **وهب بن منبه:** يعد من التابعين، من بلاد اليمن،من أصل فارسي، ولد عام (34هـ - 654م)، ويُعرف وهب في المصادر بأنه ثقة، ولكن لم يقبل الرواة على الأخذ عنه إلاّ في النادر، بخلاف غيره من تابعي المدينة المنورة، لأنه يختلف عنهم، فهو يُعنى عناية خاصة بأحاديث

عاد وثمود على ما جاء في القرآن الكريم، وذكر أقواماً أخرى لم تذكر في القرآن الكريم، وهذا الفصل أعرض عن كتابته ابن هشام في تهذيبه الذي وصل إلينا [1].

كما تناول ابن إسحاق في كتاب **المبتدأ** أيضاً، أخبار اليمن قبل الإسلام، معتمداً على ما ورد في القرآن الكريم من أخبار تتعلق بها [2]، ومثلت الفصل الثاني من المبتدأ، وورد ذكرها عند ابن هشام، والطبري [3].

في حين تحدث عن القبائل العربية وعاداتها وتقاليدها وعبادتها للأصنام [4] في الفصل الثالث، وانتقل بعد ذلك في الفصل الأخير للحديث عن تاريخ مكة والديانات التي كانت فيها، كما تحدث عن نسب الرسول صلى الله عليه وسلم وذكر أجداده المباشرين [5].

خصص ابن إسحاق، الجزء الثاني من كتابه والمعنون (**المبعث**) لحياة الرسول صلى الله عليه وسلم في مكة المكرمة، وهجرته إلى المدينة المنورة، وأخبار السنة الأولى من الهجرة، وانفرد عن باقي كتّاب المغازي الأوائل بذكر **وثيقة المدينة** التي كتبت بين الرسول صلى الله عليه وسلم وبين سكان المدينة [6]. وأورد ابن اسحاق (ثبتاً) بأسماء أول من أسلم من المسلمين، أو المسلمين المهاجرين إلى الحبشة، وأول من أسلم من الأنصار، وأول من بايع الرسول صلى الله عليه وسلم في بيعتي العقبة الأولى والثانية، وثبتاً آخر بأسماء المهاجرين والأنصار الذين تلقوهم في المدينة المنورة، إضافةً إلى ثبت يضم أسماء المهاجرين والأنصار الذين آخى بينهم الرسول صلى الله عليه وسلم [7].

أهل الكتاب، ويعتبر وهب من الثقاة المعتمدين في قصص الأنبياء. يوسف هوروفتس، المغازي الأولى ومؤلفوها، ترجمة: حسين نصار، مكتبة المصطفى الحلبي وأولاده، ج 1، (مصر: 1949 م)، ص ص 27 - 36.

(1) هوروفيتس، المغازي الأولى، ص 84.

(2) (قصة أصحاب الأخدود)، سورة البروج، الآية (4).

(3) ابن هشام، السيرة، ج 1، ص ص 12 - 64؛ الطبري، تاريخ، ج 1، ص ص 901 - 958.

(4) ابن هشام، السيرة، ج 1، ص ص 78 - 93.

(5) ابن هشام، المصدر نفسه، ج 1، ص ص 93 - 166.

(6) ابن هشام، المصدر نفسه، ج 2، ص 106.

(7) هوروفيتس، المغازي الأولى، ص ص 85 - 86.

خصص الجزء الثالث من كتاب ابن إسحاق (**المغازي**)، للحديث عن مغازي رسول الله صلى الله عليه وسلم سواء التي قادها الرسول بنفسه صلى الله عليه وسلم أو التي أمّر عليها غيره، والتي تعرف بالبعوث والسرايا، ثم تعرض لذكر ووصف المجتمع الإسلامي في دولة المدينة المنورة، لينتهي بالحديث عن مرض الرسول صلى الله عليه وسلم ووفاته [1].

استقى ابن إسحاق معلوماته هذه ممن تتلمذ على يديهم ومنهم: أبو شهاب محمد بن مسلم الزهري، وعاصم بن عمر، وعبد الله بن أبي بكر، الذي تعلم منه النظام الحولي في ذكر الأحداث والوقائع، إضافة إلى نقله الأخبار من أقارب الرجال والنساء الذين شاركوا في الأحداث [2].

وبالطريقة نفسها عاد ابن إسحاق ليورد ثبوتاً كثيرة بأسماء المشاركين في المغازي من المسلمين والمشركين، وبأسماء شهداء المسلمين وقتلى وأسرى المشركين، وأورد ثبوتاً بأسماء المسلمين العائدين من الحبشة، وأورد هذه الثبوت ابن هشام أيضاً [3].

ب - هيكلية السيرة عند الواقدي:

من الكتب المهمة التي لا بد لكاتب السيرة النبوية أن يعتمد عليها بما فيهم ابن خلدون، كتاب **المغازي** للواقدي [4]، والذي يُستدل من عنوانه على أنه اختص بجزء محدد من السيرة وليس كلها، أعني بها المرحلة المدنية من السيرة الشريفة، باعتبار أن غزوات الرسول محمد صلى الله عليه وسلم وقعت أحداثها ضمن نطاق هذه المرحلة.

ابتدأ الواقدي في الجزء الأول من كتابه **المغازي**، بذكر مقدم الرسول صلى الله عليه وسلم

(1) مستو، مناهج التأليف، ص 259.
(2) هوروفتس، المغازي الأولى، ص 86.
(3) ابن هشام، السيرة، ج 2، ص 222؛ ج 3، ص ص 59 - 63، 155 - 156؛ ج 4، ص ص 1 - 12.

(4) **الواقدي**: عُرف الواقدي بغزارة علمه بالمغازي والمشاهد، وفي زيارة الخليفة العباسي هارون الرشيد ووزيره يحيى البرمكي إلى المدينة المنورة أثناء الحج، طلبا أن يدلهما على المشاهد وقبور الشهداء، فدلوهما على الواقدي، الذي لم يدع موضعاً، ولا مشهداً إلاّ أراهما إياه. ابن سعد، الطبقات الكبير، ج 5، ص 315.

إلى المدينة المنورة يوم الاثنين لاثنتي عشرة مضت من شهر ربيع الأول، ثم بدأ بذكر بعوث وسرايا وغزوات الرسول صلى الله عليه وسلم مبتدئاً بذكر سرية حمزة بن عبد المطلب رضي اله عنه في شهر رمضان على رأس سبعة أشهر من هجرة النبي صلى الله عليه وسلم ومنتهياً بذكر أخبار غزوة المريسع، وأنها كانت في عام خمسة للهجرة [1].

ثم استهل الجزء الثاني من كتابه بذكر خبر عبد الله بن أُبيّ وما قاله - بعد أن اختصم سنان الجُهني من الأنصار مع جهجاه الغفاري أجير عمر بن الخطاب رضي اله عنه حول دلو الماء على (بئرالمريسع) - فقال ابن أبي: ((.. والله لئن رجعنا إلى المدينة لَيُخْرِجَنَّ الأعزُ منها الأذلَّ..)) ثم يكمل حديثه إلى نهاية الخبر ليكمل جزئيات غزوة المريسع، ويذكر عائشة - رضي الله عنها - وأصحاب الإفك، بعدها ينتقل بحديثه لإكمال غزوات رسول الله صلى الله عليه وسلم وسراياه مبتدأً بذكر غزوة الخندق ومنتهياً بذكر غزوة الفتح (فتح مكة)، ذاكراً سبب الغزوة وأحداثها وما كان من شأن هدم أصنام قريش، وبقاء الرسول صلى الله عليه وسلم في مكة خمس عشرة ليلة [2].

وفي الجزء الثالث من الكتاب أكمل الواقدي الحديث بِشأن هدم بقية الأصنام ومنها العزى، بعدها ذكر من استشهد من المسلمين يوم الفتح، ثم بدأ حديثه عن بقية غزوات الرسول صلى الله عليه وسلم وسراياه فابتدأ بذكر غزوة بني جذيمة بقيادة خالد بن الوليد ثم غزوة حنين، واستمر بإيراد بقية الغزوات وآخرها غزوة أسامة بن زيد في خلافة أبي بكر رضي اله عنه، فقد هيأ رسول الله صلى الله عليه وسلم قبل أن يمرض ويتوفى، جيش الغزوة وحدد وجهته وأمّر عليه أُسامة بن زيد [3].

وثمة مجموعة من الملاحظات التي يمكن تأشيرها على هيكلية كتاب **السيرة** عند الواقدي، ولعل من أهمها التزامه بخط ثابت في طريقة عرضه لموضوعاته، فهو يذكر الغزوة ثم يذكر تاريخها في الخروج من المدينة المنورة والعودة إليها، ويتعرض لأخبار الغزوة التي تكون خبراً رئيسياً واحداً مكوناً من

(1) الواقدي، المغازي، ج 1، ص ص 404 - 413.
(2) الواقدي، المغازي، تحقيق: مارسدن جونس، ج 2، دار المعارف، (القاهرة: 1965 م)، الجزء بأكمله.
(3) الواقدي، المغازي، تحقيق: مارسدن جونس، ج 3، دار المعارف، (القاهرة: 1966 م)، الجزء بأكمله.

العديد من الروايات، إضافة إلى ما جمعه الواقدي نفسه من الأخبار الخاصة بالموضوع، ثم أنه يذكر من ينوب عن النبي صلى الله عليه وسلم في المدينة المنورة عند خروجه في غزواته، واللواء الذي يعقده الرسول صلى الله عليه وسلم للحرب ولمن يعطيه ولونه، وكذلك يذكر شعار المسلمين في الغزوات.

دعّم الواقدي ما أورده من أخبار وأحداث بالآيات القرآنية الكريمة، كذلك أورد بعض الأبيات الشعرية التي تخص الموضوع الذي يطرحه، ونظّم الواقدي ثبوتاً بأسماء الذين استشهدوا في تلك الغزوات، ومن قتل وأسر في تلك الغزوات من المشركين [1].

ج - هيكلية السيرة عند ابن سعد:

اختط محمد بن سعد [2] لنفسه خطاً مغايراً لشيخه الواقدي في تدوين السيرة النبوية الشريفة في كتابه المعنون (**الطبقات الكبير**).. وكان قد قسّمه على عدة أجزاء، وكل جزء يتضمن قسمين.

تناول ابن سعد في القسم الأول من الجزء الأول من كتابه بفصل تمهيدي تاريخ الرسل والأنبياء السابقين، ثم انتقل بعد ذلك لتفصيل الحديث عن أجداد النبي محمد صلى الله عليه وسلم، بعدها ذكر أبويه، وولادته وسيرته قبل البعثة صلى الله عليه وسلم، ثم ذكر علامات النبوة قبل نزول الوحي، وعلاماتها بعد نزول الوحي، ثم فصّل بعد ذلك في الحوادث التي واجهت الرسول صلى الله عليه وسلم ومن معه من مبعثه إلى هجرته إلى المدينة المنورة.

في القسم الثاني من الجزء الأول تحدث ابن سعد عن أعمال الرسول صلى الله عليه وسلم وتنظيماته في المدينة المنورة، وما نزل من العبادات مثل فرض صيام شهر رمضان وزكاة الفطر وصلاة العيدين والأضحية، كما ذكر (الصُفّة) وأصحابها[3]، وفي هذا

(1) هوروفيتس، المغازي الأولى، ص ص 122 - 123.

(2) هو تلميذ الواقدي وكاتبه، يتألف كتابه (**الطبقات الكبير**) من ثمانية أجزاء، خصص الجزآن الأولان لسيرة النبي محمد صلى الله عليه وسلم ومغازيه، في حين خصص الأجزاء الستة الأخرى لأخبار الصحابة والتابعين مُرتبة حسب الأمصار الإسلامية. سالم، التاريخ والمؤرخون، ص 1.

(3) " ناس من أصحاب رسول الله صلى الله عليه وسلم لا منازل لهم، فكانوا ينامون في المسجد، ويعيشون على ما

القسم أيضاً ذكر إرسال الرسل من قبل النبي صلى الله عليه وسلم، وكذلك ذكر الوفود العربية التي قدمت إليه [1].

ومما ميّز سيرة ابن سعد تركيزه على إبراز وتجسيم الجوانب الشخصية الخاصة بالنبي محمد صلى الله عليه وسلم، وكل ما يتعلق بها، من خصائصه الأخلاقية وممتلكاته الشخصية وطريقة حياته.

خصص ابن سعد القسم الأول من الجزء الثاني من كتابه لغزوات النبي محمد صلى الله عليه وسلم وسراياه، فذكر عددهم، ثم ابتدأ بالحديث عنهم بسرية حمزة وأنهى حديثه بسرية أسامة بن زيد بن حارثة، بينما برزت في القسم الثاني من هذا الجزء تفاصيل للأحداث الأخيرة من السيرة النبوية منها مرض النبي صلى الله عليه وسلم، ووفاته، ودفنه، وميراثه، وذكر من رثى النبي صلى الله عليه وسلم، وختم حديثه عن سيرة النبي صلى الله عليه وسلم بهذه الجملة (**آخر خبر النبي** صلى الله عليه وسلم)، بعدها بدأ حديثه عن أبرز فقهاء المدينة ومن كان يفتي فيها، وهو المدخل إلى الطبقات وليس له علاقة مباشرة بسيرة الرسول صلى الله عليه وسلم [2].

تجدر الإشارة إلى أهمية ما أورده ابن سعد في باقي أجزاء كتابه من معلومات لا تقل أهمية عن سابقتها، فقد تناول في الأجزاء الأخرى صحابة رسول الله صلى الله عليه وسلم وهي بما حوتها من معلومات تكملة غنية لسيرة النبي صلى الله عليه وسلم، لأنها تشير إلى أصحابه من الرجال والنساء ممن أشتركوا في حياة الرسول صلى الله عليه وسلم الخاصة والعامة أو من الذين رووا الحديث ولم يكتفِ بذلك بل ذكر أخبار التابعين ممن ليس لهم صلة مباشرة مع الرسول صلى الله عليه وسلم.

وتميزت السيرة عند ابن سعد بوجود فصل عن أخلاق النبي صلى الله عليه وسلم وخصوصياته، وحياته الشخصية، وعاداته، وهذا فتح الباب أمام دراسات اهتمت بهذا الجانب من حياة النبي صلى الله عليه وسلم، وظهرت باسم (**الشمائل**)، أما إفراد ابن سعد فصولاً مرتبة في كتابه اهتمت بذكر علامات ودلائل النبوة قبل نزول الوحي على النبي صلى الله عليه وسلم وبعد نزوله إليه، فكان سبباً لظهور دراسات فيما بعد اهتمت بهذا الجانب عُرفت

يقدمه رسول الله صلى الله عليه وسلم وأصحابه لهم ". ابن سعد، الطبقات، ج 1، ق 2، ص ص 13 - 14.

(1) ابن سعد، الطبقات الكبير، ج 1، ق 1، الجزء بأكمله.

(2) ابن سعد، المصدر نفسه، ج 2، ق 1، الجزء بأكمله.

بكتب (الدلائل) [1].

بعد عرض هيكليات السيرة عند كل من ابن خلدون، وابن إسحاق، والواقدي، وابن سعد، يمكننا أن نتلمس مجموعة من نقاط التشابه والخلاف فيما بينهم، مع الأخذ بنظر الاعتبار اختلافهم في مناهج كتابتهم، والفارق الزمني بينهم.

لعل أهم وأول نقطة تشابه جمعت بينهم، هي جوهر الموضوع الـذي كتبـوا فيـه، (**سيرة النبي محمد** صلى الله عليه وسلم)،التي تمثل جزءاً مهماً من تاريخ الأمة الإسلامية، باعتبارها موضوعـاً ثابتاً لا يتغير بتغير الزمن ومناهج الكتاب، المحدثين منهم والمؤرخين.

أبدى كلٌّ من ابن إسحاق وابن خلدون اهتمامهما بذكر الأخبار مـن بـدء الخليقـة في حين اختلف كل من الواقدي وابن سعد في عدم التطرق لهذه الأخبار.

تطرق ابن خلدون إلى نسب الرسول صلى الله عليه وسلم وذكر أجداده كمـا فعـل ابـن إسحاق، أما الواقدي فلم يورد أي ذكر عنهم، وخصهم ابن سعد بالذكر بشكل بسيط ومختصـر ـ عـن طريق تتبع سلسلة الأنبياء وصولاً إلى نسب الرسول صلى الله عليه وسلم.

شكّلت حياة الرسول صلى الله عليه وسلم قبل النبوة مادة هامة عند كل مـن ابـن إسـحاق، وابن سعد، وابن خلدون، فقدّموا عنها تفصيلات عن ولادته وأبرز أحداث حياتـه وزواجـه بـأم المؤمنين خديجـة بنت خويلـد إلى نزول الوحي والبعثـة، وأخبار المرحلة المكيـة، وخالفهم الواقـدي بـذلك فلـم يتطرق لذكر هذه الأحداث.

اتفق الجميع (ابن إسحاق، والواقدي، وابن سعد، وابن خلدون) على إيراد تفاصيل مهمة عن كل مجريات أحداث هجرة الرسول صلى الله عليه وسلم إلى المدينة المنورة، وكل غزواتـه وسـراياه، وكل انجازاته الأخرى لبناء نواة الدولة الإسلامية، وانفرد ابن إسحاق عنهـم بإيـراد (**وثيقـة المدينة**) وهي" نص الكتاب الذي كتبه رسول الله صلى الله عليه وسلم بين المهاجرين والأنصار " الـذي وادع فيـه يهود وعاهدهم "، وكذا الحال في غزوات الرسول صلى الله عليه وسلم، فقـد انفـرد الواقـدي في إيـراد تفصيلات متميزة ومنظمة عنها ميّزته عن غيره.

من المفيد الإشارة إلى استطراد كـلٍّ مـن ابـن إسـحاق، والواقـدي، وابـن سـعد، في إيـراد كل جزئيات أحداث السيرة النبوية، وذكر تفصيلاتها، في حين ذكرها ابن

---

(1) هوروفيتس، المغازي الأولى، ص 128؛ مستو، مناهج التأليف، ص 308.

خلدون في شيء من الإيجاز والاختصار، دون الدخول في جزئيات الأحداث ومفاصلها.

تميز ابن سعد عن (ابن إسحاق، والواقدي، وابن خلدون) بذكره دلائـل وشـمائل نبـوة النبـي محمد صلى الله عليه وسلم.

التزم ابن اسحاق وابن سعد وابن خلدون في كتابتهم للسيرة النبوية بخـط سـير ثابـت، تمثـل بذكر نسب الرسول صلى الله عليه وسلم ومبتـدأ حياتـه، ومبعثـه، ومغازيـه، وشـذّ الواقـدي عـن ذلـك واختص بذكر مقدم الرسول صلى الله عليه وسلم المدينة، وذكر مغازيه فقـط.

ثالثا: منهجية ابن خلدون في تدوين السيرة النبوية

يمكننا من خلال ملاحظة الهيكلية التي اتبعها ابن خلدون، تحديد ملامح منهجية خاصة به، سار عليها خلال تدوينه للسيرة النبوية، تمثلت في عدة أمور منها:

1 - تعامله مع المصادر وكيفية ذكرها:

اعتمد ابن خلدون على مؤهله العلمي وخزينه المعرفي وإطلاعه الواسع على المصادر والمؤلفات المختلفة في كتابة السيرة النبوية، يستطيع المؤرخون تلمس ذلك بوضوح ولو لم يصرح ابن خلدون بالمصدر الذي اعتمده فإنه يشعر المتخصص المتتبع أنه أمام معلومة موثقة ترجع في أصولها إلى مؤرخين ومحدثين ورواة وأخباريين بذلوا كل ما يستطيعون من أجل الحصول على أدق وأوثق المعلومات وأصدقها، لكتابتها وعرضها في بطون كتبهم التي أصبحت فيما بعد مصدراً مهماً وأساسياً لكل من يروم تدوين السيرة إلى يومنا هذا.

مع ذلك تلمست طرقاً مختلفة اعتمدها ابن خلدون في تعامله مع المصادر منها:

- عدم ذكر المصدر: في كثير من الأحيان يعمد ابن خلدون إلى سرد الوقائع التاريخية واحدةً تلوَ الأخرى دون أن يذكر المصدر الذي اعتمد عليه في استقاء تلك المعلومات والأخبار التي دوّنها، وغدت هذه الطريقة سمة غالبة على معظم ما كتبه، بقدر تعلق الأمر بموضوع السيرة، وفيما يأتي مثال على ذلك، وهو ذكره مولد النبي محمد صلى الله عليه وسلم، ((.. ثم ولد رسول الله صلى الله عليه وسلم عام الفيل لاثنتي عشرة ليلةً خلت من ربيع الأول. وكان عبد الله أبوه غائباً بالشام، وانصرف فهلك بالمدينة، وولد سيدنا رسول الله صلى الله عليه وسلم بعد مهلكه بأشهر قلائل، وقيل غير ذلك..)) [1].

---

(1) ابن خلدون، تاريخ، مج 2، ص 710؛ ابن اسحاق، السيرة، ص 25؛ ابن هشام، السيرة، ج 1، ص 146.

- الإحالة إلى مصدر آخر دون ذكر اسمه:

في بعض الأحيان يلجأ ابن خلدون إلى اعتماد الاختصار في ذكر الوقائع التاريخية، فيذكر حادثة رئيسية أما فرعياتها وجزئياتها فيعمد إلى الاكتفاء بالتلميح إليها وإحالة القارئ إلى المصادر التي أوردتها، منها على سبيل المثال، ذكره وقائع غزوة بني المصطلق، فقد ألمح إلى حادثة الإفك التي حدثت مع أم المؤمنين عائشة - رضي الله عنها -، واكتفى بذكر المصادر التي أوردتها دون ذكر تفاصيل الحادثة، فقال: ((.. قال أهل الأفك ما قالوا في شأن عائشة مما لا حاجة لنا إلى ذكره، وهو معروف في كتب السِيَر..)) [1].

- ذكره مصدراً واحداً:

في بعض الأحيان يعمد ابن خلدون إلى الإشارة إلى مصدر المعلومة التاريخية التي أخذها، بتقديم ذكر مصدرها قبل الحديث عنها، على سبيل المثال يقول: قال ابن إسحاق، يروي ابن إسحاق، قال الواقدي، قال الطبري، وهكذا، وفي أحيان أخرى يذكر الحادثة التاريخية، ثم يدعمها بذكر المصدر الذي استقى منه معلوماته عن تلك الحادثة فيقول على سبيل المثال: ((.. ثم صرفت القبلة عن بيت المقدس، إلى الكعبة، على رأس سبعة عشر شهراً من مقدمه المدينة، خطب بذلك على المنبر، وسمعه بعض الأنصار، فقام فصلى ركعتين إلى الكعبة، قاله ابن حزم)) [2].

- ذكره مصدرين أو أكثر:

أثناء عرض ابن خلدون لموضوع ما، وردت فيه آراء مختلفة يلجأ إلى محاولة واضحة لتوثيق تلك المعلومات، بذكر المصادر التي اعتمدها، والآراء المختلفة حولها، على سبيل المثال ذكره لحادثة الإسراء على النحو الآتي: ((.. قال

---

(1) ابن خلدون، تاريخ، ص 783؛ ابن سعد، الطبقات، ج 2، ق1، ص 46؛ الواقدي، المغازي، ج 2، ص 426.

(2) ابن خلدون، تاريخ، مج 2، ص 710؛ ابن إسحاق، المغازي، ص 277؛ ابن هشام، السيرة، ج 2، ص 181.

ابن حزم: ثم كان الإسراء إلى بيت المقدس [1]، ثم إلى السماوات، ولقي مَنْ لقي مِنَ الأنبياء، ورأى جنة المأوى وَسِدْرَةَ المنتهى في السماء السادسة، وفرضت الصلاة في تلك الليلة..))، وعند الطبري: ((.. الإسراء وفرض الصلاة كان أول الوحي..)) [2]، وهو بذلك أورد رأيين متضاربين حول حادثة معينة لمصدرين مختلفين، وأمثلة ذلك كثيرة فيما يخص السيرة.

2 - طريقة عرضه لمفردات السيرة:

أظهر ابن خلدون إحاطة شاملة وواسعة بأحداث السيرة النبوية، وقام بتجسيد مراحلها وفق سلسلة وثيقة العُرى لا يمكن فصم عراها أو تجزئتها، فجاءت موضوعاتها متسلسلة، أحداثها متماسكة ومترابطة، يكمل بعضها بعضاً، توضحت بمراحل حياة النبي محمد صلى الله عليه وسلم المختلفة.

يمكن ملاحظة مدى تأثر ابن خلدون في طريقة عرضه لموضوع السيرة، بمن سبقه من كتّاب السيرة، وخاصة بابن اسحاق في تقديمه لذكر الأوس والخزرج ثم قريش، ثمَّ نسب الرسول صلى الله عليه وسلم بعدها ولادته ومراحل حياته صلى الله عليه وسلم قبل البعثة، ثم انتقل إلى عرض سيرة الرسول صلى الله عليه وسلم بعد البعثة النبوية ونزول الوحي عليه، ثم استرسل في الحديث عن هجرته إلى المدينة المنورة، وبدأ بذكر مغازيه صلى الله عليه وسلم منتهياً بحديثه عن وفاة الرسول صلى الله عليه وسلم، مراعياً التنظيم في ذكر احداثها، هذا العرض يشابه إلى حد ما ما كتبه ابن اسحاق في كتابه **(المبتدأ والمبعث والمغازي)**، كما نجد تأثيراً واضحاً لكتب المغازي عند حديثه عن غزوات الرسول صلى الله عليه وسلم وبعوثه، ويمكننا إدراج مجموعة من الملاحظات حول طريقة عرض موضوع السيرة عند ابن خلدون على النحو الآتي:

- تحديد التاريخ:

دأب ابن خلدون - شأنه شأن بقية المؤرخين العرب والمسلمين – عند

(1) الإسراء عند ابن حزم بعد عودة الرسول من الطائف عندما عرض نفسه عليهم وعاد إلى مكة.

(2) ابن خلدون، تاريخ، مج 2، ص 727؛ ابن الأثير، الكامل في التاريخ، مج 2، ص 578.

عرضه لموضوع السيرة على ذكر تاريخ وقائعها وأحداثها، مثل تاريخ ولادته صلى الله عليه وسلم، وتواريخ الأحداث قبل البعثة النبوية، وتواريخ الأحداث قبل هجرته إلى المدينة، وكذلك الحال مع الغزوات والسرايا والحوادث المهمة الخاصة بالسيرة أو المتعلقة بها، ومنها على سبيل المثال قوله عن مولد الرسول صلى الله عليه وسلم: ((.. ثم ولد رسول الله صلى الله عليه وسلم عام الفيل لاثنتي عشرة ليلة خلت من ربيع الأول..)) [1]، وعن الوحي والبعثة، قال ابن خلدون: ((.. فكان يتزود للانفراد حتى جاء الوحي بحراء لأربعين سنة من مولده..)) [2]، وبعد الهجرة ارتبط ذكر الحوادث بهجرة النبي صلى الله عليه وسلم من مكة المكرمة إلى المدينة المنورة، ومن ذلك قوله عن غزوة الأبواء: ((.. ولما كان شهر صفر بعد مقدم النبي صلى الله عليه وسلم المدينة..)) [3]، وبهذه الطريقة أرّخ ابن خلدون لكل الحوادث المتعلقة بالسيرة أثناء عرضه لموضوعاتها.

- تحديد أسماء الأشخاص:

في الإطار ذاته أظهر ابن خلدون اهتماماً بذكر أسماء الأشخاص الذين لهم علاقة بالحدث الذي يدوّنه، مثلاً أورد أسماء أول من آمن بالرسول صلى الله عليه وسلم، وأسماء المهاجرين إلى الحبشة أو إلى المدينة المنورة، وأسماء من آخى بينهم الرسول صلى الله عليه وسلم من المهاجرين والأنصار، وعند ذكره لغزوات الرسول صلى الله عليه وسلم لا يغفل ذكر من ينوب عن الرسول صلى الله عليه وسلم، ومن يصلي بالمسلمين في المدينة المنورة، وفي الوقت نفسه يذكر من اشترك في الغزوة مع رسول الله صلى الله عليه وسلم كلٌّ حسب موقعه من الحدث، من ذلك ما ذكره ابن خلدون عن غزوة بدر الثانية فقال: ((... وخرج صلى الله عليه وسلم لثمان خلون من رمضان، واستخلف على الصلاة عمرو ابن أم مكتوم، وردَّ أبا لبابة من الروحاء، واستعمله على المدينة، ودفع اللواء إلى مُصعب بن عمير،ودفع إلى علي راية... وجعل على الساقة قيس بن أبي صَعْصَعَة من بني النجار، وراية الأنصار يومئذٍ مع سعد بن معاذ،...)) [4]، كذلك ذكر أسماء رسل الرسول صلى الله عليه وسلم إلى ملوك الأرض يومئذٍ

(1) ابن خلدون، تاريخ، مج 2، ص 710؛ ابن إسحاق، المغازي، ص 25.
(2) ابن خلدون، تاريخ، مج 2، ص 714؛ ابن اسحاق، المغازي، ص 101.
(3) ابن خلدون، تاريخ، مج 2، ص 744؛ ابن سعد، الطبقات، ج 2، ق 1، ص 3.
(4) ابن خلدون، تاريخ، مج 2، ص 749؛ ابن هشام، السيرة، ج 2، ص 182.

وشيوخ القبائل العربيـة وما إلى ذلك من الأسماء كلٌّ حسب دوره في الحدث الذي تناوله بالسيرة.

- تحديد الأنسـاب:

عُرِفَ العرب باهتمامهم بالأنساب وحرصوا على تلقينها أبناءَهم، وظهر النسابون في القبائل العربية، واهتم النـاس بهم لمعرفة نسبهـم وأصولهم التي كانوا يتفاخرون بالانتماء إليها والاعتزاز والمباهاة بها أمام القبائل الأخرى [1]، ومما زاد الاهتمام بها بعد ظهور الاسلام تأكيد الآيات القرآنية على أهمية صلة الأرحام منها قوله عز وجل: (يَسْأَلُونَكَ مَاذَا يُنْفِقُونَ قُلْ مَا أَنْفَقْتُمْ مِنْ خَيْرٍ فَلِلْوَالِدَيْنِ وَالْأَقْرَبِينَ) [2]، كما أكد رسول الله صلى الله عليه وسلم على الاهتمام بالأنساب منها قوله: ((.. **تعلموا من أنسابكم ما تصلون به أرحامكم...))** [3].

لم يختلف ابن خلـدون عن غيره ممن سبقه من المؤرخين في موضوع الأنساب وذكرها خـلال تدوينه لوقائع السيرة النبوية والتي أعمل جهـده لتوظيفهـا خـير توظيـف، لما في ذكـر الأنسـاب مـن مبعث للعز والشرف والمباهاة بين القبائل في تخليد الشخص، وقبيلته، بالعمل الذي قام به واشترك فيه مع رسول الله صلى الله عليه وسلم. وفي الوقت عينه يفيد ذكر الأنساب وتحديدها في منـع أي التبـاس قد ينشأ من تشابه الأسمـاء والشخصيات وذكر انسابهم يرفع هذا الالتباس.

وعليه نجد الاهتمام الواضح من قبل ابن خلدون في ذكر نسـب الرسول صلى الله عليه وسـلم وقبائل قريش والأوس والخزرج، وخلال عرضـه للسـيرة حـاول أن يـذكر أنسـاب كـل مـن ورد ذكـره في أحداثها تقريباً كما في المثال الآتي عن هجرة المسلمين إلى

(1) هاشم الملاح، ((**نظرية ابن خلدون ومنهجه في دراسة الأنساب**))، وقائع ندوة كتب الأنساب، مصدراً لكتابة التاريخ، منشورات المجمع العلمي العراقي، (بغداد: 2000 م)، ص 3.

(2) سورة البقرة، من الآية (215).

(3) ابن حزم، جمهرة أنساب العرب، ج 1، ص ص 2 - 3؛ محمد ناصر الألباني، صحيح الجامع الصغير وزيادته (الفتح الكبير)، مج 1، ط 3، المكتب الاسلامي، (بيروت: 1988 م)، ص 570.

المدينة فخرجوا: ((.. أرسالاً وأول من خرج أبو سلمة بن عبد الأسد.. ثم هاجر عامر بن ربيعة حليف بني عدي بامرأته ليلى بنت أبي خيثمة بن غانم، ثم هاجر جميع بني جحش من بني أسد بن خزيمة...)) [1].

- أعداد المشاركين في الأحداث:

لتوخي الدقة والأمانة العلمية اضطلع المؤرخون العرب والمسلمون في تحري أعداد القوات، والشهداء والقتلى والأسرى، وما إلى ذلك، أما أحداث السيرة فارتباطها وثيق بالأعداد، فيذكر المؤرخون أول من آمن بالاسلام وأعدادهم وأعداد من هاجر إلى الحبشة، وأعداد من شارك في الغزوات والبعوث والسرايا، وغير ذلك، ومن الأمثلة ما ذكره ابن خلدون في أعداد المهاجرين إلى الحبشة فقال: ((.. فهؤلاء الأحد عشر رجلاً كانوا أول من هاجر إلى أرض الحبشة.. وتتابع المسلمون في اللحاق بهم، يقال: إنَّ المهاجرين إلى أرض الحبشة بلغوا ثلاثة وثمانين رجلاً)) [2].

- تحديد الأماكن:

لم يهمل ابن خلدون وهو يدوّن السيرة النبوية، تحديد وذكر الأماكن التي وقعت فيها الأحداث التاريخية الخاصة بها، ومنها الأماكن التي هاجر إليها المسلمون، أو الأماكن التي قصدها الرسول صلى الله عليه وسلم لنشر الدعوة فيها، ثمَّ لم يغفل ذكر الأماكن التي دارت فيها رحى الغزوات والسرايا، خروجاً من المدينة المنورة وباتجاهات مختلفة من أجل نشر الإسلام ودحر الشرك، ومن الأمثلة التي أوردها ابن خلدون على تحديد الأماكن، ما ذكره عن وجهة بعث عبد الله بن جحش فقال: ((.. أن تمضي حتى تنزل نخلة بين مكة والطائف..)) [3].

---

(1) ابن خلدون، تاريخ، مج 2، ص ص 733 - 734؛ ابن سعد، الطبقات، ج 1، ق 1، ص 152.

(2) ابن خلدون، تاريخ، مج 2، ص 720؛ ابن إسحاق، المغازي، ص 154.

(3) ابن خلدون، تاريخ، مج 2، ص 746؛ الواقدي، المغازي، ج 1، ص 13.

3 ـ أسلوبه في تدوين السيرة:

تميز كل مؤرخ بأسلوب خاص به في كتابة وعرض الموضوعات المختلفة وبطبيعة الحال كان لابن خلدون بصمته الخاصة بالكتابة، وكتابة السيرة النبوية بشكل خاص، إذ كتبها بأسلوب السرد القصصي الذي تميز بالسهولة والوضوح والبساطة، مع تركيز واختصار في طرح بعض المواضيع،وميل واضح لعدم الإخلال بالمعنى العام أو تجاوز الثوابت الأساسية لأدوار السيرة النبوية، وقد وصف ابن خلدون أسلوب كتابته، فقال: ((.. سالكاً سبيل الاختصار والتلخيص، مقتدياً بالمرام السهل.. داخلاً من باب الأسباب على العموم إلى الأخبار عن الخصوص..)) [1].

وتميز أيضاً بالتفاوت في أسلوب الكتابة، فنجده تارةً يستخدم أسلوباً لغوياً قوياً ومرسلاً يرتفع في أحيان كثيرة إلى ذروة القوة البيانية المشوقة مبتعداً عن أسلوب التهويل وتضخيم الأمور، وفي أحيان أخرى نجده يكتب بأسلوب عادي مع إسهاب واستفاضة في سرد الموضوع، وأظهر قدرةً كبيرة على اقتباس النصوص ممن سبقه من المؤرخين، وتوظيفها بعدما أعاد صياغة وترتيب أفكارها، وأخرجها بمظهر جديد يتلاءم مع أسلوبه ومنهجيته التاريخية الخاصة به، فظهرت أحداث السيرة النبوية عند ابن خلدون وفق سياق مترابط لا يشوبه شيء إلاّ اهماله بعض الفرعيات والجزئيات من الأحداث الرئيسية دون المساس بالاطار العام للسيرة النبوية، كل هذه الأمور مكنتنا من تأشير مجموعة من الخصائص التي تميز بها أسلوبه في تدوين وعرض السيرة منها:

- الإيجاز والاختصار:

كتب ابن خلدون بعض أحداث السيرة بإيجاز واختصار وعمد إلى ذكر تفصيلاتها باقتضاب وتشذيب واضحين، تظهر في أحيان كثيرة حجم الجهد المبذول في ذلك، وقد يكون ذلك محاولة منه لتجاوز محاور الخلاف والجدل التي قد تثير البعض حوله، فيعمد إلى هذا الإيجاز وعدم التطرق إلى الموضوع بكامل جزئياته.

(1) ابن خلدون، المقدمة، ج 1، 356.

على أية حال، ومهما كان الغرض من ذلك، فإننا نجد محاولات كثيرة للاختزال في سرد بعض وقائع السيرة، منها اختصاره في ذكر غزوات الرسول صلى الله عليه وسلم، أو اختصاره في ذكر سرايا وبعوث الرسول صلى الله عليه وسلم، واختصاره في ذكر الإسراء والمعراج بما لا يتجاوز ثلاثة أسطر، وكذلك اختصاره في ذكر استقبال الرسول صلى الله عليه وسلم في المدينة من قبل المسلمين، وثمة الكثير من الاختصارات وقد لا يذكر بعض الموضوعات، وإنما يكتفي بالتلميح أليها، نلاحظ ذلك في ثنايا موضوعاته بمقارنة مع ما ذُكر في كتب السيرة المتخصصة، وفيما يلي مثال لِما أورده في ذكر استقبال الرسول صلى الله عليه وسلم في المدينة المنورة فقال: ((.. ووردوها قريباً من الزوال يوم الاثنين لاثنتي عشرة خلت من ربيع الأول، وخرج الأنصار يتلقونه وقد كانوا ينتظرونه إلى أن قلصت الظلال ورجعوا إلى بيوتهم فتلقوه مع أبي بكر في ظل نخلة..)) [1].

- الاستفاضة والتوسع:

على النقيض مما سبق، نجد ابن خلدون يستفيض ويتوسع في سرد بعض أحداث السيرة، حتى غطت مساحة واسعة من موضوع السيرة لديه، وثمة أمثلة عديدة لعل من أهمها قصة إرسال الرسول صلى الله عليه وسلم الرسل إلى ملوك العرب والعجم والتي ابتدأها بقوله: ((.. قال ابن إسحاق بعث رسول الله صلى الله عليه وسلم فيما بين الحديبية ووفاته، رجالاً من أصحابه إلى ملوك العرب والعجم، دعاة إلى الله عز وجل..)) [2]. ثم يستطرد بذكر أسماء الرسل، وأسماء من أرسل اليهم رسائله، أمثال صاحب اليمامة، وصاحب البحرين، وصاحب عمان، والمقوقس صاحب الاسكندرية، أو قيصر الروم، أو نجاشي الحبشة، أو كسرى الفرس، أو صاحب دمشق. والملاحظ هنا أنه يورد هذه الرسل والرسائل في كتابه مرة أخرى عند حديثه عن هذه الأمم وملوكها[3]، ومن الأمثلة الأخرى التي توسع ابن خلدون في ذكر تفصيلاتها حديثه

---

(1) ابن خلدون، تاريخ، مج2، ص 739؛ ابن سعد، الطبقات، ج1، ق 1، ص ص 157 - 158.

(2) ابن خلدون، تاريخ، مج 2، ص 788؛ ابن هشام، السيرة، ج 4، ص 188.

(3) منها ذكر مبعوث الرسول صلى الله عليه وسلم إلى هرقل قيصر الروم مع ذكر رسالته كاملة، ابن خلدون، تاريخ، مج 2، ص ص 461 - 462، في موضوع الخبر عن ملوك القياصرة، وص 729 عند حديثه عن الرسل.

عن الوفود التي قدمت المدينة المنورة لمبايعة رسول الله صلى الله عليه وسلم عام الوفود.

- ذكره أسباب الحوادث:

حاول ابن خلدون وهو يكتب تفصيلات وقائع السيرة أن يتلمس ويبحث عن أسباب وقوع هذه الأحداث والوقائع، ثم ربط الأحداث بالأسباب المباشرة لحدوثها، وهذا ما لاحظناه في أغلب الأحداث التي ذكرها في موضوع السيرة، منها ذكره سبب عداوة قريش للرسول صلى الله عليه وسلم وسبب هجرة المسلمين إلى الحبشة، ثم يذكر أسباباً لإسلام بعض المسلمين، وأسباباً لغزوات الرسول صلى الله عليه وسلم، وسراياه وبعوثه، ثم نلاحظه يذكر سبب فتح مكة المكرمة، وهكذا مع أحداث السيرة الأخرى، وفيما يأتي مثال على ذلك، هو ذكره سبب فتح مكة وهو استغاثة قبيلة خزاعة حليفة المسلمين حسب بنود صلح الحديبية مع اعتداء قبيلة قريش وبني بكر عليها، اللتين خرقتا بهذا الاعتداء بنود صلح الحديبية، وهنا ابن خلدون يقول: ((فأجاب صلى الله عليه وسلم صريخهم... وكان ذلك سبباً للفتح..)) [1].

- الاستشهاد بآيات القرآن:

أورد ابن خلدون الآيات القرآنية التي كانت بعض أحداث السيرة النبوية سبباً في نزولها، أو حاول الاستشهاد بالآيات القرآنية في دعم وتفسير أحداث السيرة، فحين تحدث عن بدء نزول الوحي على النبي صلى الله عليه وسلم ذكر الآية:(اقْرَأْ بِاسْمِ رَبِّكَ الَّذِي خَلَقَ(1)) [2]، وعند حديثه عن الحث على الجهاد ذكر الآية: (وَقَاتِلُوهُمْ حَتَّى لَا تَكُونَ فِتْنَةٌ وَيَكُونَ الدِّينُ لِلَّهِ) [3]. أما عند حديثه عن وفد بني تميم فيقول ابن خلدون: " فلما دخلوا المسجد نادوا من وراء الحجرات، فنزلت الآيات في إنكار ذلك عليهم "(إِنَّ الَّذِينَ يُنَادُونَكَ مِنْ وَرَاءِالْحُجُرَاتِ أَكْثَرُهُمْ لَا

(1) ابن خلدون، تاريخ، مج 2، ص 802؛ الواقدي، المغازي، ج 2، ص 783.
(2) سورة العلق، الآية (1)؛ ابن خلدون، تاريخ، مج 2، ص 714؛ ابن إسحاق، المغازي، ص 101؛ الطبري، تاريخ، ج 2، ص 301.
(3) سورة الأنفال، من الآية (39)؛ ابن خلدون، تاريخ، مج 2، ص 734؛ الطبري، تاريخ، ج 2، ص 366.

﴿يَعْقِلُونَ﴾[1]، وكذا الحال في ذكره ما نزل من آيات في غزوة تبوك، والآيات التي نزلت في فرض الصدقات: ﴿خُذْ مِنْ أَمْوَالِهِمْ صَدَقَةً تُطَهِّرُهُمْ وَتُزَكِّيهِمْ﴾[2].

- استعماله الشعر:

في إطار توثيق الحوادث التاريخية وكعادة العرب استعان ابن خلدون بالقصائد الشعرية التي نظّمت في مناسبات ترتبط بأحداث السيرة النبوية، إلاّ أن إيراده للشعر يعد قليلاً مقارنة مع غيره من مؤرخي السيرة مثل ابن إسحاق، أو الطبري وغيرهما. ولعل من أبرز الأحداث التي أورد بها ابن خلدون بعض الأبيات الشعرية ما قيل عند مبايعة الأوس والخزرج بيعة العقبة الثانية للنبي محمد صلى الله عليه وسلم، وفي ذلك يقول ابن خلدون: ((.. سمعت قريش صائحاً يصيح ليلاً على جبل أبي قبيس..))، ثم يورد ما صاح به من الشعر[3]، وفي فتح مكة المكرمة أورد ما قاله سعد بن عبادة عند حمله راية الجيش الفاتح[4]، كما ذكر أن كعب بن زهير وفد على النبي صلى الله عليه وسلم يعلن اسلامه بعد أن ضاقت به الأرض لاهداره دمه، وأنشد الرسول صلى الله عليه وسلم قصيدة مدحه فيها، فكرّمه الرسول صلى الله عليه وسلم بردته ثواب مدحه[5]، وأيضاً ذكر المساجلات الشعرية والأدبية التي دارت بين الوفود التي جاءت إلى النبي صلى الله عليه وسلم تعلن إسلامها، وشعراء وخطباء مسلمين[6]، وأورد ما قيل من أبيات شعرية في موت سعد بن عبادة سيد الخزرج[7]، وهكذا وظّف ابن خلدون الشعر في تدعيم أحداث السيرة.

---

(1) سورة الحجرات، الآية (4)؛ ابن خلدون، تاريخ، مج 2، ص 825؛ ابن سعد، الطبقات، ج1، ق 2، ص 40.

(2) سورة التوبة، من الآية (103)؛ابن خلدون، تاريخ، مج 2، ص 728؛ ابن الأثير، الكامل في التاريخ، مج 2، ص 161.

(3) ابن خلدون، تاريخ، مج 2، ص 733؛ الطبري، تاريخ، ج 2، ص 380.

(4) ابن خلدون، تاريخ، مج 2، ص 806؛ الواقدي، المغازي، ج 2، ص 821.

(5) ابن خلدون، تاريخ، مج 2، ص 818؛ عبد السلام هارون، تهذيب سيرة ابن هشام، مؤسسة الرسالة، (بيروت: 1988 م)، ص 224.

(6) ابن خلدون، تاريخ، مج 2، ص 825؛ ابن الأثير، الكامل، مج 2، ص ص 158 - 159.

(7) ابن خلدون، تاريخ، مج 2، ص 855.

- ذكر الروايات والقصص:

لم يغفل ابن خلدون أثناء كتابته وقائع السيرة أن يكتب كـل مـا اتصل بهـا من روايات وقصص، ولا سيّما تلك التي لها علاقة مباشرة بشخص الرسول صلى الله عليه وسلم، سواء منها التي كانت قبل ولادته أو بعدها، وأثناء طفولته، وأحياناً يورد روايات لها علاقة بأحداث السيرة، وغالباً مـا كان يختصر في حديثه عن الروايات، فيورد عبارات ((في قصة معروفة))، أو عبارة ((كما هو معروف)) أو عبارة ((في قصة مشهورة))، ومن القصص التي أوردها، قصة شق الملكين بطنه الشريف صلى الله عليه وسلم (1)، وقصة بحيرا الراهب (2)، وقصة مشاركة الرسول صلى الله عليه وسلم في بناء الكعبة (3)، وغيرها من القصص التي يحاول ابن خلدون التحفظ على بعضها انسجاماً مع نظرته إلى ضرورة مراعاة سنن الله في الكون والعمران في مجريات أحداث السيرة.

- استعماله مصطلح قيل، وحُكي:

اتبع ابن خلدون أسلوب الإخبار المبهم، أي دون الإشارة إلى المصدر أو الشخص المنسوب إليه الخبر الذي دوّنه، أو الذي نقل عنه، ففي بعض جوانب السيرة، استعمل ابن خلدون عبارة (قيل أو حُكي) للاستعاضة عن ذكر المصدر الذي إستقى منه المعلومة التي أوردها، وثمة مواضع عديدة لهذا الاستعمال عند ابن خلدون، منها ما جاء حول ولادة الرسول صلى الله عليه وسلم، فقـال: ((... ولد سيدنا محمد صلى الله عليه وسلم بعد مهلكه (والده عبد الله) بأشهر قلائل، وقيل غير ذلك..)) (4) فهو لا يذكر ما قيل ولا من قال، وكذا الحال مع ذكره نزول الـوحي، حيث قال: ((.. جاء الـوحي بحـراء لأربعين سنة من مولده، وقيل لثلاث وأربعين..)) (5)، وعند حديثه عن بعث عبد الله بـن جحش يقول ابن خلدون: ((.. وقبض النبي صلى الله عليه وسلم الخمس، وقسّم الغنيمة،

---

(1) ابن خلدون، تاريخ، مج 2، ص 711؛ هارون، تهذيب سيرة ابن هشام، ص 34.
(2) ابن خلدون، تاريخ، مج 2، ص 112؛ الطبري، تاريخ، ج 2، ص 278.
(3) ابن خلدون، تاريخ، مج 2، ص 113؛ الطبري، تاريخ، ج 2، ص 290.
(4) ابن خلدون، تاريخ، مج 2، ص 710؛ ابن إسحاق، المغازي، ص 22؛ ابن هشام، السيرة، ج 1، ص 146.
(5) ابن خلدون، تاريخ، مج 2، ص 714؛ الطبري، تاريخ، ج 2، ص 292.

وحكي: وقَبِلَ الفداء في الأسيرين..)) [1]، وثمة أمثلة أخرى كثيرة على هذا الاستخدام من قبل ابن خلدون [2]، وربما قصد ابن خلدون بذلك تضعيف شأن هذه الروايات.

4ـ لغته في تدوين السيرة:

استعمل ابن خلدون في كتابة السيرة النبوية، لغة بسيطة سهلة واضحة مسترسلة، وأختار المفردات والتراكيب العربية السليمة، ولم يكبل كتاباته بقيود السجع، ومحسنات البديع، مع أنها كانت الصفة الغالبة على الكتابة في عهده والعهود السابقة له، وبراعة ابن خلدون في الكتابة بها واضحة لكنه لم يستعملها، وقدّم لنا السيرة بلغة سلسة متواضعة مبتعداً عن لغة الإثارة والإرشاد أو الوعظ، فعبّر عمّا أراد إيصاله إلى القارئ بكل بساطة وجزالة، وظهر خلالها التأثير الواضح للقرآن الكريم والسنّة النبوية الشريفة في لغته وبيانها. ندعم كلامنا عن لغة ابن خلدون بما أورده هو عن العرب وما تميزوا به حين قال: ((إنّ العرب لم يزالوا موسومين بين الأمم بالبيان في الكلام والفصاحة في المنطق والذلاقة في اللسان، ولذلك سمّوا بهذا الاسم فإنه مشتق من الإبانة لقولهم: أعرب الرجل عما في ضميره إذا أبان عنه)) [3].

كما برع ابن خلدون أيضاً، باستخدامه لبعض مستحدثات الألفاظ والمصطلحات والاشتقاقات اللغوية من بعض الأصول العربية التي لم يسبق اشتقاقها منها، كما استعمل عبارات ومفردات لم تستعمل من قبل، وربما استعان بالمفردات والتعابير التي كانت سائدة في وقته، إلى جانب استعماله كلمات ليس لها معانٍ في معاجم اللغة العربية، كما استعان ببعض مفردات القرآن الكريم التي بدت واضحة في لغته، مع مراعاة تطور اللغة العربية ومفرداتها بتطور الحضارة، يتضح لنا مقدار الفرق في موضع استخدام الكلمات والمعنى المقصود بها، مع أن ابن خلدون لم يتوانَ بالاستعانة بأي مفردة أو مصطلح للتعبير بها عن آرائه وصياغة

(1) ابن خلدون، تاريخ، مج 2، ص 747؛ ابن الأثير، الكامل في التاريخ، مج 2، ص 12.

(2) ابن خلدون، تاريخ، مج 2، ص ص774، 789، 804، 806، 819، 820.

(3) ابن خلدون، تاريخ، مج 2، ص 27.

مفرداته،وعبّر عن ذلك بقوله: ((.. فإذا عرض من المعاني ما هو غير متعارف اصطلحنا على التعبير عنه بلفظ يتيسر فهمه منه..)) [1]. وفيما يأتي بعض ما جاء عند ابن خلدون من هذه المصطلحات والمفردات ومواضع استخدامه لها، علماً أنّ في نهاية المجلد الثاني جاء فهرس بلغة ابن خلدون متكون من ست عشرة صفحة.

الكلمة	الجملة
الإذاية، القاذورات	((وأقدم عليه سُفهاء قريش بالإذاية والاستهزاء وإلقاء القاذورات في مصلاه)) [2].
استرابت	((واسترابت آمنة برجعها إياه بعد حرصها على كفالته)) [3].
بقر الوحش	((واتفق أن بقر الوحش باتت تهد القصر بقرونها)) [4].
تبييت	((إما الإسلام وإما تبييت النبي صلى الله عليه وسلم ليلة السبت)) [5].
زأره	((فزأره عُمر فقال العباس: لو كان من بني عدي ما قلت هذا)) [6].
قلصت الظلال	((وقد كانوا ينتظرونه إلى أن قلصت الظلال ورجعوا إلى بيوتهم)) [7].

(1) ابن خلدون، المقدمة، ج 3، تحقيق: علي عبد الواحد وافي، (لجنة البيان العربي: 1960 م)، ص 1065.
(2) ابن خلدون، تاريخ، مج 2، ص 726؛ ابن الأثير، الكامل في التاريخ، مج 1، ص 601.
(3) ابن خلدون، تاريخ، مج 2، ص 711؛ هارون تهذيب سيرة ابن هشام، ص 34.
(4) ابن خلدون، تاريخ، مج 2، ص 821؛ الواقدي، المغازي، ج 3، ص 1025.
(5) ابن خلدون، تاريخ، مج 2، ص 777؛ هارون، تهذيب سيرة ابن هشام، ص 160.
(6) ابن خلدون، تاريخ، مج 2، ص 805؛ ابن الأثير، الكامل في التاريخ، مج 2، ص121.
(7) ابن خلدون، تاريخ، مج 2، ص 739؛ هارون، تهذيب سيرة ابن هشام، ص 97.

فنكص عن صلاته	((وأبو بكر يصلي فنكص عن صلاته ورده رسول الله صلى الله عليه وسلم بيده)) [1].
ينشب	((ما أرى الرجل إلاّ نبياً كما يقول.. فلم ينشب باذان أن قدّم عليه كتاب شيرويه)) [2].
توامَروا	((وكانت قريش بعد واقعة بدر قد توامَروا)) [3].

5- ذكره المبشرات والمعجزات النبوية:

ضمن موضوع السيرة أورد ابن خلدون العديد من الأخبار التي عدّت من المبشرات لنبوة النبي محمد صلى الله عليه وسلم ومنها:

في حديث ابن خلدون عن قصة سيف بن ذي يزن وكيف استطاع أن يستقل بملك اليمن، ووفود العرب عليه لتهنئته وكان فيهم عبد المطلب جد الرسول صلى الله عليه وسلم فبشره بنبوة الرسول صلى الله عليه وسلم وهنا يقول ابن خلدون: ((.. وسأله عن بنيه حتى ذكر له شأن النبي صلى الله عليه وسلم وكفالته إياه بعد موت عبد الله أبيه، عاشر ولد عبد المطلب، وأوصاه به وحضّه على الابلاغ في القيام عليه، والتحفظ عليه من اليهود وغيرهم، وأسرَّ إليه البشرى بنبوته وظهور قريش، قومهم على جميع العرب..)). وهي قصة مشكوك في مصداقيتها.

بعدها تحدث ابن خلدون عن الجوائز التي أعطاها سيف بن ذي يزن للوفود وأنه أعطى عبد المطلب عشرة أضعاف ذلك وفي ذلك يقول: ((.. ذكر صاحب الأعلام[4]، وغيره أنه أجاز سائر الوفد بمائة من الإبل وعشرة أعبد وعشرة وصائف وعشرة أرطال من الورق والذهب وكَرِشٍ مليء من العنبر، واضعاف ذلك

(1) ابن خلدون، تاريخ، مج 2، ص 850؛ ابن الأثير، الكامل في التاريخ، مج 2، ص 186.
(2) ابن خلدون، تاريخ مج 2، ص 794؛ ابن الأثير، الكامل في التاريخ، مج 2، ص 98.
(3) ابن خلدون، تاريخ، مج 2، ص 761؛ ابن إسحاق، المغازي، ص 301 - 302.
(4) قصد به الذهبي، سِيَرْ أعلام النبلاء.

بعشرة أمثاله لعبد المطلب..)) [1].

بعد وفاة جد الرسول صلى الله عليه وسلم، تكفله عمه أبو طالب وكان يعمل في التجارة وفي إحدى رحلاته التجارية إلى بلاد الشام أخذ معه النبي محمد صلى الله عليه وسلم، وهنا مرّوا بأحد رهبان النصارى فأعلمهم بنبوته وحذرهم من غدر اليهود به، ويُشير إلى ذلك ابن خلدون بقوله: ((.. وحمله عمه أبو طالب إلى الشام... فمرّوا ببحيرا الراهب عند بُصرى، فعاين الغمامة تُظلله والشجر تسجد له فدعا القوم وأخبرهم بنبوته، وبكثير من شأنه..)) [2].

وخرج الرسول صلى الله عليه وسلم مرة ثانية إلى الشام تاجراً بمال خديجة بنت خويلد، مع غلامها ميسرة، ومرّوا بنسطور الراهب الذي لاحظ على الرسول صلى الله عليه وسلم علامات النبوة فأخبر ميسرة بالأمر فأخبر هذا سيدته خديجة بخبره، وفي ذلك يقول ابن خلدون: ((.. ومروا بنسطور الراهب، فرأى ملكين يُظلانه من الشمس، فأخبر ميسرة بشأنه، فأخبر بذلك خديجة، فعرضت نفسها عليه، وجاء أبو طالب فخطبها إلى أبيها فزوجه..)) [3].

أما الرؤيا الصالحة فكانت من مقدمات النبوة ومبشراتها وعدّها ابن خلدون بداية الوحي، فقال عن بدء الوحي: ((.. ثم بدأ بالرؤيا الصالحة، فكان لا يرى رؤيا إلاّ جاءت مثل فلق الصبح)) [4].

وفي حديث ابن خلدون عن الرؤيا قال: ((.. وفي الصحيح أن النبي صلى الله عليه وسلم قال: ((**الرؤيا ثلاث: رؤيا من الله، ورؤيا من الملك، ورؤيا من الشيطان**)) [5] والرؤيا للأنبياء هي: استعداد بالانسلاخ من البشرية إلى الملكية المحضة.. ويخرج هذا الاستعداد فيهم متكرراً في حالات الوحي..))، ولقد جعل الشارع الرؤيا الصالحة من المبشرات، فقال: ((**لم يبقَ من النبوة إلاّ المبشرات، قالوا وما المبشرات يا**

(1) ابن خلدون، تاريخ، مج 2، ص ص 123 - 124، 708.

(2) ابن خلدون، تاريخ، مج 2، ص 712؛ ابن سعد، الطبقات، ج 1، ق 1، ص 75.

(3) ابن خلدون، تاريخ، مج 2، ص 712؛ ابن سعد، الطبقات، ج 1، ص ص82 - 83.

(4) ابن خلدون، تاريخ، مج 2، ص 714.

(5) البخاري، صحيح البخاري، ج 4، رقم الحديث (6984)، ص 296.

رسول الله؟ قال الرؤيا الصالحة يراها الرجل الصالح أو تُرى له)) [1].

وعدّت الرؤيا الصالحة جزءاً من ستة وأربعين جزءاً من النبوة، وهنا يقول ابن خلدون: ((.. إن الوحي كان في مبتدئه بالرؤيا ستة أشهر وهي نصف سنة، ومدة النبوة كلها بمكة والمدينة ثلاث وعشرون سنة، فنصف السنة منها جزء من ستة وأربعين، هذا ما ذهب إليه بعضهم..))، إلاّ أنّ ابن خلدون لا يعد أن مدة الرؤيا ومدة النبوة متساوية عند جميع الأنبياء، ولذلك يقول: ((.. كلام بعيد من التحقيق، لأنه إنما وقع ذلك للنبي صلى الله عليه وسلم، ومن أين لنا أن هذه المدة وقعت لغيره من الأنبياء..)) [2].

وأورد ابن خلدون كذلك أخباراً لحوادث ضمن إطار السيرة النبوية صنّفها ضمن المعجزات التي اتصف بها الأنبياء، ومن علامات نبوتهم فقال عنها: ((.. ومن علاماتهم أيضاً وقوع الخوارق لهم شاهدةً بصدقهم، وهي أفعال يعجز البشر عن مثلها فسميت بذلك معجزة)) [3].

ويرى ابن خلدون أن القرآن المنزل على نبينا محمد صلى الله عليه وسلم أعظم معجزة، حيث يقول: ((.. وإذا تقرر ذلك فاعلم أن أعظم المعجزات وأشرفها وأوضحها دلالة القرآن الكريم المنزل على نبينا محمد صلى الله عليه وسلم..)) [4].

ومن المعجزات الأخرى حادثة شق الملكين بطن النبي محمد صلى الله عليه وسلم، وهو طفل صغير عند مرضعته حليمة السعدية، واستخراج العلقة السوداء من قلبه، ثم غسلاهما حشاه وقلبه بالثلج، وعن هذا الحادث قال ابن خلدون: ((.. وظهرت حليمة على شأنه فخافت أن يكون أصابه شيء من اللمم، فرجعته إلى أمه، واسترابت آمنة برجعها إياه بعد حرصها على كفالته، فأخبرتها الخبر فقالت: كلا

(1) البخاري، صحيح البخاري، رقم الحديث (6990)، ص 297؛ ابن خلدون، المقدمة، ج 1، ص ص 521 - 524؛ آ. ي. فنسنك، مفتاح كنوز السنة، نقله إلى العربية: محمد فؤاد عبد الباقي، دار إحياء التراث العربي، (بيروت: 2001)، ص 251.

(2) ابن خلدون، المقدمة، ج 1، ص ص 521 - 524.

(3) ابن خلدون، المقدمة، ج 1، ص 505.

(4) ابن خلدون، المصدر نفسه، ج 1، ص 507.

والله لست أخشى عليه. وذكرت من دلائل كرامة الله له وبه كثيراً..)) [1].

ثم يتطرق ابن خلدون إلى معجزة الإسراء والمعراج، فيذكر: ((.. ان النبي صلى الله عليه وسلم مجبول على أفعال الخير، مصروف عـن أفعـال الشـر، فـلا يلـم الشـر بخوارقـه... وأن خـوارق الأنبيـاء مخصوصة كالصعود إلى السماء.. وإحياء الموتى، وتكليم الملائكة والطيران في الهواء..)) [2].

ويقول ابن خلدون: ((.. ثم كان بشأن الإسراء من مكة إلى بيت المقدس مـن الأرض إلى السماء السابعة، وإلى سدرة المنتهى، وأوحى إليه ما أوحى..)) [3].

وثمة الكثير من المعجزات التي أوردها ابن خلدون ومنها على سبيل المثال لا الحصر خـروج الرسول صلى الله عليه وسلم - يوم الهجرة إلى المدينة - من بيته دون أن يـراه المشركون الـذين كانوا ينتظرون خروجه ليقتلوه، ويذكر ابن خلدون الخبر فيقول: ((.. واستعدوا لـذلك مـن ليلتهم، وجاء الوحي بذلك إلى النبي صلى الله عليه وسلم، فلما رأى أرصدهم على باب منزله، أمر علي بن أبي طالب رضي اله عنه أن ينام على فراشه، ويتوشح ببرده، ثم خـرج رسول الله صلى الله عليـه وسـلم عليهـم فطمس الله - تعالى - على أبصارهم، ووضع على رؤوسهم تراباً، وأقاموا طول ليلهم، فلما أصبحوا خرج إليهم علي رضي اله عنه فعلموا أن النبي صلى الله عليه وسلم قد نجا..)) [4]، وأكمل ابن خلـدون خبـر هجرة الرسول صلى الله عليه وسلم وكيف لحقت قريش به، وبقـاءه وبقاء أبي بكر رضي اله عنه في الغار ثلاثة أيام، ونسيج العنكبوت على فـم الغـار، فرجعوا وجعلوا مائة ناقة لمـن ردهمـا عليهـم ويستكمل ابن خلدون ذكر الخبر إلى وصولهما إلى المدينة المنورة. هذا إضافة إلى ذكره العديـد مـن المعجزات الأخرى ضمن موضوع السيرة.

(1) ابن خلدون، تاريخ، مج 2، ص 711؛ ابن سعد، الطبقات، ج 1، ق 1، ص 70.
(2) ابن خلدون، المقدمة، ج 1، ص 507.
(3) ابن خلدون، تاريخ، مج 2، ص 715؛ ابن سعد، الطبقات، ج 1، ق 1، ص 42.
(4) ابن خلدون، تاريخ، مج 2، ص 738.

رابعا: ملاحظات نقدية حول منهجية ابن خلـدون في تدوين السيرة النبوية

من خلال ما تقدم يمكننا أن نؤشر مجموعة من الملاحظات النقدية- سلباً وإيجاباً - حول منهجية ابن خلدون في تدوين السيرة النبوية، وأسلوب كتابته ولغته وطريقة عرضه للمادة، وفيما يأتي أبرز تلك الملاحظات:

- لم يؤلف ابن خلدون كتاباً خاصاً في السيرة النبوية، وإنما عالج موضوع السيرة في المجلد الثاني من كتابه (**العبـر**).
- في أسلوب كتابته، اتبع ابن خلدون - وكما ذكرنا سابقاً - أسلوباً سهلاً واضحاً في الكتابة مبتعداً عن المبالغة والتهويل في طرحه لموضوعات السيرة، مع التزامه بالتسلسل الزمني المنطقي للأحداث، مع ذلك يمكننا أن نتلمس وجود بعض التناقض لديه بين الإيجاز والتركيز في عرض بعض الموضوعات والاستفاضة والتوسع في موضوعات أخرى، واختلاف في مستوى لغته.
- أكثر ابن خلدون من استعمال كلمات من قبيل: قيل، وقالوا، وزعم، وحكي...، وذلك أعطى انطباعاً على التعميم في طرح الموضوعات دون التخصيص واسناد الموضوعات إلى مصادرها، لعل ذلك نابع لديه من عدم الثقة بالمصدر أو لأنه غير متأكد من صدق الخبر، فيشك فيه، فيلقي بالمسؤولية على غيره.
- استعمال ابن خلدون عبارات، مثل (كما هو معروف)، أو (في قصة معروفة) أثناء عرضه للمواضيع يعطي انطباعاً عن أن ابن خلـدون كتب لطبقة معينة وهم المتعلمون (أو المثقفون في مفهومنا الحالي) من المتخصصين بتاريخ العرب والاسلام، وفي أحيان كثيرة ذكر الموضوع نفسه في أكثر من مكان من كتابه، وعند طرحه في موضوع السيرة يقول ((في قصة معروفة)) دون الإشارة إلى أنه قد طرحها سابقاً، والأمثلة على ذلك كثيرة منها حديثه عن عبد المطلب جد الرسول صلى الله عليه وسلم وزيارته اليمن وتبشير سيف بن ذي يزن ملكها له بنبوبة الرسول صلى الله عليه وسلم.
- إيراد ابن خلدون أثناء تدوينه للسيرة أغلب الروايات والقصص الشعبية

المتعلقة بها، إضافة إلى ذكره بعض أبيات من قصائد ارتبطت بهذه القصص، أعطى دليلاً على مدى تأثره بها وبأسلوب القصاصين والأخباريين، فهو يورد الكثير منها فيما يتعلق بأخبار أجداد الرسول صلى الله عليه وسلم وأخرى متعلقة بالرسول صلى الله عليه وسلم شخصياً قبل البعثة وبعدها.

- أما ما يتعلق باستخدام ابن خلدون لغة كتابة السيرة، فهو لم يكن بمستوى واحد، فأسلوب لغته يتراوح بين ذروة الإبداع اللغوي في انتقائه المفردات وصياغة الجمل وحبكها وبين استعماله لأسلوب الكتابة البسيطة واعتماد الألفاظ الشعبية، أو أن يعمد إلى استحداث بعض المصطلحات ليعبر بها عمّا يريد أن يوصله لقارئه.

- اتبع ابن خلدون طرائق عديدة ومتنوعة في ذكر المصادر التي اعتمدها أو اقتبس منها النصوص أثناء تدوينه للسيرة النبوية، وغلب عليه عدم التصريح بذكر اسم المصدر الذي استقى منه معلوماته، فأعطى ذلك صفة حرية توثيق روايات وموضوعات السيرة التي طرحها ابن خلدون بالرجوع إلى ما تيسر من تلك المصادر وإن كان ذلك يلحقه بعض الإبهام لعدم إمكانية معرفة مصدر المعلومة الأصلي.

- لم يلتزم ابن خلدون بإيراد المعلومات والروايات التي اقتبسها من مصادر مختلفة، كما هي عند كتابته للسيرة، فكثيراً ما كان يعمد إلى صياغتها وإخراجها بما ينسجم وأسلوبه ومنهجيته الخاصة به، ولم يكتف بذلك بل حاول أن ينقد ويوضح بعض ما يورده، ثم يضع رأيه بالموضوع حتى ولو تعارضت أفكاره واختلفت مع الروايات التي يطرحها، ومنها على سبيل المثال حديثه عن الإيلاف عند قريش، فقال: ((.. إن هاشم أبو عبد المطلب أول من سنّ الرحلتين في الشتاء والصيف للعرب، ذكره ابن إسحاق، وهو غير صحيح، لأن الرحلتين من عوائد العرب في كل جيل لمراعي إبلهم ومصالحها، لأن معاشهم فيها. وهذا معنى العرب وحقيقتهم... وتكونت على ذلك طباعهم، فلا بد لهم منها، ظعنوا أو أقاموا وهو معنى العروبية..)) [1].

(1) ابن خلدون، التاريخ، ج 2، ص 695؛ ابن سعد، الطبقات، ج 1، ق 1، ص 33.

وفي موضوع الهجرة إلى الحبشة أكد ابن خلدون أنها هجرة واحدة متتابعة وليست هجرتين كما يقول بذلك غيره من المؤرخين [1]، إذ قال: ((... الأحد عشر رجلاً كانوا أول من هاجر إلى أرض الحبشة، وتتابع المسلمون من بعد ذلك، ولحق بهم جعفر بن أبي طالب وغيره من المسلمين.. وتتابع المسلمون في اللحاق بهم..)) [2].

خالف ابن خلدون أيضاً، الكثير من المؤرخين في تحديد تاريخ غزوة الخندق، فثمة من قال إنها في العام الخامس للهجرة [3]، في حين يؤكد هو غير ذلك بقوله: ((.. والصحيح أنها في الرابعة، كان ابن عمر يقول: ردّني رسول الله صلى الله عليه وسلم يوم أحد وأنا ابن أربع عشرة سنة، ثم أجازني يوم الخندق وأنا ابن خمس عشرة سنة، فليس بينهما إلاّ سنة واحدة وهو الصحيح..)) [4].

عن حرب الفجار ومشاركة الرسول صلى الله عليه وسلم فيها، ذكر ابن خلدون أن الرسول صلى الله عليه وسلم حضرها وهو صغير ابن عشرة أعوام، وهنا يخالف ابن خلدون غيره، الذين قالوا أن عمر الرسول صلى الله عليه وسلم كان حينها عشرين عاماً، فيقول: ((.. كان ينبل فيها على أعمامه أي يجمع لهم النبل..)) [5].

- اعتنى ابن خلدون بذكر الروايات التي تدخل في باب المعجزات والخوارق، وقد أورد الكثير من تلك الروايات، وأحياناً أخرى عزى أفعالاً للرسول صلى الله عليه وسلم، ومنها على سبيل المثال، ذكره حادثة ((.. شق الملكين بطنه واستخراج العلقة السوداء من قلبه..)) [6]، ومنها عند حديثه عن هجرة الرسول صلى الله عليه وسلم إلى المدينة المنورة إذ قال: ((.. فلما رأى أرصدهم على باب منزله، أمر علي بن أبي طالب أن ينام على

(1) ابن سعد، الطبقات، ج 1، ق 1، ص ص 135، 138.

(2) ابن خلدون، التاريخ، ج 2، ص 720.

(3) الواقدي، المغازي، ج 2، ص 440؛ ابن سعد، الطبقات، ج 2، ق 1، ص 47؛ ابن الأثير، الكامل في التاريخ، مج 2، ص 70.

(4) ابن خلدون، التاريخ، ج 2، ص 773؛ ابن كثير، السيرة، ج 2، ص 354؛ هارون، تهذيب سيرة ابن هشام، ص 128.

(5) ابن سعد، الطبقات، ج 1، ق 1، ص 81؛ ابو الحسن علي ابن الحسين المسعودي، التنبيه والأشراف، دار صادر، (بيروت: د. ت)، ص 230.

(6) ابن خلدون، تاريخ، مج 2، ص 711؛ ابن إسحاق، السيرة، ص 25.

فراشه.. ثم خرج رسول الله صلى الله عليه وسلم عليهم، فطمس الله تعالى على أبصارهم ووضع على رؤوسهم تراباً.. فلما أصبحوا خرج إليهم علي، فعلموا أن النبي صلى الله عليه وسلم قد نجا..)) [1].

كان موقف ابن خلدون من إشكالية كتابة الرسول صلى الله عليه وسلم في وثيقة صلح الحديبية واضحاً، إذ قال: ((.. كتب الصحيفة علي وكتب في صدرها: هذا ما قاضى عليه محمد رسول الله صلى الله عليه وسلم، فأبى سهيل من ذلك وقال: لو نعلم أنك رسول الله ما قاتلناك. فأمر رسول الله صلى الله عليه وسلم علياً أن يمحوها فأبى، وتناول هو الصحيفة بيده ومحا ذلك وكتب محمد بن عبد الله..))، ثم علق ابن خلدون على الحادثة فقال: ((.. لا يقع في ذهنك من أمر هذه الكتابة ريب، فإنها قد ثبتت في الصحيح، وما يعترض في الوهم من أن كتابته قادحة في المعجزة فهو باطل، لأن هذه الكتابة إذا وقعت من غير معرفة بأوضاع الحروف ولا قوانين الخط وأشكالها، بقيت الأمية على ما كانت عليه، وكانت هذه الكتابة الخاصة من إحدى المعجزات انتهى..)) [2].

- جهد ابن خلدون بالابتعاد عن فرعيات وتداخلات الأحداث الرئيسية في موضوع السيرة النبوية، وكان هذا الموقف طاغياً على منهجيته التي اعتمدها في تدوينه للسيرة مع أن اهماله هذه الجزئيات لم يخل بالمعنى العام للسيرة أو ربط وتسلسل أحداثها أو ثوابتها كما جاءت في كتب السيرة، فكان ابن خلدون إما ملمحاً إلى الحدث الفرعي تلميحاً بسيطاً وإما أنه لا يذكره وخاصةً إذا كان هذا الحدث قد أثار جدلاً بين المسلمين وفيما يأتي نماذج على ذلك:

في حديث ابن خلدون عن عودة مهاجري الحبشة يقول: ((.. ثم اتصل بالمهاجرين في أرض الحبشة خبر كاذب بأن قريشاً قد أسلموا، فرجع قومٌ منهم إلى مكة..)) [3]، ولم يتطرق ابن خلدون إلى ذكر ((قصة الغرانيق)) التي ذكرتها بعض كتب التاريخ والسيرة [4]. وهي قصة لا تصمد أمام التحليل

(1) ابن خلدون، تاريخ، مج 2، ص ص 737 - 738؛ ابن سعد، الطبقات، ج 1، ق 1، ص 153.

(2) ابن خلدون، تاريخ، مج 2، ص 786؛ ابن سعد، الطبقات، ج 2، ق 1، ص 74؛ ابن الأثير، الكامل في تاريخ، مج 2، ص 90.

(3) ابن خلدون، تاريخ، مج 2، ص 725.

(4) ابن اسحاق، المغازي، ص 157؛ ابن سعد، الطبقات، ج 1، ق 1، ص 137؛ ابن الأثير،

التاريخي الحديث.

ومن الأمور الأخرى التي لم يتطرق إليها ابن خلدون لما أثارته من خلاف بين الفرق الإسلامية، أو أنه تجنب ذكرها لأسباب أخرى، وذكرتها كتب السيرة هي: خطبة العباس عم الرسول صلى الله عليه وسلم أثناء حضوره بيعة العقبة الثانية، واكتفى بالقول: ((.. وحضر العباس بن عبد المطلب، وكان على دين قومه بعد..)) (1).

ذكرت كتب السيرة والمغازي رؤيا لعاتكة بنت عبد المطلب قبل معركة بدر، أثارت مشكلة في مكة بين عشيرة الرسول صلى الله عليه وسلم وسكان مكة، إلاّ أننا نلاحظ ابن خلدون يهمل ذكرها (2). أما حادثة الإفك فقد أفردت لها كتب السيرة مباحث وذكرتها بالتفصيل وربما عن أكثر من مصدر، إلاّ أن ابن خلدون اكتفى بالإشارة إلى أن كتب السيرة قد ذكرتها (3).

في حديث ابن خلدون عن سرايا النبي محمد صلى الله عليه وسلم أهمل ذكر بعض السرايا ومنها التي وقعت بين غزوة المريسيع وعمرة الحديبية وذكرتها كتب المغازي (4).

تطرقت بعض كتب السيرة والمغازي، إلى مرض الرسول صلى الله عليه وسلم الذي توفي به وذكرت أحاديث للرسول صلى الله عليه وسلم ذكر فيها أن مرضه كان من أثر السم الذي وضعته اليهودية في الشاة وقدمتها له صلى الله عليه وسلم (5)، إلاّ أن ابن خلدون لم يذكر شيئاً من هذا، واكتفى بذكر مرض رسول الله صلى الله عليه وسلم وأنه كان صداعاً وحمى (6).

الكامل في تاريخ، مج 1، ص 596.

عن الرد على هذه الرواية، ينظر: محمد ناصر الدين الألباني، نصب المجانيق لنسف قصة الغرانيق، المكتب الإسلامي، (بيروت: 1996 م)، صفحات متعددة.

(1) ابن خلدون، تاريخ، مج 2، ص 731؛ ابن سعد، الطبقات، ج 1، ق 1، ص 149.

(2) الواقدي، المغازي، ج 1، ص 29.

(3) ابن خلدون، تاريخ، مج 2، ص 783؛ الواقدي، المغازي، ج 2، ص 429؛ ابن سعد، الطبقات، ج 2، ق 1، ص 46.

(4) الواقدي، المغازي، ج 2، ص 679.

(5) الواقدي، المصدر نفسه، ج 2، ص 679.

(6) ابن خلدون، تاريخ، مج 2، ص 848.

- أكثر ابن خلدون من تكرار بعض أحداث السيرة النبوية، فذكرها ضمن موضوع السيرة النبوية، وكررها عند حديثه عن العلاقات بين العرب والأمم المجاورة لهم من الفرس أو الروم أو القبط، وهذه الأحداث منها ما يتعلق بسيرة الرسول صلى الله عليه وسلم قبل البعثة النبوية، ومنها يخص أحداث السيرة بعد البعثة [1]، وسأحاول ذكر أمثلة ذلك مع إشارة إلى الصفحات التي تكرر فيها الموضوع.

منها ذكر قصة زيارة عبد المطلب جد الرسول صلى الله عليه وسلم إلى اليمن ليهنئ سيف بن ذي يزن باسترداد ملكه، وكيف بشّره بظهور نبي وأنه من ذريته [2].

وذكره خبر غزو الحبشة للكعبة وقصة أصحاب الفيل مع أهل مكة [3].

حرب الفجار ذكرها ابن خلدون في أكثر من موضع وأكد على حضور الرسول صلى الله عليه وسلم هذه الحرب وهو لا يزال صغيراً [4].

ذكر ابن خلدون موضوع الأوس والخزرج وعلاقتهم مع رسول الله صلى الله عليه وسلم من حرب بُعاث وحتى وفاة الرسول صلى الله عليه وسلم وخبر سقيفة بني ساعدة، وبيعة أبي بكر، وموت سعد بن عبادة [5]. وفي حديث ابن خلدون عن إرسال الرسول صلى الله عليه وسلم الرسائل إلى الملوك ذكر رسالته إلى هرقل قيصر الروم، بعدها تطرق إلى ذكر

غزوة مؤته، وغزوة تبوك، وكررها في موضوع ملوك القياصرة [6]، وأوردها ضمن موضوع السيرة [7].وكذلك ذكره رسالة الرسول صلى الله عليه وسلم إلى المقوقس صاحب القبط بمصر-والأسكندرية [8]. وذكر ابن خلدون أخبار معركة ذي قار بين العرب والفرس وانتصار العرب فيها، وكان رسول الله صلى الله عليه وسلم يومها في المدينة وأخبر بها أصحابه وقال: ((**اليوم انتصفت العرب من العجم وبي نُصِروا**)) [9].

---

(1) ابن خلدون، المصدر نفسه، مج 2، ص ص 789، 799، 819.
(2) ابن خلدون، المصدر نفسه، مج 2، ص ص 123، 708.
(3) ابن خلدون، تاريخ، مج 2، ص ص 117، 708.
(4) ابن خلدون، المصدر نفسه، مج 2، ص ص 125، 361، 713.
(5) ابن خلدون، المصدر نفسه، مج 2، ص ص 602 - 614، ص 728 - 856.
(6) ابن خلدون، المصدر نفسه، مج 2، ص ص 461 - 463.
(7) ابن خلدون، المصدر نفسه، مج 2، ص ص 789، 799، 819.
(8) ابن خلدون، المصدر نفسه، مج 2، ص ص 146 - 147، 795.
(9) ابن خلدون، المصدر نفسه، مج 2، ص ص 366، 559، 705.

بالإضافة إلى موضوعات أخرى كثيرة.

لعلّي، ومن خـلال ما سبق، استطعت تأشير المنهجية الخاصة التي اتبعها ابن خلدون في رسم هيكلية السيرة النبوية، وتبيين مصادره الأساسية وطبيعة تعامله معها، وإجراء مقارنـة سريعـة لهيكليـة السيرة عنده مع مثيلاتها من هيكليات السيرة. ولكي تتضح الصورة، لا بـد لنـا مـن التطرق إلى المنظـور الحضاري لابن خلـدون في تفسيره لأحداث السيرة، وهو ما سيكون موضـع عنايـة الفصـل الثالـث مـن الرسالة.

الفصل الثالث/ التفسير الحضاري لأحداث السيرة النبوية عند ابن خلدون

اولا: أسس فلسفة ابن خلـدون في فهم السيرة وتفسير احداثها

إنّ ارتباط ابن خلـدون بواقعـه العربي الإسـلامي، واعتماده فلسـفة خاصـة وفـق منهجيته المعروفة، واستنتاجاته المتميزة كل ذلك أفرز تفسيراً حضارياً لأحداث السيرة النبوية تميز بها مـن غـيره بمحاولته المزج بين المرتكزات الأساسية لفلسفته في دراسة السيرة النبوية القائمـة عـلى السـنن الكونيـة والعصبية والدين وهذا أعطى موضوعات هذا الفصل نوعاً من التداخل مع بعضها بسبب اعتماد ابن خلدون في تفسيره لأحداث السيرة على أكثر من عامل في فلسفة الحدث الواحد.

وهكذا تداخلت الاستشهادات الخلدونيـة، التـي غـدت تحتمـل أكثـر مـن وجهـة نظـر عنـد الاستشهاد بها. وهذا ما سأحاول توضيحه عنـد تناولي للتفسير الحضاري للسـيرة النبوية عنـد ابـن خلدون.

اعتمد ابن خلدون في فلسفة أحداث السيرة النبوية على أسس عدّها مفاتيح لدراسة السيرة النبوية وفهم أحداثها وهذه الأسس هي:

1ـ السنن الكونية والاجتماعية:

أشرنا في الفصل الأول إلى اعتماد ابن خلدون على (السنن الربانية) والتي صاغها على شكل قوانين اجتماعية وكونية، وفيما يأتي توضيح لذلك.

تعني السنن الكونية عند ابن خلدون القوانين التي أوجدها الله في الطبيعة، والكشف عنها يعني توضيح القوانين الآلهية في الكون بدراسة علمية تحدد نشأتها وتطورهـا وتراقـب حركتهـا ضمـن قوانينها الثابتة، كقوانين سير الشمس والقمر [1]. وقوانين الحيـاة الاجتماعيـة هـي أيضـاً سـنّة الله التـي استنها في العمران وسار الناس عليها ويرى ابن خلـدون أن علم الاجتماع الإنساني والعمران البشري هو علم

---

(1) عبد الحليم عويس، التأصيل الإسلامي، ص 89.

ـ

الكشف عن قوانين الله في المجتمع [1].

والسنن مفهوم قرآني مستمد معناه ودلالاته من النص القرآني ((سنّة الله)) وطريقته في سياق النماذج والأدلة التاريخية التي يعرضها[2]، والتي اتسمت بالثبات وفق ما اقتضته قدرة الله، ودلّت عليها آيات القرآن، ﴿وَلَا تَجِدُ لِسُنَّتِنَا تَحْوِيلًا﴾[3].

وعلى هذا تقاطع موقف ابن خلدون مع كل ما خالف السنن الكونية، ورفض كل ما خالف السنن الطبيعية، أو ما سمّاه (**المجرى الطبيعي**)[4]، أو الأمر الوجودي، فنجده يقول فيه: ((وَقَلَّ أنْ يكون الأمر الشرعي مخالفاً للأمر الوجودي))[5].

إنَّ قدرة الله وحكمته اقتضت خلق الإنسان، وخلق كل ما يخدمه لتكوين المجتمعات الخاضعة للقوانين الطبيعية، وهي بطبيعة الحال محكومة بقدرته واستطاعته - تعالى - في بقائها أو تغييرها متى ما أراد ذلك، عن طريق إرسال الرسل والأنبياء المؤيدون بنصر منه كوسيلة رئيسية مثلى من وسائل التغيير، ويؤكد ابن خلدون باعتقاد جازم، أن السنن الاجتماعية لأي مجتمع لا تتغير إلاّ على أيدي الأنبياء والرسل - ومنهم النبي محمد صلى الله عليه وسلم - بتبليغ رسالاتهم السماوية بمعونة وتسديد من الله [6]، بعد توكلهم عليه وإيمانهم بقدرته، وأخذهم لكل الأسباب المتاحة لهم لتحقيق الغاية التي أُرسلوا من أجلها [7]، إلاّ أنه يَعُد المعجزات استثناءاً من هذه القاعدة - كما مرّ بنا في الفصل الأول - عند ذكر توجهات ابن خلدون الفكرية والعقائدية وعدّه الفتوحات الإسلامية من معجزات نبيّنا محمد صلى الله عليه وسلم، وكذلك

---

(1) الساعاتي، علم الاجتماع الخلدوني، ص ص 154 - 155.

(2) محمد عادل شريح، ((**دراسة في السنن الربانية**))، منتديات أمة الاسلام، موقع القلم على شبكة المعلوماتية (الأنترنيت) www. alqlm. Com.

(3) سورة الإسراء، من الآية (77).

(4) ابن خلدون، المقدمة، ج 1، ص 412.

(5) ابن خلدون، المصدر نفسه، ج 2، 469.

(6) ابن خلدون، المقدمة، ج 2، ص 693؛ الوردي، منطق ابن خلدون، ص 149.

(7) علي محيي الدين القره داغي، ((**دور العقيدة الإسلامية في بناء الحضارة**))، الهيئة العالمية للإعجاز العلمي في القرآن والسنّة، (مكة المكرمة: د. ت)، ص 2.

في الفصل الثاني، عند حديث ابن خلدون عن معجزات الأنبياء وعدّها من علامات نبوتهم، وأنها أفعال يعجز البشر العاديون عن الاتيان بها.

وقد تنوعت المصادر التي اعتمدها ابن خلدون في تفسيره السنن الاجتماعية التي تحكمت بمبادئ العمران البشري، فكان القرآن الكريم لديه المصدر الأول والرئيسي ـ في استلهام تفاسير هذه السنن وقد عمل على توظيف العديد من النصوص القرآنية المؤيدة للقوانين والسنن الإلهية لتدعم وجهة نظره في الكشف عن حقائق سير الحياة وقوانينها انطلاقاً من تطبيقات نظرية وعملية وصولاً إلى القوانين الإلهية والسنن الكونية التي شرعها الله وأوصلها إلى البشر عن طريق الوحي بهدف إصلاح الإنسان، وحفظ نوعه، وتهذيب أخلاقه وتنظيم علاقاته مع أبناء جنسه وعلاقاته مع محيطه الكوني بهدف احتواء الأفعال الإنسانية وإدامة الوجود الإنساني لتعمير العالم وتحقيق مبدأ استخلاف الأرض [1]: ((... وتمت حكمة الله في بقائه وحفظ نوعه.. وإلاّ لم يكمل وجودهم وما أراده الله من اعتمار العالم بهم واستخلافه إياهم..)) [2].

وتحدد المصدر الثاني الذي استلهم منه ابن خلدون تفسيره للسنن الاجتماعية في دقة الملاحظة الشخصية والتجربة العملية، فالملاحظات التي رصدها ابن خلدون عند استقرائه للكتب التاريخية استطاع من خلالها الكشف عن القوانين التي تتحكم بالظواهر الاجتماعية التي استخلص منها سنناً تاريخية واجتماعية مرتبطة ارتباطاً وثيقاً لديه بالمصدر الأول القرآن الكريم، لأن الجانب العملي أو البشري والتطبيقي من هذه العملية يخضع لسنن التاريخ [3].

واستعمل ابن خلدون ـ كما ورد في الفصل الأول ـ المفهوم القرآني (سنّة الله) في مواضع عديدة وصاغها على شكل قوانين وسنن، وقدّم لذلك أمثلة مختلفة في كتابه المقدمة، وبوّبها على شكل فصول عن السنن منها على سبيل المثال، ((فصل في أن الدولة العامة الاستيلاء العظيمة الملك أصلها الدين، إما من

---

(1) عبد الرحمن العضراوي، ((**التطبيق المقاصدي في المنهج الخلدوني**))، ندوة الأردن، المصدر السابق، (آيار، 2007 م)، ص 3.

(2) ابن خلدون، المقدمة، ج 1، ص 422.

(3) العضراوي، التطبيق المقاصدي، ص 5.

نبوة أو دعوة حق))، ويوضح ذلك بقوله: ((.. وذلك لأن الملك إنما يحصل بالتغلب، والتغلب إنما يكون بالعصبية واتفاق الأهواء على المطالبة وجمع القلوب وتأليفها إنما يكون بمعونة الله من إقامة دينه، قال صلى الله عليه وسلم: ﴿لَوْ أَنْفَقْتَ مَا فِي الْأَرْضِ جَمِيعًا مَا أَلَّفْتَ بَيْنَ قُلُوبِهِمْ﴾ [1]، وسرّه أن القلوب إذا تداعت.. إلى الأهواء والباطل والميل إلى الدنيا حصل التنافس وفشا الخلاف، وإذا انصرفت إلى الحق ورفضت الدنيا والباطل وأقبلت على الله اتحدت وجهتها، فذهب التنافس وقلّ الخلاف وحَسُنَ التعاون والتعاضد واتسع نطاق الكلمة لذلك فعظمت الدولة..)) [2].

ومن الفصول الأخرى التي عدّها ابن خلدون من السنن الفصل المعنون: ((فصل في أن الدعوة الدينية من غير عصبية لا تتم)) ودعمّها بالحديث النبوي ((**ما بعث الله نبياً إلاّ في منعة من قومه**)) [3]، لأنه لا بد لأي نبي حسب اعتقاده ((.. من عصبة وشوكة تمنعه أذى الكفار حتى يُبَلّغ رسالة ربه ويتم مراد الله من إكمال دينه وملته..)) [4]، واستطرد قائلاً: ((.. وإذا كان هذا في الأنبياء وهم أَوْلى الناس بخرق العوائد فما ظنك بغيرهم ألاّ تخرق له العادة في الغلب بغير عصبية..)) [5]، فاتباع السنن كان طريق الأنبياء في نشر دعواتهم: ((.. وهكذا كان حال الأنبياء - عليهم الصلاة والسلام - في دعوتهم إلى الله بالعشائر والعصائب وهم المُؤَيَدُون من الله بالكون كله لو شاء، لكنه إنّما أجرى الأمور على مستقر العادة..)) [6].

يتضح مما سبق عدم وجود تعارض بين الدين والعصبية عند ابن خلدون في إطار السنن الكونية والاجتماعية، لأن قـدرة الله تجلت في تحقيق مطالبـه في

(1) سورة الأنفال، من الآية (63).
(2) ابن خلدون، المقدمة، ج 2، ص 466.
(3) الحديث أخرج معناه الإمام أحمد في مسنده برقم (10483).
(4) ابن خلدون، المقدمة، ج 1، ص 401.
(5) ابن خلدون، المقدمة، ج 2، ص 468.
(6) ابن خلدون، المصدر نفسه، ج 2، ص 469.

الأرض عن طريق إجراء الأمور على طبيعتها بدون تدخل مباشر، مع قدرته - تعالى - على ذلك، وإنما جعلها تحدث عن طريق واحد من البشر أنفسهم يكون ذا عصبية قوية لكي تسنده وتحميه أثناء تبليغ ونشر ما كُلِّفَ به من دعوة دينية، بإرادة إلهية ورعاية ربانية، فتظهر العصبية بصيغة دعم اجتماعي ضد من يعارض هذه الدعوة، وهذا ما تمثل في دعم عصبية قريش للنبي محمد صلى الله عليه وسلم أثناء نشره الدعوة الإسلامية التي كُلِّفَ بحملها، مع قدرة الله على تغيير الوضع الموجود على الأرض عن طريق المعجزات الإلهية، لكنه يترك الأعمال البشرية تأخذ مسارها الاعتيادي والطبيعي [1].

وفي الإطار ذاته سارت أحداث الدعوة الإسلامية منذ ظهورها وفق السنن الاجتماعية الطبيعية بعد توكل الرسول صلى الله عليه وسلم على الله عز وجل من بداية نزول الوحي عليه وهجرته إلى المدينة المنورة إلى أن أصبح الإسلام دولة عظيمة مع الاعتماد على القدرات العقلية والبدنية والأخذ بالأسباب في ظلّ الرعاية الإلهية كما هو واضح في مسار السيرة النبوية الشريفة.

2ـ العصبية:

يُعرّف ابن خلدون العصبية [2] بأنها تلك الرابطة الاجتماعية التي تربط أبناء القبيلة، أو أية جماعة أخرى مع بعضهم، وتجعلهم يتعاونون ويتكاتفون في الشدة والرخاء. ولاحظ ابن خلدون أن هذه العصبية تكون قوية كل القوة في البداوة وهي السبب الأبرز في التنازع بين القبائل المختلفة، ولكن هذا التنازع العصبي بين القبائل البدوية يزول بتأثير الدعوات الدينية، ويظهر بدلاً عنها قوة عظيمة لا يقف في طريقها عائق، وتتجه هذه القوة نحو البلاد المتحضرة لتؤسس دولة جديدة، وهذا ما حدث للقبائل العربية البدوية، إلاّ أن الملاحظ على هذه العصبية أنها تضعف من

(1) جغلول، الإشكاليات التاريخية، ص 69.

(2) سبق وأن أشرنا إلى تعريف العصبية ومدلولها السياسي عند ابن خلدون في الفصل الأول، المبحث الثالث.

جراء إنغماس أصحابها في ترف الحضارة [1].

والعصبية عند ابن خلدون شرط أساسي لتأسيس الدول وقيام الملك والخلافة، وتمثل أهم القوانين الاجتماعية التي يجب أن يتبعها كل ذي شريعة أو دعوة دينية، إذ إنّ الشرائع تبطل إذا العصبية بطلت وتجاوز ابن خلدون مسالة ذم الشرع الإسلامي للعصبية، بتأكيده على أن العصبية كثيراً ما تكون وسيلةً لنصرة الدين وإقامة الحق[2]، ويرى أنّ الرسول صلى الله عليه وسلم اعتمد عليها في حماية الإسلام ونصرته، ومثال ذلك تحالفات الرسول صلى الله عليه وسلم مع القبائل العربية، وتأليفه قلوب زعماء العشائر، وهي كلها في إطار التحالفات العصبية التي تُصب في نصرة الدعوة الدينية الاسلامية.

وحدد ابن خلدون للعصبية أطراً عديدة ومنح من خلالها الطبيعة التلازمية القائمة بينها وبين النبوة وبينها وبين الدولة، وفيما يأتي توضيح لذلك.

- العصبية والنبوة:

رصد ابن خلدون التداخل الواضح بين الدين والعصبية، فدفعه ذلك إلى إفراد فصل خاص عنونه بـ ((**الدعوة الدينية من غير عصبية لا تتم**)) [3]. تحدث فيه عن عصبية الأنبياء الذين كلّفوا بحمل أعباء الرسالات السماوية من قبل الله صلى الله عليه وسلم، وساق فيه شواهد عديدة تدلل على الترابط بين العصبية والدعوات الدينية على اعتبار أن عمومية الدعوة للناس كافة تحتاج إلى دعم وإسناد عصبي يوفر الحماية والمنعة للدعوة وصاحبها (النبي الرسول) صلى الله عليه وسلم وأكد ذلك بقوله: ((.. إن كل أمر تحمل عليه الكافة لا بد له من العصبية..)). مدعماً رأيه هذا بقول النبي محمد صلى الله عليه وسلم: ((**ما بعث الله نبياً إلاّ في منعة من قومه..**))، ومعلقاً في الوقت ذاته على ذلك بقوله: ((.. إذا كان هذا في الأنبياء وهم أولى الناس بخرق العوائد، فما ظنّك بغيرهم ألاّ تُخرق له العادة في الغلب بغير عصبية)) [4]. وكانت تطبيقات ابن خلدون واضحة

(1) الوردي، منطق ابن خلدون، ص 82.
(2) ابن خلدون، المقدمة، ج 2، ص ص 538 - 539.
(3) ابن خلدون، المصدر نفسه، ج 2، ص 468.
(4) ابن خلدون، المقدمة، ج 2، ص ص 468 - 469.

في أحداث السيرة النبوية ودور العصبية في نشر الدعوة الإسلامية ومقاومة المشركين، على اعتبار أن الحركات التاريخية لو قادها الأنبياء - عليهم السلام - أنفسهم لأخذوا بالأسباب واعتمدوا الوسائل لتحقيق أهدافها وإحداث تغييراتها وإلاّ ما كانت أن تحدث شيئاً [1].

وعلى الرغم من مسعاه الجاد في توضيح الآصرة القوية التي تجمع بين الدين والعصبية وتقديم كل ما توافر له من براهين واثباتات تؤكد صحة هذا الترابط، على الرغم من كل ذلك، نجد تنبيهه عند تعارض بعض أفكاره السابقة مع ما جاء في الشرع الإسلامي من ذم للعصبية، وذلك حين ذمَّ رسول الله صلى الله عليه وسلم عبية الجاهلية (عصبيتها) وتلاقيها مع بعض الأدلة الشرعية الأخرى التي أكدت أهمية العصبية لحماية الدعوة كقوله صلى الله عليه وسلم: ((**ما بعث الله من بعده - أي لوط - من نبي إلاّ في ثروة من قومه..**)) [2].

وعلّل البعض ذلك باعتقاد ابن خلدون الجازم بأن الإسلام لم يلغ العشيرة والقبيلة في مجتمع مكون من عشائر وقبائل، وإنّما ألغى الانغلاق القبلي المعيق من انصهار القبائل في مفهوم الأمة [3]، وقدّم دليلاً على ذلك قول ابن خلدون: ((.. اعلم أن الملك غاية طبيعية للعصبية ليس وقوعه عنها باختيار، إنّما هو بضرورة الوجود وترتيبه.. وأن الشرائع والديانات وكل أمر يحمل عليه الجمهور فلا بد فيه من العصبية؛ إذ المطالبة لا تتم إلاّ بها كما قدمناه، فالعصبية ضرورية للملة وبوجودها يتم أمر الله منها.. ثمَّ وجدنا الشارع قد ذمَّ العصبية وندب إلى اطراحها وتركها فقال صلى الله عليه وسلم: ((**إنّ الله أذهب عنكم عُبِّيَّة الجاهلية وفخرها بالآباء، أنتم بنو آدم وآدم من تراب**)) [4]، وقال عز وجل: **﴿لَن تَنفَعَكُمْ أَرْحَامُكُمْ وَلَا أَوْلَادُكُمْ﴾**[5]..)) [6].

---

(1) عماد الدين خليل، ابن خلدون إسلامياً، ص 37.

(2) أخرجه الإمام أحمد في المسند برقم (8627).

(3) عبد الله ابراهيم الكيلاني، ((**منهج ابن خلدون في التعاطي مع النصوص الشرعية**))، ندوة الأردن، (آيار: 2007 م)، ص 17.

(4) ابن خلدون، المقدمة، ج 2، ص 538؛ الألباني، صحيح الجامع الصغير، مج 1، ص ص 367 - 368 نقلاً عن مسند الإمام أحمد وسنن الترمذي.

(5) سورة الممتحنة، من الآية (3).

(6) ابن خلدون، المقدمة، ج 2، ص 538.

وأضاف ابن خلدون قائلاً: ((.. إنّ ذم الشارع العصبية، إنما مراده حيث تكون العصبية على الباطل كما كانت في الجاهلية، وأن يكون لأحد فخر بها أو حق على أحد.... فأما إذا كانت في الحق وإقامة أمر الله فأمر مطلوب، ولو بطل لبطلت الشرائع؛ إذ لا يتم قوامها إلاّ بالعصبية..)) [(1)].

هكذا خرج ابن خلدون من مأزق إشكالية الوقوع في التناقض بين مدح العصبية وذمها، بتقسيم العصبية على نوعين، ايجابية وسلبية، والإسلام ذم الأخيرة التي تتحكم فيها الأهواء والميول وتقوم على الباطل، وشجّع وأثنى على العصبية الإيجابية التي تعمل على نصرة الدين وحمايته لأنها عصبية محمودة [(2)].

إلى جانب ذلك، حدد ابن خلدون مصادر العصبية، وبطبيعة الحال كان النسب في مقدمتها، لأن أهل النسب الواحد تربطهم روابط قوية تدفعهم إلى التلاحم والتناصر، وفائدة النسب تكمن في ((.. الالتحام الذي يوجب صلة الأرحام حتى تقع المناصرة والنعرة..)) [(3)]، وتلى ذلك بالأهمية عنده، المصاهرة والولاء والحلف كمصادر للعصبية، وعلّق على ذلك بقوله: ((.. فإذا اصطنع أهل العصبية قوماً من غير نسبهم أو استرقوا العبدان والموالي والتحموا بهم، ضرب معهم أولئك الموالي والمصطنعون بنسبهم في تلك العصبية ولبسوا جلدتهم كأنهم عصبيتهم..))[(4)]، معللاً ذلك بقوله: ((.. إذ نعرة كل واحد منهم على أهل ولائه وحلفه للأنفة التي تلحق النفس من اهتضام جارها أو قريبها أو نسبها بوجه من وجوه النسب، وذلك لأجل اللحمة الحاصلة من الولاء مثل لحمة النسب أو قريباً منها..)) [(5)].

يتضح لنا مما تقدم مدى الترابط بين النبوة والعصبية، لعدم مقدرة أي دعوة دينية تحقيق نتائج فعّالة ومرجوة بدون عصبية تساندها، والعكس صحيح فلا قدرة

---

(1) ابن خلدون، المصدر نفسه، ج 2، ص 540.

(2) عبد الرزاق قسوم، ((**قراءة فلسفية في المنهج الخلدوني الاجتماعي**))، مداخلات ندوة بيت الحكمة، (تونس: 13 - 18 آذار 2006 م)، ص 3.

(3) ابن خلدون، المقدمة، ج 2، ص 424.

(4) ابن خلدون، المقدمة، ج 2، ص 433.

(5) ابن خلدون، المصدر نفسه، ج 2، ص 424.

لعصبية على الانتشار والتوسع والتطور الحضاري لمجتمعاتها دون الاستناد إلى دعوة دينية ترشدها وتوجهها وهو ما حصل مع عصبية العرب قبل الإسلام وبعده.

استند الرسول صلى الله عليه وسلم في نشر الدعوة الإسلامية على عصبية نسبه وقومه ولا أدل على ذلك من المواقف التي تجسدت فيها روح العصبية المناصرة والمدافعة عن الرسول صلى الله عليه وسلم وعن الرسالة الدينية التي حملها، والتي ابتدأت بعصبية عائلته وعشيرته ثم عصبية العرب الجامعة لكل العصبيات.

في بيت الرسول صلى الله عليه وسلم وقفت زوجته خديجة - رضي الله عنها - وأهل بيته إلى جانبه، صدّقوه وآمنوا به، ثم آمن به أصحابه المؤمنون الأوائل فصدّقوه ونصروه، ووقفت عشيرته تحميه وترد عنه أذى المشركين ((.. فقام أبو طالب دونه محامياً ومانعاً..))، وقال للرسول صلى الله عليه وسلم: ((.. يا ابن أخي ! قل ما أحببت فوالله لا أُسَلمكَ أبداً..)) [1]. وها هي عشيرته (بمؤمنها ومشركها) تدخل شعب أبي طالب محاصرين من قبل مشركي قريش ثلاث سنين تحت حماية أبي طالب الذي دعى بني هاشم وبني المطلب لنصرة الرسول صلى الله عليه وسلم، وكان إسلام حمزة رضي اله عنه عم الرسول صلى الله عليه وسلم بسبب عصبيته لنصرة ابن أخيه حين بلغه أنّ أبا جهل اعتدى عليه [2].

وكذلك حاول الرسول صلى الله عليه وسلم حينما تخلت عنه عشيرته بعد موت أبي طالب كسب حماية بعض القبائل العربية، وذكر ابن خلدون أنه صلى الله عليه وسلم: ((خرج إلى الطائف يدعوهم إلى الإسلام والنصرة والمعونة.. فأساؤوا الرد.. وانصرف صلى الله عليه وسلم إلى مكة)) [3]، كما أورد ابن خلدون أن رسول الله صلى الله عليه وسلم: ((كان يعرض نفسه على وفود العرب في الموسم، يأتيهم في منازلهم ليعرض عليهم الإسلام، ويدعوهم إلى نصره، ويتلو عليهم القرآن)) [4]، ويطلب منهم أن يمنعوه ويحموه حتى يُبَلّغ رسالة ربه فكان من يستمع ويعذر، ومنهم من يعرض ويرد رداً قبيحاً - وهم بنو حنيفة - ومنهم من أحسن الرد.. حتى كانت اللقاءات مع الأوس والخزرج وتمت بيعة العقبة الأولى والثانية فكان ذلك انعطافاً مهماً في مسار الدعوة الإسلامية، إثر الهجرة النبوية إلى

(1) ابن خلدون، تاريخ، مج 2، ص ص 718 - 719.
(2) ابن خلدون، المصدر نفسه، مج 2، ص 723.
(3) ابن خلدون، تاريخ، مج 2، ص ص 726 - 727.
(4) ابن خلدون، المصدر نفسه، مج 2، ص 727.

المدينة المنورة [1]، وفي ذلك يقول ابن خلدون: ((وقد ذخر الله الخير في ذلك كله للأنصار)) [2] حين ((دعاهم رسول الله صلى الله عليه وسلم إلى الإسلام.. فآمنوا وأسلموا.. وأنصرفوا إلى المدينة ودعوا إلى الإسلام حتى فشا فيهم. ولم تبقَ دار من دور الأنصار إلاّ وفيها ذكر النبي صلى الله عليه وسلم)) [3]، هكذا استند النبي محمد صلى الله عليه وسلم بعد هجرته إلى المدينة المنورة إلى العصبية الجديدة (**الأوس والخزرج**) في مقاومة قريش وغيرها من قبائل العرب بهدف حماية ونشر الدعوة.

وبعد انتشار الإسلام في شبه جزيرة العرب وتوحد العرب تحت مظلته في عصبية واحدة كبيرة، انتشرت الدعوة الاسلامية لتكون الدولة العربية الإسلامية العظيمة الموحدة تحت راية الدين والعروبة بعد أن هزمت الفرس والروم.

- العصبية والدولة:

أكد ابن خلدون، على أهمية العصبية كعنصر فعّال في قيام الدول، لا سيّما إذا تلازمت مع دعوة دينية تزيدها تنظيماً وقوةً ومنعةً، وذلك لاعتقاده أن ((.. الصبغة **الدينية** تذهب بالتنافس والتحاسد الذي في أهل العصبية وتفرد الوجهة إلى الحق..)) [4]. والإيمان والتدّين ووضوح الأهداف والعمل على تحقيقها وبذل الجهود في سبيلها، والاستماتة من أجلها باعتبارهم يمتلكون قوة ذاتية (**الإيمان بالعقيدة**) تكون دافعاً لهم وحافزاً للوصول لإحدى الحسنيين (**النصر أو الشهادة**).

وهذا ما حصل للعرب مع بداية الدعوة الإسلامية، وأشار إلى ذلك بقوله: ((.. إذا حصل لهم الاستبصار في أمرهم لم يقف لهم شيء، لأن الوجهة واحدة والمطلوب متساوٍ عندهم، وهم مستميتون عليه. وأهل الدولة التي هم طالبوها وإن كانوا أضعافهم فأغراضهم متباينة بالباطل، وتخاذلهم لتقية الموت حاصل..)) [5].

ويعد ابن خلدون الوازع الديني السلطة الخفية المحركة للسلوك والضابطة

(1) سبقت الإشارة إلى ذلك في الفصل الثاني.

(2) ابن خلدون، تاريخ، مج 2، ص 728.

(3) ابن خلدون، المصدر نفسه، مج 2، ص 729.

(4) ابن خلدون، المقدمة، ج 2، ص ص 538 - 539.

(5) ابن خلدون، المصدر نفسه، ج 2، ص 467.

له [1]، ذلك أن ((من أخلاق البشر، فيهم الظلم والعدوان إلى أخيه إلى أن يصده وازع)) [2]. على أن يكون هذا الوازع واحداً منهم، فالرئاسة في أهل العصبية - من وجهة نظر ابن خلدون - لا تكون في غير نسبهم [3]، وخير مثال على ذلك قيام رسول الله صلى الله عليه وسلم بتولية زعماء العشائر على قومهم عند إعلانهم الإسلام، وقد فعل ذلك الرسول صلى الله عليه وسلم مع قبائل الأوس والخزرج في بيعة العقبة الثانية حين ((.. اختار منهم اثني عشر نقيباً يكونون على قومهم.. وقال لهم أنتم كفلاء على قومكم..)) [4]، كذلك فعل الرسول صلى الله عليه وسلم في عام الوفود عندما قَدِمَ إليه زعماء القبائل العربية من كل بقاع الجزيرة العربية يعلنون إسلامهم، وكان رسول الله صلى الله عليه وسلم ((.. ينزلهم إذا قدموا ويجهزهم إذا رحلوا..)) [5] ويُؤَمِرُهُمْ على قومهم، لمعرفته صلى الله عليه وسلم بطباع العرب وامتناعهم من أن يسودهم غيرهم.

وفي الحقيقة يمكننا ملاحظة التكرار والتداخل في أفكار ابن خلدون، ولا سيما فيما يخص الترابط القائم بين الدين والعصبية والدولة، وقد قدّم المزيد من الطروحات المؤيدة لذلك، ومنها أن وجود الدين إلى جانب العصبية يكون له الغلب، أما إذا ذهبت صبغة الدين فيكون الغلب في الصراع بيد العصبية تمارس دورها كقوة في غياب الدين الذي يسخرها لخدمته، فتعمل العصبية على التغلب على ما تحت يدها من العصبيات المتكافئة معها أو حتى العصبية التي كانت أقوى منها بصبغة الدين، فتعمل على انتزاع الأمر منها. وقال في ذلك: ((إذا حالت صبغة الدين وفسدت، كيف ينتقض الأمر ويصير الغلب على نسبة العصبية وحدها دون زيادة الدين، فيغلب الدولة من كان تحت يدها من العصائب المكافئة لها أو الزائدة القوة عليها غلبتهم بمضاعفة الدين لقوتها ولو كانوا أكثر عصبية منها وأشد بداوة..)) [6].

---

(1) قسوم، قراءة فلسفية في المنهج الخلدوني، ص 6.

(2) ابن خلدون، المقدمة، ج 1، ص 422.

(3) ابن خلدون، المصدر نفسه، ج 2، ص 429.

(4) ابن خلدون، تاريخ، مج 2، ص 732.

(5) ابن خلدون، المصدر نفسه، مج 2، ص 825.

(6) ابن خلدون، المقدمة، ج 2، ص 468.

3 - الديـــن:

رصد ابن خلدون التكوين الاجتماعي والروحـي للعـرب ودورهـم الحضـاري الناشـئ بسـبب التغيرات الكبيرة التي حصلت لديهم بعد ظهور الإسلام وانتشاره بينهم. ولاحـظ طبيعـة الترابـط بـين السنن الكونية، والعصبية، والدين، التي لعبت دوراً واضحاً في رسم وتوجيـه أحـداث التـاريخ الإسـلامي عامـة، والسيرة النبوية خاصة. ورأى أنّ للدين أثره الفاعل في ترويض النفسية العربيـة المتحـررة، فإنـه أصبح وازعاً ذاتياً عند العرب ومحركاً فاعلاً لهم نحو البنـاء الحضاري وتوحيد الهدف وكان للـدين أثـره البالغ في حياة العرب فاق أثر البيئة، والطبيعة، والتربية.

وأوضح ابن خلدون أيضاً أن الدين هذّب ذهنية العرب وسلوكهم النفسي وتوجههم الفكـري ودفعهم باتجـاه إقامة الدول، وأكد بـأن العرب لا يحصل لهم الملك لرفضهم الانقياد والانصياع للغـير، لأنهم - حسب رأي ابن خلـدون - ((.. أصـعب الأمـم انقيـاداً بعضـهم لـبعض، للغلظـة والإنفـة..)) [1]، وكانوا مشتتين لا تجتمع أهواؤهم على هدف واحد، يدفعهم إلى ذلك رغبة عارمة في الزعامة والرئاسـة الشخصية، غير أن وجود الدين المهذب للطباع المجمع للنـاس أصبح حافـزاً ذاتياً لهم يلتزمـون بـأوامره باقتناع طوعي لا بإكـراه خارجي، فتغيرت أحوال العرب، ويعلـل ذلك ابن خلدون بقوله: ((.. فإذا كـان الدين بالنبـوة والولاية كان الـوازع لهـم مـن أنفسـهم وذهـب خلـق الكِبَر والمنافسـة مـنهم، فسـهّل انقيادهم واجتماعهم، وذلك بما يشـملهم مـن الـدين المـذهب للغلظـة والأنفـة الـوازع عـن التحاسـد والتنافس..)) [2].

ويذكر ابن خلـدون أن الإسلام ومبادئه الدينية شغل العرب عن التنـافس العصـبي الجـاهلي فنسوه، وظهرت العصبية الطبيعية لإقامة الدين وحمايته وجهـاد المشركين. وعبّر عـن ذلـك بقولـه: ((.. شغل النـاس مـن الـذهول بالخـوارق وأمـر الـوحي وتـردد الملائكـة لنصرـة المسـلمين، فـأغفلوا أمـور عوائدهم وذهبت عصبية الجاهليـة ومنازعهـا ونسيت، ولم يبـقَ إلاّ العصـبية الطبيعيـة في الحمايـة والدفاع ينتفـع

(1) ابن خلدون، المقدمة، ج 2، ص 456.

(2) ابن خلدون، المصدر نفسه، ج 2، ص 456.

بها في إقامة الدين وجهاد المشركين، والدين فيها محكم والعادة معزولة..)) [1].

كما كانت العصبية عند ابن خلدون وسيلة لنصرة الدين وإقامة الحق، كذلك كان للدين عنده الأثر البارز في توجيه العصبية نحو صياغة الحوادث التاريخية والحضارية، لأنه وجد في الدين العنصر الفاعل في إقامة الدول العظيمة فكتب فصلاً في ((.. أن الدول العامة الاستيلاء العظيمة الملك أصلها الدين إما من نبوة أو دعوة حق..)) [2]، ورأى في الدين أنه يزيد الدولة قوةً إلى قوتها العصبية ((.. فصل في أن الدعوة الدينية تزيد الدولة في أصلها قوةً على قوة العصبية التي كانت لها من عددها..)) [3]. ولاحظ ابن خلدون كذلك ((.. أن العرب لا يحصل لهم الملك إلاّ بصبغة دينية من نبوة أو ولاية أو أثر عظيم من الدين على الجملة..)) [4]، ووجد كذلك أن أفضل أنواع الحكم هو القائم على أساس ديني لأنه كما يقول: ((.. يوجب بمقتضى الشرائع حمل الكافة على الأحكام الشرعية في أحوال دنياهم وآخرتهم، وكان هذا الحكم لأهل الشريعة وهم الأنبياء ومن قام فيه، مقامهم وهم الخلفاء..)) [5].

ورأى ابن خلدون أن العرب شغلتهم النزاعات القبلية فيما بينهم وعدم الاستقرار - فترة ما قبل الإسلام - عن البناء الحضاري، ولكن ما أن شملتهم النزعة الدينية التي جمعت شملهم بعد أن كانوا متفرقين، ووحدت كلمتهم بعد أن كانوا متضادين وأصبحت لهم القوة في مجتمعهم حتى اتجهوا نحو بناء الحضارة وشيّدوا الدول [6]، فبعد أن ((.. كانت القبائل العربية تعيش قبل الإسلام حياة شظف ومسغبة، وفي جهد من العيش بحرب بلادهم، وحرب فارس والروم على تلول العراق والشام..)) [7]، وما أن جاء الإسلام حتى تغيرت حياتهم ((.. وأصبحت

(1) ابن خلدون، المصدر نفسه، ج 2، ص 561.
(2) ابن خلدون، المقدمة، ج 2، ص 466.
(3) ابن خلدون، المصدر نفسه، ج 2، ص 467.
(4) ابن خلدون، المصدر نفسه، ج 2، ص 456.
(5) ابن خلدون، المصدر نفسه، ج 2، ص 518.
(6) الوردي، منطق ابن خلدون، ص 276.
(7) ابن خلدون، تاريخ، مج 2، ص 703.

عصبية العرب على الدين بما أكرمهم الله من نبوة محمد صلى الله عليه وسلم، فزحفوا إلى أمم فارس والروم وطلبوا ما كتب الله لهم بوعد الصدق..)) [1].

ووجد ابن خلدون أنّ للدين الإسلامي دوراً فعّالاً في تجميع العصبيات القبلية العربية التي تقوم على النسب المجمع بين الأفراد والمفرق بين الجماعات، وتذويبها وتهذيبها مما ألحقته الطبيعة بها من صفات الغلظة وعدم الانقياد بما جاء به الإسلام من أحكام شرعية تدعو إلى الأخلاق الحميدة والعادات الحسنة وتحشيد الطاقات وتوجيهها للجهاد من أجل نشر ـ الدين وتعاليمه لبناء المجتمع وتشييد الحضارة [2].

وما جاء في بيعة الأنصار للرسول صلى الله عليه وسلم - بيعة العقبة الأولى - من تأكيد على الأخلاق كان أساساً لبناء مجتمع إسلامي فاضل، بعيد عن تبعات الجاهلية، فقد ((بايع هؤلاء على الطاعة لرسول الله صلى الله عليه وسلم، وعلى أن لا يُشركوا بالله شيئاً، ولا يسرقوا ولا يزنوا ولا يقتلوا أولادهم ولا يفتروا الكذب..)) [3]، هذا كله يتحقق بفضل وجود النبي صلى الله عليه وسلم أو الولي فيهم ((.. الذي يبعثهم على أمر الله، ويذهب عنهم مذمومات الأخلاق، ويأخذهم بمحمودها..)) [4].

بهذه الأخلاق بنى الرسول صلى الله عليه وسلم في المدينة المنورة مجتمعاً رصيناً، كان نواةً للدولة الإسلامية وأساساً للحضارة العربية الإسلامية [5]، وعلى هذا شكّل الدين الإسلامي عند ابن خلدون عاملاً مهماً من عوامل تثبيت الدولة وتقوية أركانها لأنه مثّل ((.. سلاحاً فكرياً فعّالاً في توحيد القبائل العربية ودفعها إلى الفتوحات وتأسيس الإمبراطورية العربية..)) [6].

(1) ابن خلدون، المقدمة، ج 2، ص 542.
(2) الجابري، فكر ابن خلدون، ص 389.
(3) ابن خلدون، تاريخ، مج 2، ص 730
(4) ابن خلدون، المقدمة، ج 2، ص 456.
(5) للمزيد من التفاصيل، ينظر: هاشم يحيى الملاح، حكومة الرسول صلى الله عليه وسلم ((**دراسة تاريخية - دستورية مقارنة**))، منشورات المجمع العلمي العراقي، مطبعة المجمع العلمي العراقي، (بغداد: 2002 م)، ص 50 وما بعدها.
(6) مسلم ماجد، دراسة ابن خلدون، ص 87.

ثانيا - توظيف فكرة العصبية في دراسة احداث السيرة النبوية

شغلت العصبية حيزاً واسعاً في فكر وكتابات ابن خلدون، وبنى عليها نظريات مختلفة خلص منها إلى إستنتاجات مهمة تتعلق بتفسير الكثير من الأحداث التاريخية، بل إنه اتخذ من العصبية والدين.. المفتاح الذي حل به جميع المشاكل التي يطرحها سير أحداث التاريخ الإسلامي إلى عهده..، وحتماً جميع الأحداث التاريخية المتعلقة بالسيرة النبوية التي كان للعصبية والدين علاقة وثيقة في صياغة الكثير من أحداثها عند ابن خلدون وعلى النحو الآتي:

1: أسباب انقسام العرب وتفرقهم قبل الإسلام عند ابن خلدون:

حاول ابن خلدون جاداً عند معالجته لموضوع السيرة أن يتتبع الحال التي كان عليها العرب قبل الإسلام، وأخذ يسبر غور الأسباب الكامنة وراء تفرقهم وانقسامهم وعدم قدرتهم على إقامة دولة موحدة جامعة لهم بعد أن غلبت عليهم الفرقة وجعلتهم قبائل متناثرة هنا وهناك في عموم أرض الجزيرة العربية، فأصبحت القبيلة تمثل الكيان الاجتماعي والسياسي للسكان، وهي الوحدة العصبية الجامعة لأبنائها برباط الدم والنسب والجماعة، وفي الاجتماع الذي يفرضه وجود التعاون من أجل تحصيل الغذاء، أو الدفاع عن حياض القبيلة في حالة الخطر، اللّذين فيهما دوام وجود القبيلة، ولكن وجود الطباع العدوانية في البشر أوجبت وجود قوة رادعة لتصرفاتهم تمثلت في السلطة، لأنه كما يقول ابن خلدون: ((.. من أخلاق البشر فيهم الظلم والعدوان بعض على بعض، فمن امتدت عينه إلى متاع أخيه امتدت يده إلى أخذه إلاّ أن يصده وازع..)) [1]. وكان الوازع في القبيلة العربية رؤساء العشائر والبطون، الذين تختارهم القبيلة ضمن مواصفات خاصة تميزهم من غيرهم وأهم هذه المواصفات أن يكون الرئيس من صريح نسب القبيلة فإنه في نظر

(1) ابن خلدون، المقدمة، ج 2، ص 422.

ابن خلدون: ((.. أن الرياسة على أهل العصبية لا تكون في غير نسبهم..)) [1]، لرفض العرب الانصياع والخضوع لحاكم يكون من غيرهم، إضافة إلى كون الرئيس من أقوى بطون القبيلة، ومن العصبية الغالبة، لكي يكون له الغلب والاعتزاز والمنعة بعصبيته التي تدعمه في الزعامة لاخضاع القبيلة كلها بعصبياتها المختلفة قال ابن خلدون: ((.. إن كل حي أو بطن من القبائل وإن كانوا عصابة واحدة لنسبهم العام ففيهم أيضاً عصبيات أخرى لأنساب خاصة.. والرياسة فيهم إنما تكون في نصاب واحد منهم ولا تكون في الكل، ولما كانت الرياسة إنما تكون بالغلب وجب أن تكون عصبية ذلك النصاب أقوى من سائر العصائب ليقع الغلب بها وتتم الرياسة لأهلها..)) [2]، إلى جانب تمتعه بالقوة والمنعة والصفات الحميدة مثل الشجاعة والكرم والمروؤة، والغنى، والحكمة والرأي السديد، والخبرة والتجربة في الحياة مع كبر سنهم ((.. فيزع بعضهم عن بعضهم مشايخهم وكبراؤهم بما وقر في نفوس الكافة لهم من الوقار والتجلة..)) [3].

ولتدعيم آرائه السابقة وضع ابن خلدون أسساً عامة تنظم هذه العلاقة يمكن تحديدها بما يأتي:

أ - عصبية ذوي الأرحام:

وجد ابن خلدون في إطار العصبية العامة الجامعة لأفراد القبيلة، ميلاً كبيراً لدى القبائل العربية وبطونها تجاه ذوي الأرحام، وهي الفطرة الطبيعية التي جُبِلَ عليها الناس لنصرة أفراد أسرهم أو أقربائهم والدفاع عنهم - قال ابن خلدون -: ((.. ما جعل الله في قلوب عباده من الشفعة والنصرة على ذوي أرحامهم وقربائهم موجودة في الطبائع البشرية وبها يكون التعاضد والتناصر وتعظم رهبة العدو لهم..)) [4].

ولعل خير مثال على ذلك نصرة بني هاشم للنبي محمد صلى الله عليه وسلم وهم يحمونه في

(1) ابن خلدون، المصدر نفسه، ج 2، ص 429.
(2) ابن خلدون، المقدمة، ج 2، ص 428.
(3) ابن خلدون، المصدر نفسه، ج 2، ص 423.
(4) ابن خلدون، المصدر نفسه، ج 2، ص 423.

مكة المكرمة ضد بقية بطون قبيلتهم قريش، استجابةً لعصبية القربى مع بقائهم على دين آبائهم، فكانت حماية عمّه أبي طالب له طيلة حياته، ولم يكتف بنو هاشم وبنو المطلب بذلك، بل تحملوا جميعاً (مؤمنهم ومشركهم) ثلاث سنوات من الإبعاد والمقاطعة في شعب أبي طالب، لا يدفعهم إلى ذلك سوى عصبيتهم لذوي رحمهم ضد العصبيات الأخرى في إطار عصبية قبيلة قريش [1].

ب - عصبية النسب القريب:

الأساس الذي وضعه ابن خلدون لتحديد العلاقة داخل إطار العصبية، تمثل في ما أطلق عليه عصبية النسب القريب التي وجد فيها الرابطة العصبية المتحكمة بها أقوى بكثير من عصبية ذوي الرحم لأنها تشمل - من وجهة نظره - كل الذين يجمعهم نسب واحد أو (**خاص**) في حين تكون العصبية أضعف والتناصر أقل بين من يربطهم نسب بعيد أو وجوه انتسابهم كانت، الولاء والحلف أو (**النسب العام**)[2]، وذلك لأن ((.. النعرة تقع من أهل نسبهم المخصوص ومن أهل النسب العام، إلاّ أنها في النسب الخاص أشد لقرب اللحمة..)) [3].

ولا يعني النسب الخاص عند ابن خلدون القرابة الدموية، وإنما هو الانتماء الفعلي إلى جماعة معينة أي إلى عصبة ما [4]، أي أن يكون هذا النسب محفزاً ((.. للأنفة التي تلحق النفس من اهتضام جارها أو قريبها أو نسيبها بوجه من وجوه النسب..)) [5]. ومن وجهة نظر ابن خلدون أن وجود النسب (**الخاص والعام**) في إطار القبيلة الواحدة لا يقلل أو يضعف من قوة عصبيتها، لأن العصبية فيها أساس القوة الجماعية التي تمنح القدرة على المواجهة، سواء أكانت مطالبة أم دفاعاً، لأن كل أفراد القبيلة يتضامنون فيما بينهم للدفاع عن قبيلتهم تجاه القبائل الأخرى في الحروب والدفاع عن المصالح المشتركة وفق مبدأ (**أنصر أخاك ظالماً أو مظلوماً**).

---

(1) ابن خلدون، تاريخ، مج 2، ص 724.
(2) الجابري، فكر ابن خلدون، ص 259.
(3) ابن خلدون، المقدمة، ج 2، ص 428.
(4) الجابري، فكر ابن خلدون، ص ص 259 - 260.
(5) ابن خلدون، المقدمة، ج 2، ص 424.

وكانت علاقة الفرد بالقبيلة متبادلة فهو يرى أيَّ اعتداء أو خطر عليها خطراً على شخصه وبالعكس فالقبيلة كلها تصير كالجسد الواحد إذا أصيب بأذى ولحقه ضرر أو اعتديَ عليه، وقد توضح هذا الموقف في بعض مراحل الصراع بين المسلمين بقيادة الرسول صلى الله عليه وسلم وبين مشركي مكة، إذ أشارت الروايات إلى مشاركة المنافقين والمشركين في القتال إلى جانب المسلمين مع مخالفتهم لهم في الدين وذلك بدافع العصبية القبلية[1]. وأشار القرآن الكريم إلى ذلك(وَلِيَعْلَمَ الَّذِينَ نَافَقُوا وَقِيلَ لَهُمْ تَعَالَوْا قَاتِلُوا فِي سَبِيلِ اللَّهِ أَوِادْفَعُوا قَالُوا لَوْ نَعْلَمُ قِتَالًا لَاتَّبَعْنَاكُمْ)[2]. ((.. وفي معركة أُحد قاتل رجل يُدعى ((قُزمان)) وقتل عدداً من المشركين، حتى إذا خلصت إليه الجراح وسقط حمل إلى إحدى الدور، وعاده بعض المسلمين وقال له أحدهم: ((أبشر يا قزمان)) فأجابه: ((بماذا أبشر فوالله ما قاتلت إلاّ عن أحساب قومي))..))[3].

ج - عصبية الأحلاف:

لاحظ ابن خلدون التطور الحاصل لمراحل العصبيات المختلفة، فقد أضحى بإمكان العصبية القبلية (الخاصة) أن تكون عصبية عامة وذلك بإقامة تحالفات بين القبائل للدفاع عن المصالح المشتركة وتأمين السلام بينهم، فتنشأ بذلك عصبية الأحلاف بين القبائل المتحالفة، وكان هذا واضحاً في غزوة الأحزاب التي جمعت فيها قريش حلفاءها من القبائل الأخرى وتحزبت لحرب المسلمين[4]. ومن الأحلاف الأخرى عند ظهور الإسلام تحالف يهود المدينة المنورة مع قبائل الأوس والخزرج - القبائل العربية - فبعضهم حالف الأوس وبعضهم حالف الخزرج، وقد تدوم هذه الأحلاف جيلاً بعد جيل، ولا ينقضها إلاّ الأحداث الجسام، وهذه التحالفات بقيت بعد هجرة الرسول صلى الله عليه وسلم، فظلّ الأوس والخزرج متمسكين بأحلافهم مع اليهود إلى أن أجلاهم الرسول صلى الله عليه وسلم عن المدينة المنورة بعد

(1) الشريف، مكة والمدينة، ص 57.

(2) سورة آل عمران، من الآية (167).

(3) الشريف، مكة والمدينة، ص ص 57 - 58.

(4) ابن خلدون، تاريخ، مج 2، ص ص 773 - 777.

أن نقضوا عهودهم مع المسلمين ووقفوا ضدهم [1].

ويؤكد ابن خلدون ذلك بقوله: ((.. إذا كـان النسـب المتواصـل بـين المتنـاصرين قريبـاً جـداً بحيث حصل به الاتحاد والالتحام كانت الوصلة ظاهرة.. وذلك لأجل اللحمة الحاصلة مـن الـولاء مثـل لحمة النسب أو قريباً منها..)) [2].

ومع أن العصبية القبلية لعبت دوراً هامـاً مـن الناحيـة الاجتماعيـة في حفـظ تـوازن المجتمـع القبلي العربي وإقامـة العلاقـات المختلفـة فيـه، إلاّ أن هـذه العصبية فرّقـت مـن جهة أخـرى المجتمـع إلى كيانات متفرقة متنازعة تمتعت كل منها بسلطة خاصة، بـدلاً مـن خلقهـا مجتمعـاً موحـداً كبـيراً يضم جميع القبائل، وأضحت هـذه العصبية الجامعة قوة للمواجهة متى مـا تعرضت القبائـل إلى العـدوان والتهديد، وقد ربـط ابن خلدون بين العصبية والعدوان، وأرجع ذلك العدوان بين العصبيات المختلفـة إلى أسباب لعلّ من أهمها:

1 - صراع العصبيات (صراع النسب):

عـدّ ابن خلـدون - كما مرّ بنا سابقاً - النسـب الأسـاس الـذي تقـوم عليـه الرابطـة العصبية والعدوان (الصراع)، وذلك لأنه إلى جانب كونه عامـل جمـع وتوحيـد، فإنه وفي الوقـت نفسـه عامـل تفريق، فكما يجمع النسب أفراد العصبة الواحدة أو عصائب القبيلة الواحدة يعمـل عـلى تفريق الجماعات والأفـراد الذين لا يربطهم نسب قريب أو بعيد، وغالبـاً مـا كان للنسب الدور الفاعل الذي لا يمكن إهماله في إذكاء الصراعات القبليـة بـين القبائـل العربية [3]، وذلك لأنه ((.. لا يصدق دفـاعهم وذيادهم إلاّ إذا كانوا عصبية وأهل نسب واحد؛ لأنهم بذلك تشتد شوكتهم ويُخشى جانبهـم، إذ نعرة كل أحد على نسبه وعصبيته أهم..)) [4].

---

(1) الشريف، مكة والمدينة، ص 59.
(2) ابن خلدون، المقدمة، ج 2، ص 424.
(3) الجابري، فكر ابن خلدون، ص 262.
(4) ابن خلدون، المقدمة، ج 2، ص 423.

2 - الصراع من أجل السيادة:

من الدوافع المهمة للعدوان (الصراع) عند ابن خلدون، الصراع الناشئ بين أبناء الأرستقراطية القبلية على الرئاسة، والتي تعمل على تفرقة المجتمع العصبي، لأن المجتمع القبلي يقوم أساساً على الكثرة داخل الوحدة العصبية، وعلى التناصر والتعاضد في إطار التنافس والتناحر داخل الوحدة العصبية ذاتها وهذا ما أضفى صفة الصراع الدائم في حياة العمران البدوي لتنافس القوى فيما بينها على السيادة والرئاسة [1]، لأنهم ((.. متنافسون في الرياسة، وقلّ أن يسلم أحد منهم الأمر لغيره ولو كان أباه أو أخاه أو كبير عشيرته، إلاّ في الأقل وعلى كره من أجل الحياء..)) [2].

3 - الصراع من أجل البقاء:

تتحكم الطبيعة في المجتمعات البدوية، فهي تلجأ دائماً نحو الترحال طلباً للماء والكلأ، وهذا الانتقال كثيراً ما يتسبب في صراع دام فيما بين القبائل، لأن كل قبيلة ترى الأرض التي تشغلها ملكاً لها ما دامت مقيمة فيها، وأي محاولة من قبيلة أخرى للاستفادة من هذه الأرض تعدّه عدواناً صريحاً يجب مواجهته. كما ينشب هذا الصراع أيضاً إذا رأت بعض القبائل نفسها مهددة بالفناء تحت وطأة الطبيعة (جراد، فيضان، أمراض،..)، فلا تتردد في الهجوم على أماكن القبائل الأخرى التي تعيش ظروفاً طبيعية فُضْلى، فيكون الصراع قوياً من أجل الحصول على مقومات الحياة [3].

ويرى ابن خلدون أن الصراع من أجل البقاء يقع نتيجة قلّة الموارد، لأن الناس في: ((اجتماعهم وتعاونهم في حاجاتهم ومعاشهم وعمرانهم من القوت والكّنّ والدفاءة إنما هو بالمقدار الذي يحفظ الحياة ويحصل بُلْغَةَ العيش من غير مزيد عليه، للعجز عما وراء ذلك..)) [4]، فتجدهم يتنازعون ويفترقون من أجل

(1) الجابري، فكر ابن خلدون، ص 262.
(2) ابن خلدون، المقدمة، ج 2، ص 455.
(3) الجابري، فكر ابن خلدون، ص ص 263 - 266.
(4) ابن خلدون، المقدمة، ج 2، ص 408.

مواطن الرزق، بل لا يمنعهم شيء من أن يعتدوا على ممتلكات غـيرهم: ((.. فمـن امتـدت عينـه إلى متاع أخيه امتدت يده إلى أخذه..)) [1]. فترى القبائل مسلحة باستمرار مهيـأة للـدفاع أو الهجـوم: ((.. فطبيعتهم انتهاب ما في أيدي الناس، وأن رزقهم في ظلال رماحهم..)) [2].

4 - الثأر:

يعد من العناصر الفاعلة التي تعمـل علـى تفرقـة وتناحر المجتمعـات القبليـة لأن طبيعـة تركيبتها الاجتماعية تقوم أساساً على التضامن والتكافل بين أفرادها، فاستلزم ذلك أن تكون القبيلة كلها مسؤولة مسؤولية جماعية عن أعمال أفرادها العدوانية التي يقومون بها ضد القبائل الأخرى، وإن لـم تكن راضية أصلاً عن هذه الأعمال، والعكس يصح أيضاً على القبيلة الأخرى المعتدى عليها أو على أحـد أفرادها، فتقوم عصبيتها بإيجاد التضامن فيما بينها لـرد هذا العدوان والدفاع عـن أفراد قبيلـتهم المعتدى عليهم والثأر لهم حتى يصل الأمر إلى التخريب والدمار، فيكون صمود الآخذين بالثأر صموداً من أجل البقاء [3].

هكذا وجد المجتمع القبلي العربي نفسه قبل ظهور الإسلام متجهاً نحو التناحر والفناء نتيجة للأسباب السابقة التي واجهها الإسلام بالـدعوة إلى الألفة والمحبـة والسلام والاتحـاد ووجه الطاقات القتالية باتجاه الجهاد لخدمة الإسلام ونشر الدعوة.

2 - عصبية قريش وظهور النبوة فيها:

اعتنى ابن خلدون بمفهوم العصبية، وأوضح تطبيقاته العمليـة في العلاقات الاجتماعيـة القبلية، فالعصبية تظهـر القـوة الجماعيـة القبليـة في (الـدفاع أو الهجـوم) التـي فرضـتها الظـروف الطبيعية لغرض حماية أفرادها ونجدتهم، والمحافظة علـى الكيـان القبلي الـذي يتـأتى نتيجـة لعوامـل عديدة، منها عوامل اقتصادية وروحية

(1) ابن خلدون، المصدر نفسه، ج 2، ص 422.
(2) ابن خلدون، المصدر نفسه، ج 2، ص 454.
(3) الجابري، فكر ابن خلدون، ص ص 266 - 267.

وتاريخية، لذا نجد أن قبيلة قريش بفعل قوة عصبيتها فرضت سيطرتها على بقية قبائل مضر[1]. وأكد ابن خلدون أن بالعصبية: ((.. تكون الحماية والمدافعة والمطالبة وكل أمر يجتمع عليه..)) [2].

وعلى هذا رأى ابن خلدون أن الاختيار الإلهي لرسوله صلى الله عليه وسلم من قريش لعلمه بقوة عصبيتها وقدرتها دون غيرها من العصبيات الأخرى على المدافعة والنصرة وحمل لواء الرسالة والعمل على نشرها، فجاء هذا الاختيار لكي تتم الدعوة وتنتشر ولو بعث الله الرسول صلى الله عليه وسلم في غير قريش، وهي العصبية السائدة آنذاك لما تمَّ نجاح الدعوة [3] حسب - رأي ابن خلدون - إلاّ أن يشاء الله وذلك: ((.. لأن الشرائع والديانات وكل أمر يحمل عليه الجمهور لا بد فيه من العصبية إذ المطالبة لا تتم إلاّ بها.. فالعصبية ضرورة للملة، وبوجودها يتم أمر الله منها..)) [4]، بل ذهب إلى أبعد من ذلك بتأكيده على أن العصبية إذا بطلت، ((.. بطلت الشرائع إذ لا يتم قوامها إلاّ بالعصبية..)) [5] القوية الجامعة التي توفر الحماية والمدافعة للنبي المرسل،فتكون سنده في نشر دعوته، وهذا ما اعتمد عليه النبي محمد صلى الله عليه وسلم مع قبيلته قريش، وهو كما يقول ابن خلدون: ((لم نجد إلاّ اعتبار العصبية التي تكون بها الحماية والمطالبة، ويرتفع الخلاف والفرقة بوجودها لصاحب المنصب، فتسكن إليه الملة وأهلها وينتظم حبل الألفة فيها، وذلك أن قريشاً كانوا عصبة مضر وأصلهم وأهل الغلب منهم وكان لهم على سائر مضر العزة بالكثرة والعصبية والشرف، فكان سائر العرب يعترف لهم بذلك ويستكينون لغلبتهم، فلو جعل الأمر في سواهم لتوقع افتراق الكلمة بمخالفتهم وعدم انقيادهم..)) [6].

فبعصبية قريش استطاع النبي محمد صلى الله عليه وسلم توحيد كافة عصبيات العرب (الحضر - والبدو) وبتشجيعه صلى الله عليه وسلم الهجرة إلى المدينة المنورة أقام بناءاً حضارياً

(1) نصّار، الفكر الواقعي، ص 244.
(2) ابن خلدون، المقدمة، ج 2، ص 525.
(3) الجابري، فكر ابن خلدون، ص ص 311 - 312.
(4) ابن خلدون، المقدمة، ج 2، ص 540.
(5) ابن خلدون، المصدر نفسه، ج 2، ص 540.
(6) ابن خلدون، المقدمة، ج 2، ص 525.

تحت لواء الدعوة الدينية التي جمعت الكل ووظفتهم في خدمة الإسلام وانتشار دعوته، بعد أن وجّه طاقاتهم من الصراع القبلي والتناحر الداخلي إلى الجهاد والفتوحات والتوسع لنشر الإسلام في كافة أنحاء العالم، فاجتماع العرب حول قريش ذات العصبية القوية التي بعث فيها النبي صلى الله عليه وسلم كان سبباً في نجاح الدعوة الإسلامية، والشارع نفسه قد راعى قريشاً عندما بعث الرسول صلى الله عليه وسلم وسطها [1]، لأنها ((.. أهل العصبية القوية ليكون أبلغ في انتظام الملة واتفاق الكلمة..)) [2].

وتجدر الإشارة إلى أن تفسير ابن خلدون لحديث النبي صلى الله عليه وسلم ((**الأئمة من قريش**)) [3] قد جاء مغايراً لِما ذهب إليه فقهاء السنة من اشتراط النسب القرشي في الخليفة استناداً إلى هذا الحديث، فقد رأى ابن خلدون أن القصد من القرشية هي العصبية والغلبة، وليس النسب استناداً إلى القواعد الاجتماعية التي توصل إليها في اشتراط السلطة، لأن قريشاً كانت في ذلك العهد تتمتع بتأييد يمكنها من الزعامة، ويؤيد ذلك بقوله: ((.. إن الأحكام الشرعية كلها لا بد لها من مقاصد وحكم تشتمل عليها، وتشرع لأجلها، ونحن إذا بحثنا عن الحكمة في اشتراط النسب ومقصد الشارع منه، لم يقتصر فيه على التبرك بوصلة النبي صلى الله عليه وسلم كما هو في المشهور، وإن كانت تلك الوصلة موجودة والتبرك فيها حاصلاً، لكن التبرك ليس من المصالح الشرعية كما علمت، فلا بد إذن من المصلحة في اشتراط النسب وهي المقصودة من مشروعيتها... إلاّ اعتبار العصبية التي تكون فيها الحماية والمطالبة..)) [4].

وعلى هذا فقد توافقت رؤية ابن خلدون لشرط القرشية مع الرؤية الإسلامية، فهو لم يخالف غاية الحديث النبوي والقصد منه، وإنما وضّح كيفية فهم نص الحديث بما لا يتعارض مع القوانين (السنن) الاجتماعية ومع الأوامر الشرعية، فالإسلام باشتراطه النسب القرشي إنما أقرّ بالأمر الواقع في زمن معين، كانت فيه عصبية قريش الأقوى بين العصبيات، وجميع العرب يقرّون بذلك، ولو

---

(1) الجابري، فكر ابن خلدون، ص 312.

(2) ابن خلدون، المقدمة، ج 2، ص 525.

(3) علي بن محمد الماوردي، الأحكام السلطانية، (د. م)، (القاهرة: 1960 م)، ص 6؛ الألباني، صحيح الجامع الصغير، مج 1، ص 534.

(4) ابن خلدون، المقدمة، ج 2، ص 525.

جعـل الأمر لغيرهم لتفرقت كلمة العرب [1].

3ـ مقاومة العصبيات (الحاكمة) في قريش للدعوة الإسلامية:

لكي تكتمل الصورة عند ابـن خلـدون وتأخـذ حجمهـا في البحـث والاستقصاء عـن الأسـباب والمسببات الفاعلة في الحـوادث التاريخية التي رافقت أحداث السـيرة النبويـة، وبعـد أن تحـدث عـن أبعاد وأهمية عصبية قريـش للدعوة الإسلامية وانتشارها، انتقل للبحث عن أسباب مقاومة قادة هـذه العصبية الحاكمة للدعوة الإسلامية، وأثر ذلك على انتشار الدعوة، وكما يأتي:

- عصبيات قريش وإعلان الدعوة الإسلامية:

ضمّت قريش تحت لوائها عدداً من البطون والعشائر المختلفة، ((.. فكل حـي أو بطـن مـن القبائل وإن كانوا عصابة واحدة لنسبهم العام، ففيهم أيضاً عصبيات أخرى لأنسـاب خاصـة هـي أشد التحاماً من النسب العام لهـم، مثل عشير واحـد أو أهل بيت واحـد أو إخـوة بنـي آب واحـد..)) [2]، وكان التنافس قائماً بين هـذه العشائر للتفرد بالزعامة التي انحصرت في عبد مناف بعد وفـاة قصي- بـن كلاب، كما أن الزعامة في بني هاشم تفرقت بعد وفاة عبد المطلب جد الرسول صلى الله عليه وسـلمبين أبنائه المتفاوتين في الثروة، لهذا ابتعد بنو هاشم عن مراكز الرئاسة وظهـرت عشـائر أخـرى مـن قـريش تفوقت عليها بالمال والرجال، وخاصةً بنو أمية [3]، فمع ظهور الإسلام كانت ((.. عصبية مضر في قريش، وعصبية قريش في عبد مناف، وعصبية عبد مناف، إنما كانـت في بنـي أميـة، تعـرف لهـم ذلـك قـريش وسائر الناس، ولا ينكرونه)) [4]. وكانوا قد حققوا لهم مكانة مهمة في دار الندوة، وبين العشائر القرشية.

(1) الكيلاني، ((**منهج ابن خلـدون**))، ص ص 12 - 15.
(2) ابن خلدون، المقدمة، ج 2، ص 428.
(3) ابن خلدون، تاريخ، مج 2، ص ص 683 - 699؛ الحميدة، سيرة النبي، ص ص 250 - 251.
(4) ابن خلدون، المقدمة، ج 2، ص 561.

أدى ظهور نبوة الرسول صلى الله عليه وسلم في بني هاشـم إلى تخوف بقية العشائر من فقدانها لمكانتها اجتماعياً ودينياً واقتصادياً، بل إنها خشيت أيضاً من فقدانها لزعامتها على عصبيتها فيما إذا عاد بنو هاشم إلى واجهة الزعامة في قريش، ويذكر ابن خلدون أن عداوة قريش العلنية للرسول صلى الله عليه وسلم وللدعوة الإسلامية ظهرت بعد ثلاثة أعوام من نزول الوحي، أثـر نزول قولـه عز وجل: (وَأَنْذِرْ عَشِيرَتَكَ الْأَقْرَبِينَ(214)) [1]، ثم ذكـر آلهتهم بسوء، بعد أن أنزل إليه قوله عز وجل: (فَاصْدَعْ بِمَا تُؤْمَرُ وَأَعْرِضْ عَنِ الْمُشْرِكِينَ(94)) [2] فذلك أثار حفيظة قريش عليه ودفعهم لإظهار عداوتهم للرسول الكريم صلى الله عليه وسلم، وكما يذكر ابن خلدون: ((.. ثم إن قريشاً حين صدع، وسب الآلهة وعابها نكروا ذلك منه ونابذوه وأجمعوا على عداوته..)) [3].

ومع أنّ إعلان الدعوة بحد ذاته لم يثر المشركين، إلاّ أن نزول آيـات قرآنيـة فيهـا ذم لآلهـتهم، ونقـد لعقيدتهم في عبـادة الأصنام دفع العصبيات الكبيرة - الحاكمـة - في قـريش إلى مقاومـة الـدعوة للحفاظ على مراكزها المهمة ومصالحها الشخصية ومكاسبها المادية وقناعتهـا الدينية المرتبطة بالشـرك وعبـادة الأصنام، معللين ذلك بمعارضة الإسـلام للشرك وعبادة الأصنام المرتبطة بشؤون حياتهم الدينيـة والاقتصادية والاجتماعية [4].

- أسباب مقاومة عصبيات قريش للدعوة الإسلامية:

حاول زعماء قريش ثني الرسول صلى الله عليه وسلم عمّا هو ماضٍ به، بإعطائه ما يسأل من جاه وملك وثروة، عن طريق استمالة عمّه أبي طالب وإقناعه بالتأثير عـلى ابـن أخيـه: ((.. فكلمـوا أبـا طالب وعادوه فردَّهُم، ردّاً جميلاً، ثم عادوا إليه وسألوه النصفة، فدعا النبي صـلى الله عليـه وسـلم إلى بيته بمحضرهم وعرضوا عليه قولهم فتلا عليهم القرآن وَأَيْأَسَهُمْ من نفسه، وقال لأبي طالـب: يـاعَمّاه لا أترك هذا الأمر حتى يظهره الله أو أهلـك

(1) سورة الشعراء، الآية (214).
(2) سورة، الحجر، الآية (94).
(3) ابن خلدون، تاريخ، مج 2، ص 718.
(4) الملاح، الوسيط في السيرة النبوية، ص ص 123 - 124.

فيه.. فرقّ له أبو طالب وقال: يا ابن أخي ! قل ما أحببت فوالله لا أسلمك أبداً..))[1].

بعد فشل هذه المحاولات: ((.. افترق أمر قريش، وتعاهد بنو هاشم وبنو المطلب مع أبي طالب على القيام دون النبي صلى الله عليه وسلم)) [2]، فدفع ذلك زعامات قريش إلى مقاومة الدعوة الإسلامية ومن آمن بها من المسلمين مدفوعين إلى ذلك بأسباب عديدة منها:

1 - الأسباب الدينية:

تتمتع مكة المكرمة بكونها مركزاً دينياً مهماً للعرب جميعاً يحجون إليها كل عام، لزيارة البيت الحرام والتبرك بالأصنام، وزعماء قريش مستفيدون من هذه المكانة الدينية لمدينتهم استفادة مادية ومعنوية، عززت مكانتهم في الغنى والثروة والسيادة [3]، والتي توارثوها من زمن قصي بن كلاب الذي يقول عنه ابن خلدون: ((إنه أول من أصاب ملكاً أطاع له به قومه، فصار له لواء الحرب وحجابة البيت.. وتيمنت قريش برأيه.. فاتخذوا دار الندوة أزاء الكعبة في مشاوراتهم، وجعل بابها إلى المسجد، فكانت مجتمع الملأ من قريش في مشاوراتهم ومعاقدهم، ثم تصدى لإطعام الحاج وسقايته لما رأى أنهم ضيف الله وزوار بيته، وفرض على قريش خراجاً يؤدونه إليه زيادة على ذلك كانوا يردفونه به، فحاز شرفهم كله. وكانت الحجابة والسقاية والرفادة والندوة واللواء له..)) [4]، ثم أصبحت لأبنائه من بعده إلى أن جاء الإسلام الذي دعا إلى التوحيد وعبادة الله ونبذ الشرك وعبادة الأصنام، عندها شعر زعماء قريش المشركون بتهديد الإسلام، لحياتهم الدينية والاقتصادية المرتبطة بعبادة الأصنام وفوائدها وما يقدم للأصنام من هدايا ونذور، وأنه سيقضي على الأصنام التي يحج إليها العرب وبذلك سيخسرون مكانتهم باعتبارهم أهل

(1) ابن خلدون، تاريخ، مج 2، ص ص 718 - 719.
(2) ابن خلدون، تاريخ، مج 2، ص 719.
(3) الحميدة، سيرة النبي، ص 250.
(4) ابن خلدون، تاريخ، مج 2، ص 693.

حرم الله وحماة بيته المقدس كما تسميهم العرب [1].

2 - الأسباب الاجتماعية:

يتمسك المجتمع المكي القبلي بنظامه الاجتماعي القائم على تقاليد موروثة عن آبائهم وأجدادهم، وأي محاولة للخروج عليها كانت بمثابة خروج عن التقاليد وهدماً لها - وخاصة - وإن الإسلام جاء بدعوة التوحيد ونبذ الشرك الذي عُدّ تكفيراً لما كان عليه الأجداد، وكذلك عدّ المشركون اجتماع المسلمين على عقيدة واحدة تقوم على فكرة الوحي الإلهي ولا تقوم على العرف القبلي ولا تتبع قيادة الملأ المكي، بل ستكون تحت قيادة الرسول صلى الله عليه وسلم، عدّت ذلك تهديداً للمجتمع المكي ووحدته.

ورفض زعماء قريش معايير التفاضل الاجتماعي الإسلامي الذي يقوم على أساس التقوى والعمل الصالح ورأوه خطراً على نفوذهم وتقويضاً لنظامهم الذي نشأ أصلاً على النسب والثروة [2]، وغدا التمسك بتقاليد الآباء دافعاً قوياً لجعل زعماء وكبراء مكة يرفضون الإسلام مع علمهم أنه الحق من ربهم، ويذكر ابن خلدون أن الرسول صلى الله عليه وسلم كان إذا دعا عمه أبا طالب للإسلام قال: ((.. لا أستطيع فراق ديني ودين آبائي ! ولكن لا يخلص إليك شيئاً تكره ما بقيت، ويقول لعلي الزمه ! فإنه لا يدعو إلاّ الخير..)) [3].

3 - التنافس القبلي (العصبي):

من أقوى الأسباب التي دفعت زعماء قريش إلى مقاومة الدعوة الإسلامية ووقفت عائقاً دون إسلامهم، التنافس العصبي بين عصبيات قريش نفسها على الزعامة ووقوف عصبية بني أمية وغيرها ضد عصبية بني هاشم المناصرة للرسول صلى الله عليه وسلم، لأنّ نجاح الدعوة الإسلامية يعني وصول عصبية بني هاشم إلى مركز السيادة والزعامة على جميع العصبيات، لظهور النبوة فيهم، وهذا ما لم ترضَ به عصبيات

(1) عبد المالك بن محمد الثعالبي، ثمار القلوب، (د. م)، (مصر: 1965 م)، ص 10.
(2) الملاح، الوسيط، ص ص 125 - 126.
(3) ابن خلدون، تاريخ، مج 2، ص 715.

قريش الأخرى، وخاصة عصبية بني أمية، وفي ذلك قال ابن خلدون: ((.. وتنافست العرب في الخلال، وتنازعوا في المجد والشرف حسبما هو مذكور في أيامهم وأخبارهم..)) [1]. ولا بد هنا من التحفظ على الاستنتاج آنف الذكر، لأن الكثيرين من بني هاشم وقفوا بعنف ضد الدعوة، ولو كانت القضية مصلحية صرفة لانتموا جميعاً للاسلام في مواجهة بني أمية.

إنّ التنافس العصبي هو الذي جعل أبا جهل مع نفر من قريش يرفضون الإسلام بعد قيامهم بالاستماع إلى القرآن الكريم من رسول الله صلى الله عليه وسلم دون علمه، ((.. ذكر الزهري: أن أبا جهل وجماعة معه وفيهم الأخنس بن شريق، وأبو سفيان، استمعوا قراءة الرسول صلى الله عليه وسلم في الليل، فقال الأخنس لأبي جهل: يا أبا الحكم، ما رأيك فيما سمعت من محمد؟ فقال: تنازعنا نحن وبنو عبد مناف الشرف أطعموا فأطعمنا، وحملوا فحملنا، وأعطوا فأعطينا، حتى إذا تجاثينا - أو تحاذينا - على الركب كفرسي رهان قالوا: منا نبي يأتيه الوحي من السماء فمتى ندرك هذا؟ والله لا نؤمن به أبداً ولا نصدقه)) [2]، ولو لان قلبهم بسماع القرآن، فالعصبية دفعتهم إلى العناد والمقاومة.

4 - الأسباب السياسية:

أكد القرآن الكريم على أن طاعة الله متأتية من طاعة رسول صلى الله عليه وسلم، فقد أنزل عز وجل (مَنْ يُطِعِ الرَّسُولَ فَقَدْ أَطَاعَ اللَّهَ وَمَنْ تَوَلَّى فَمَا أَرْسَلْنَاكَ عَلَيْهِمْ حَفِيظًا(80)) [3]

فكان ذلك حافزاً قوّياً على نفرة زعامات قريش ومنبهاً لهم إلى خطورة انتشار الإسلام الذي سيؤدي إلى انتقال السلطة إلى الرسول صلى الله عليه وسلم بصورة طبيعية، وأظهروا حنقهم من نزول الرسالة على رجل ليس من فئة زعماء مكة [4]، وأخذوا يهزأون من الرسول صلى الله عليه وسلم، قال ابن خلدون: ((.. وقاموا يستهزئون بالنبي صلى الله عليه وسلم ويتعرضون له بالاستهزاء

(1) ابن خلدون، المصدر نفسه، مج 2، ص 706.
(2) ابن هشام، السيرة النبوية، ج 1، ص 275.
(3) سورة النساء، الآية (80).
(4) الملاح، الوسيط، ص 126.

والإذاية..)) [1]، وتمنوا لو أنـزل القرآن على أحد زعمائهم، كما يذكر ذلك القرآن الكريم: (وَقَالُوا لَوْلَا نُزِّلَ هَذَا الْقُرْءانُ عَلَى رَجُلٍ مِنَ الْقَرْيَتَيْنِ عَظِيمٍ(31)) [2]، فقد ورد أن الوليد بن المغيرة، وهو شيخ بني مخزوم كان يقول: ((.. أَيَنْزل على محمد وأُتْرَك أنا كبير قريش وسيدها ويُتْرَك أبو مسعود عمرو بن عمير الثقفي سيد ثقيف ونحن عظيما القريتين..)) [3].

- طرائق مقاومة قريش للدعوة الإسلامية:

اتبعت قريش - مدفوعة بالأسباب السابقة - طرائق، عديدة استخدمتها في مواجهة ومقاومة الدعوة الإسلامية كان الغرض منها القضاء على الإسلام، وإعادة من أسلم منهم إلى الشرك وعبادة الأصنام، والحفاظ على زعامتها في قيادة المجتمع المكي، وكان في مقدمة هذه الطرائق أساليب التعذيب الجسدي والقتل والاستهزاء بالرسول صلى الله عليه وسلم وأصحابه، ثم اتبعوا أسلوب المقاطعة الاقتصادية والاجتماعية، وعن أسلوب تعذيب المسلمين على أيدي زعماء قريش، قال ابن خلدون: ((.. ووثب كل قبيلة على من أسلم منهم يعذبونهم ويفتنونهم،، وأشتد عليهم العذاب..)) [4] وبعد أن عجز زعماء قريش عن حمل بني هاشم وبني المطلب على الضغط على الرسول صلى الله عليه وسلم ومن أسلم معه للتخلي عن الدعوة أخذوا بالضغط على أبناء قبائلهم وحلفائهم ممن اعتنقوا الإسلام، واختلف أسلوب التعذيب حسب المنزلة الاجتماعية لمن أسلم [5]، وكان أبو جهل: ((.. إذا سمع بالرجل قد أسلم، له شرف ومنعة أنبه وأخزاه، وإن كان تاجراً قال: والله لنكسدن تجارتك ولنهلكن مالك، وإن كان ضعيفاً ضربه وأغرى به..)) [6].

---

(1) ابن خلدون، تاريخ، مج 2، ص 723.
(2) سورة الزخرف، الآية (31).
(3) علي بن برهان الدين الحلبي الشافعي، إنسان العيون في سيرة الأمين المأمون، (السيرة الحلبية)، (د. م)، (القاهرة: 1962 م)، ج 1، ص 338.
(4) ابن خلدون، تاريخ، مج 2، ص 719.
(5) الملاح، الوسيط، ص 132.
(6) ابن هشام، السيرة، ج 1، ص 277.

وبعد أن يئست قريش من أن تنال هدفها في منع الرسول صلى الله عليه وسلم من نشر دعوته وخاصةً أنه ممتنع بعصبية عشيرته التي تحميه اتبعوا أسلوباً آخر لإبعاد الناس عنه فأتهموه صلى الله عليه وسلم بأنه شاعر أو كاهن أو مجنون أو ساحر، ونزلت الآيات القرآنية لترد على هذه الاتهامات منها قوله عز وجل (نٓ وَالْقَلَمِ وَمَا يَسْطُرُونَ (1) مَا أَنْتَ بِنِعْمَةِ رَبِّكَ بِمَجْنُونٍ (2) وَإِنَّ لَكَ لَأَجْرًا غَيْرَ مَمْنُونٍ (3) وَإِنَّكَ لَعَلَى خُلُقٍ عَظِيمٍ (4))[1]، وكذلك عز وجل(إِنَّهُ لَقَوْلُ رَسُولٍ كَرِيمٍ (19) ذِي قُوَّةٍ عِنْدَ ذِي الْعَرْشِ مَكِينٍ(20) مُطَاعٍ ثَمَّ أَمِينٍ) (21وَمَا صَاحِبُكُمْ بِمَجْنُونٍ (22) وَلَقَدْ رَآهُ بِالْأُفُقِ الْمُبِينِ (23) وَمَا هُوَ عَلَى الْغَيْبِ بِضَنِينٍ (24) وَمَا هُوَ بِقَوْلِ شَيْطَانٍ رَجِيمٍ(25) فَأَيْنَ تَذْهَبُونَ (26) إِنْ هُوَ إِلَّا ذِكْرٌ لِلْعَالَمِينَ (27) لِمَنْ شَاءَ مِنْكُمْ أَنْ يَسْتَقِيمَ (28) وَمَا تَشَاءُونَ إِلَّا أَنْ يَشَاءَ اللَّهُ رَبُّ الْعَالَمِينَ(29))[2]. وذكر لنا ابن خلدون ذلك موضحاً بقوله: ((.. فلما رأت قريش النبي صلى الله عليه وسلم قد امتنع بعمه وعشيرته، وأنهم لا يسلمونه طفقوا يرمونه عند الناس ممن يفد على مكة بالسحر والكهونة والجنون والشعر، يرومون بذلك صدهم عن الدخول في دينه..))[3].

بعدها لجأ المشركون إلى أسلوب الضغط النفسي- وإعلان عداوتهم للرسول صلى الله عليه وسلم بالاستهزاء به أو محاولة النيل منه وضربه، وذكر ابن خلدون أن زعماء قريش قد اختاروا: ((.. جماعة منهم لمجاهرته صلى الله عليه وسلم بالعداوة والأذى، منهم عمه أبو لهب عبد العزى بن عبد المطلب أحد المستهزئين، وابن عمه أبو سفيان بن الحرث بن عبد المطلب...))[4]. ويؤكد أن زعماء قريش استمروا: ((.. يستهزئون بالنبي صلى الله عليه وسلم ويتعرضون له بالاستهزاء والإذاية، حتى لقد كان بعضهم ينال منه بيده، وبلغ عمه حمزة يوماً أن أبا جهل بن هشام تعرض له يوماً بمثل ذلك وكان قوي الشكيمة، فلم يلبث أن جاء إلى المسجد وأبو جهل في نادي قريش حتى وقف على رأسه وضربه وشجه وقال له: تشتم محمداً وأنا على دينه؟..))[5].

وجد زعماء قريش أنفسهم في مواجهة مع عصبية بني هاشم وبني المطلب المانعة والحامية والمدافعة عن شخص الرسول صلى الله عليه وسلم وعن دعوته، وأن الإسلام أخذ

(1) سورة القلم، الآيات (1 - 4).
(2) سورة الحاقة، الآيات (40 - 43).
(3) ابن خلدون، تاريخ، مج 2، ص 720.
(4) ابن خلدون، المصدر نفسه، مج 2، ص 720.
(5) ابن خلدون، المصدر نفسه، مج 2، ص 723.

بالانتشار، فحاولوا إقناع أبي طالب بالتخلي عن الرسول صلى الله عليه وسلم ليقتلونه، قال ابن اسحاق: ((.. ثم إن قريشاً مشوا إلى أبي طالب، فكلموه وقالوا: ما نحن، يا أبا طالب، وإن كنت فينا ذا منزلة بسنك وشرفك وموضعك، بتاركي ابن أخيك على هذا، حتى نهلكه..)) [1]، إلاّ أن أبا طالب أبى ذلك وجمع بني المطلب وبني هاشم على أن يدخلوا شعبهم ويمنعوا رسول الله صلى الله عليه وسلم ممن أراد به سوءاً، فدخلوا جميعهم مسلمهم ومشركهم، منهم من دفعه إيمانه إلى ذلك، ومنهم من دفعته عصبيته لعشيرته [2]. عند ذلك اجتمع زعماء قريش وقرروا مقاطعة بني هاشم اجتماعياً واقتصادياً ليجبروهم على التخلي عن حمايتهم للرسول صلى الله عليه وسلم، وقامت قريش بتعليق صحيفة المقاطعة ((في جوف الكعبة)) تأكيداً على أنفسهم [3]. وأوضح ذلك ابن خلدون بقوله: ((.. فلما رأت قريش فشو الإسلام وظهوره أهمهم ذلك، فاجتمعوا وتعاهدوا على بني هاشم وبني المطلب، ألاّ يناكحوهم ولا يبايعوهم ولا يكلموهم ولا يجالسوهم، وكتبوا بذلك صحيفة وضعوها في الكعبة، وانحاز بنو هاشم وبنو المطلب كلهم كافرهم ومؤمنهم، فصاروا في شعب أبي طالب محصورين متجنبين، حاشا أبي لهب، فإنه كان مع قريش على قومه، فبقوا كذلك ثلاث سنين لا يصل إليهم شيء ممن أرادوا صلتهم إلاّ سرّاً، ورسول الله صلى الله عليه وسلم مقبل على شأنه من الدعاء إلى الله، والوحي عليه متتابع إلى أن قام في نقض الصحيفة رجال من قريش..))[4].

ولما فشل زعماء قريش بثني الرسول صلى الله عليه وسلم عن نشر الدعوة وعلموا أنه قد صار له أتباع وأنصار من خارج مكة - يثرب - وأنه سيلحق بهم اجتمعوا في دار الندوة وتداولوا في حبس الرسول صلى الله عليه وسلم أو نفيه خارج مكة أو قتله، ثم أجمعوا رأيهم على قتل الرسول صلى الله عليه وسلم وفق خطة اقترحها أبو جهل بن هشام [5]، تقضي بـ: ((.. أن يتخيروا من كل قبيلة منهم فتىً شاباً جلداً فيقتلونه جميعاً، فيتفرق دمه في القبائل،

(1) ابن اسحاق، المغازي، ص 135.
(2) الملاح، الوسيط، ص 151.
(3) ابن اسحاق، المغازي، ص 137.
(4) ابن خلدون، تاريخ، مج 2، ص ص 724 - 725.
(5) ابن هشام، السيرة، ج 2، ص 89.

ولا يقدر بنو عبد مناف على حرب جميعهم..)) [1].

ذكرت المصادر أن الرسول صلى الله عليه وسلم قد عرف بهذه الخطة التي جاءت في القرآن الكريم بقوله عز وجل (وَإِذْ يَمْكُرُ بِكَ الَّذِينَ كَفَرُوا لِيُثْبِتُوكَ أَوْ يَقْتُلُوكَ أَوْ يُخْرِجُوكَ وَيَمْكُرُونَ وَيَمْكُرُ اللَّهُ وَاللَّهُ خَيْرُ الْمَاكِرِينَ(30)) [2]، وجاء الوحي بأمر الهجرة إلى النبي محمد صلى الله عليه وسلم فسارع صلى الله عليه وسلم إلى إعداد خطة للهجرة إلى المدينة المنورة تعتمد على أعلى درجات الكتمان والسرية من أجل إفشال خطة زعماء قريش - المشركين - [3]، وبهذا أنقذ الله صلى الله عليه وسلم نبيه الأمين من مكائد عصبيات قريش وأظهر دينه ولو كره الكافرون.

---

(1) ابن خلدون، تاريخ، مج 2، ص 737.
(2) سورة الأنفال، الآية (30).
(3) ابن خلدون، تاريخ، مج 2، ص 737؛ الملاح، الوسيط، ص 186.

ثالثا - دور الرسالة الدينية في استجابة العرب للدعوة الاسلامية

أوضح ابن خلدون في كتاباته المفاهيم الحضارية للإسلام، وأثرها في استجابة العرب لهذه الدعوة ودورهم في نشرها وإقامة صرح الدولة العربية الاسلامية وعلى النحو الآتي:

1ـ مفهوم النبوة والوحي عند ابن خلدون:

جاء تفسير ابن خلدون لنزول الوحي والنبوة في محاولة منه لإيضاح أثرهما في ظهور الأنبياء والرسل وانتشار الدعوات الدينية والرسالات السماوية، فالاصطفاء الرباني للرسول صلى الله عليه وسلم واختياره للبعثة والنبوة صحبه عصمة ربانية للنبي صلى الله عليه وسلم من أحوال الجاهلية واستعداد نفسي لتلقي هذه المهمة، منها التفكير والتأمل والتحنث - التعبد - في غار حراء: ((.. ثم بدأ بالرؤيا الصالحة.. ثم حببت إليه العبادة والخلوة بها، فكان يتزود للانفراد حتى جاء الوحي بحراء..)) [1].

فالنبوة عنده اختيار واصطفاء من الله - تعالى - يخص بها من يشاء من عباده، وليست من الطباع المكتسبة بالاجتهاد والتدريب، ويوضح ذلك ابن خلدون بقوله: ((.. اعلم أن الله سبحانه اصطفى من البشر أشخاصاً، فضّلهم بخطابه، وفطرهم على معرفته، وجعلهم وسائل بينه وبين عباده..)) [2]، فهم بذلك مهيأون بالفطرة لتحمل المسؤولية الثقيلة دون اكتساب منهم أو اجتهاد، والنبوة لا تقوم على الاستعانة بشيء من المدارك ولا التصورات، وإنما هي بنظره: ((.. انسلاخ من البشرية إلى الملكية بالفطرة..)) [3]. فالأنبياء يتمتعون بنفوس ذات طبيعة خاصة

---

(1) ابن خلدون، التاريخ، مج 2، ص 714.

(2) ابن خلدون، المقدمة، ج 1، ص 501؛ ج 3، ص 1059.

(3) ابن خلدون، المصدر نفسه، ج 1، ص ص 512 - 515؛ ج 3، ص 982؛ محمد زاهد جول، ((**علم الكلام الخلدوني**))، ندوة الأردن، المصدر السابق، (آيار: 2007 م)، ص 17.

مفطورة أساساً لمعرفة الله سبحانه وعبادته، مع كونهم بشراً كسائر البشر ـ ولكنهم تميزوا ((.. بما خصهم الله به من معرفته وتوحيده وتنزل ملائكته عليهم بوحيه وتكليفهم بإصلاح البشر في أحوال كلها مغايرة لأحوال البشرية الظاهرة..)) [1].

وفرّق ابن خلدون بين الرسل والأنبياء من خلال مفهوم الوحي، فالرسل هم من يوحى إليهم بالرسالات السماوية التي عادةً ما تكون على شكل تعاليم سماوية تجمع بين دفتي كتب مقدسة، في حين أن الأنبياء يأتون في المرتبة الثانية بعد الرسل، مع أنهم كلهم يأتون بالأنباء والأخبار، إلاّ أن الأنبياء تأتيهم التعاليم عن طريق الرؤى والالهام، في حين يستقيها الرسل بصورة مباشرة عن طريق الوحي الذي يلقي عليهم كلاماً واضحاً مبيناً ما يريده الله من تعاليم وأوامر ونواهٍ [2].

حالات الوحي:

شرع ابن خلدون بعد ذلك في توضيح بعض الحالات التي قد يظهر فيها الوحي على الرسل والأنبياء والتي يصفها ابن خلدون بأنها كلها شديدة مستشهداً بقوله عز وجل:(إِنَّا سَنُلْقِي عَلَيْكَ قَوْلًا ثَقِيلًا(5)) [3]، فذكر منها حالة الدويّ [4] ((الذي هو في المتعارف غير الكلام)) [5]، خصّها الله للأنبياء غير المرسلين حيث يسمع ((.. أحدهم دوّياً كأنه رمز من الكلام يأخذ منه المعنى الذي أُلقِيَ إليه فلا ينقضي الدوي إلاّ وقد وعاه وفهمه..)) [6]، ومنها حالة ((**الملك الرجل**)) وهي تخص الأنبياء والمرسلين الذي يتمثل لأحدهم الملك على شكل رجل ((.. وتارة يتمثل له الملك، الذي يلقي إليه، رجلاً فيكلمه ويعي ما يقوله، والتلقي من الملك، والرجوع إلى المدارك البشرية، وفهمه ما أُلقي عليه كله، كأنه في لحظة واحدة بل أقرب من لمح البصر ـ لأنه ليس في زمان، بل كلها تقع جميعاً، فيظهر كأنها سريعة؛ ولذلك

(1) ابن خلدون، المقدمة، ج 3، ص 1059.
(2) ابن خلدون، المقدمة، ج 1، ص 516.
(3) سورة المزمل، الآية (5).
(4) **الدويّ:** حفيف الريح، وكذلك دويّ النحل والطائر، الرازي، مختار الصحاح، ص 217.
(5) ابن خلدون، المقدمة، ج 1، ص 516.
(6) ابن خلدون، المصدر نفسه، ج 1، ص 516.

سميت وحياً، لأن الوحي [1]، في اللغة الإسراع)) [2]، وكانت حالة ((**صلصلة الجرس**)) أشد هذه الحالات على الرسل لأنها ((مبدأ الخروج في ذلك الاتصال من القوة إلى الفعل)) [3]، ثم إنها أعسر الحالات، وعليه عدّها ابن خلدون أشد حالات الوحي وأكملها مستشهداً بحديث الرسول صلى الله عليه وسلم الذي أجاب فيه عن سؤال الحارث بن هشام حين سأله: ((كيف يأتيك الوحي؟ فقال: أحياناً يأتيني مثل صلصلة الجرس وهو أشده عليّ فيفصم عني وقد وعيت ما قال، وأحياناً يتمثل لي الملك، رجلاً فيكلمني فأعي ما يقول)) [4]. وحين سُئلتْ السيدة عائشة - رضي الله عنها - عن معاناة رسول الله صلى الله عليه وسلم عند نزول الوحي عليه فقالت: ((كان ينزل عليه الوحي في اليوم الشديد البرد فيفصم عنه وإن جبينه ليتفصد عرقاً)) [5].

وكذلك ربط ابن خلدون بين نزول الوحي وشدته وبين آيات القرآن بقوله: ((.. قد يفضي الاعتياد بالتدريج فيه شيئاً فشيئاً إلى بعض السهولة بالقياس إلى ما قبله، ولذلك كانت تنزل نجوم القرآن وسوره وآيه حين كان بمكة أقصر منها وهو بالمدينة. وانظر إلى ما نقل في سورة براءة في غزوة تبوك، وأنها نزلت كلها أو أكثرها عليه وهو يسير على ناقته بعد أن كان بمكة ينزل عليه بعض السورة من قصار المفصل في وقت، وينزل الباقي في حين آخر.. واعتبر ذلك علامة تميز بها بين المكي والمدني من السور والآيات..)) [6].

---

(1) **الوحي:** السرعة، وهي على وزن فعل، السريع يُقال موت وحي، الرازي، مختار الصحاح، ص 713.

(2) ابن خلدون، المقدمة، ج 1، ص ص 515 - 516.

(3) ابن خلدون، المقدمة، ج 1، ص 516.

(4) ابن خلدون، المقدمة، ج 1، ص ص 515 - 516؛ ابن المبارك، أبو العباس زين الدين أحمد، التجريد الصريح لأحاديث الجامع الصحيح، دار الارشاد، (بيروت: د. ت)، ج 1، ص 5.

(5) ابن خلدون، المقدمة، ج 1، ص 503، ص 517. (الحديث أخرجه البخاري في صحيحه في باب بدء الوحي)؛ البخاري، صحيح البخاري، مج 1، ص ص 5 - 6.

(6) ابن خلدون، المقدمة، ج 1، ص ص 517 - 518؛ ج 3، ص 1061.

علامات النبوة:

يذكر ابن خلدون أن للأنبياء علامات خاصة ومميزات تمكن البشر من التعرف عليهم وهي دليل نبوتهم، وهذه العلامات لا يحصلون عليها بالاكتساب وإنما هي هبة الله لهم ومنها:

- الغيبة عن الحاضرين عند نزول الوحي:

وهي ما يصيب الرسل من الغياب عمّن حولهم عند نزول الوحي عليهم، مع ظهور حالات شبيهة بالإغماء يراها المحيطون بهم، ولكنها في واقع الأمر هي التقاء وانشغال الرسل بالملك المنزل إليهم وبما أنزل إليهم بإدراك لا يصل إليه البشر العاديون، ثم يفيقون من تلك الحالة وقد وعوا كل ما أُلقيَ إليهم، فيكونون إما قد سمعوا دوياً من الكلام فيفهمونه أو أن يكون الوحي قد تمثل لهم بهيئة إنسان يخاطبهم بما جاء به من عند الله، ولذلك كان المشركون يرمون الرسل بالجنون لما يرون من مظهر هذه الحالة عليهم التي حاول ابن خلدون توضيحها بقوله: ((.. وعلامة هذا الصنف من البشر أن توجد لهم في حالة الوحي غيبة عن الحاضرين معهم مع غطيط كأنها غشي أو إغماء... ولأجل هذه الحالة في تنزيل الوحي كان المشركون يرمون الأنبياء بالجنون، بما شاهدوه من ظاهر تلك الأحوال)) [1].

- العصمة:

هي من العلامات المهمة للنبوة، وهي أيضاً هبة من الله خالصة للأنبياء والرسل قبل الوحي، وليست من الصفات المكتسبة، وهي التي تمنع النبي والرسول من القيام بأفعال مذمومة وتبعده عنها، وتنفره منها وتقربه من أفعال الخير وتحببه فيها، ويمكن التعرف على صاحب العصمة من خلال اتصافه بأخلاق محمودة وبـ ((.. الخير والزكاة ومجانبة المذمومات والرجس أجمع، وهذا هو معنى العصمة، وكأنه مفطور على التنزه عن المذمومات؛ كأنها منافية لجبلته..)) [2]، ومما وقع للنبي صلى الله عليه وسلم من أمور العصمة قبل البعثة أنه: ((.. دعي إلى مجتمع وليمة فيها

(1) ابن خلدون، المقدمة، ج 1، ص ص 502 - 503.

(2) ابن خلدون، المصدر نفسه، ج 1، ص ص 502 - 503.

عرس ولعب فأصابه غشي النوم إلى أن طلعت الشمس ولم يحضر شيئاً من شأنهم بل نزّهه الله عن ذلك كلّه..)) [1].

- الدعوة إلى الدين والعبادة:

من العلامات الأخرى التي تميز بها الأنبياء والرسل، دعواتهم إلى الدين الحنيف وتأدية العبادات من إقامة الصلاة وإيتاء الزكاة وإخراج الصدقات، وعفاف النفس، وكانت أخلاق الرسول صلى الله عليه وسلم وما اتصف به من الصدق دافعاً قوياً اعتمدت عليه كل من السيدة خديجة - رضي الله عنها - وصاحبه أبو بكر الصديق رضي اله عنه في تصديقهما وإيمانهما بنبوته ورسالته صلى الله عليه وسلم، ويقدم ابن خلدون دليلاً آخر عن هذه العلامة فيقول: ((.. في الصحيح أن هرقل حين جاءه كتاب النبي صلى الله عليه وسلم يدعوه إلى الإسلام أحضر من وجد ببلده من قريش، وفيهم أبو سفيان ليسألهم عن حاله، فكان فيما سأل أن قال: بم يأمركم؟ فقال أبو سفيان بالصلاة والزكاة والصلة والعفاف إلى آخر ما سأل فأجابه؛ فقال.. إن يكن ما تقول حقاً فهو نبي وسيملك ما تحت قدمي هاتين..))، ويعلق ابن خلدون على كلام هرقل فيقول: ((.. فانظر كيف أخذ من العصمة والدعاء إلى الدين والعبادة دليلاً على صحة نبوته، ولم يحتج إلى معجزة، فدل على أن ذلك من علامات النبوة..)) [2].

- عصبية الحسب:

كثيراً ما أكد ابن خلدون على أهمية هذه العلامة في الأنبياء وهي من العوامل المهمة في تكوين منهجه التاريخي العمراني، الذي يؤكد على أن الأنبياء لا بد أن يبعثوا في منعة من أقوامهم، حتى يتمكنوا من نشر دعواتهم، وتكون لهم الحماية والمدافعة أمام أذى الكفار فيقول: ((.. ومن علاماتهم أيضاً أن يكونوا ذوي حسب في قومهم..))، ثم يكمل ((.. مساءلة هرقل لأبي سفيان كما هو في الصحيح قال: ((كيف هو فيكم؟))؛ قال أبو سفيان: ((هو فينا ذو حسب))؛ فقال هرقل:

---

(1) ابن خلدون، المصدر نفسه، ج 1، ص 503.

(2) ابن خلدون، المقدمة، ج 1، ص 503؛ الحديث رقم (7) في صحيح البخاري، البخاري، الصحيح، مج 1، ص ص 7 - 8.

((والرسل تبعث في أحساب قومها)). ومعناه أن تكون له عصبة وشوكة تمنعه عن أذى الكفار حتى يُبلّغ رسالة ربّه ويتم مراد الله من إكمال دينه وملته..)) [1].

وهذا ما ذكرته في عصبية بني هاشم وبني المطلب للرسول صلى الله عليه وسلم وحمايتهم له والدفاع عنه ضد أذى المشركين.

- الخوارق والمعجزات:

عدّ ابن خلدون هذه العلامة عند الأنبياء والرسل دليلاً على صدقهم وصدق نبوتهم، فقد أيدهم الله بها لإقناع البشر بنبوتهم، فهي ليست في مقدور البشر العاديين، قال ابن خلدون: ((.. ومن علاماتهم أيضاً وقوع الخوارق لهم شاهدة بصدقهم، وهي أفعال يعجز البشر عن مثلها فسميت بذلك معجزة، وليست من جنس مقدور العباد..)) [2]، وأضاف ابن خلدون ((.. أن أعظم هذه المعجزات وأشرفها، وأوضحها دلالة هي القرآن الكريم المنزل على نبينا محمد صلى الله عليه وسلم.. وهي معجزة، هي نفسها الوحي وهو الخارق المعجز.. ولا يفتقر إلى دليل مغاير كسائر المعجزات مع الوحي، فهو أوضح دلالة لاتحاد الدليل والمدلول فيه..)) [3]، ولتعزيز ذلك أورد ابن خلدون حديثاً عن النبي صلى الله عليه وسلم تأييداً لكلامه فيقول: ((.. وهذا معنى قوله صلى الله عليه وسلم: ((.. **ما من نبي من الأنبياء إلاّ وأوتي من الآيات ما مثله آمن عليه البشر، وإنما كان الذي أوتيته وحياً أوحي إليَّ، فأنا أرجو أن أكون أكثرهم تابعاً يوم القيامة..**)) [4]، والقصد منه أن معجزة الرسول صلى الله عليه وسلم كانت من الوضوح وقوة الدلالة.. وهو كونها نفس الوحي كان الصدق لها أكثر لوضوحها، فكثر المصدق المؤمن وهو التابع والأمة..)) [5]

(1) ابن خلدون، المقدمة، ج 1، ص ص 504 - 505؛ الحديث رقم (7) في صحيح البخاري، البخاري، الصحيح، مج 1، ص ص 8 - 9.

(2) ابن خلدون، المقدمة، ج 1، ص 505.

(3) ابن خلدون، المصدر نفسه، ج 1، ص 505.

(4) ابن خلدون، المصدر نفسه، ج 1، ص 507. ورد نحوه في صحيح البخاري، الحديث رقم (7274). البخاري، الصحيح، مج 4، ص 363.

(5) ابن خلدون، المقدمة، ج 1، ص 507.

2ـ هجرة الرسول صلى الله عليه وسلم إلى المدينة المنورة وتفسير ابن خلدون لها:

شكّلت الهجرة النبوية منعطفاً هاماً في مسيرة الدعوة الإسلامية وفق السنن الطبيعية لمجريات السيرة النبوية في عملية نشر الدعوة وتبليغها، ومحاولة البحث عن مكان آمن يكون قاعدة أمينة لإنشاء عمران حضاري.

فالهجرة النبوية لم تكن حدثاً مفاجئاً، بل جاءت بصورة طبيعية وحسب قول ابن خلدون: ((.. إنما أجرى الأمور على مستقر العادة..)) [1]، فبعد أن يئس الرسول صلى الله عليه وسلم من كسب زعماء قريش للدعوة الإسلامية، واشتداد مقاومة المشركين وأذاهم للمسلمين، بحث الرسول صلى الله عليه وسلم ملاذ آمن لدعوته ولأصحابه، فخرج إلى الطائف يدعوهم للإسلام والحماية لنشر الدعوة [2]، إلاّ أنه تعرض للأذى والاستهزاء والضرب، ومع ذلك لم يصبه اليأس والقنوط، فكرر محاولته هذه بعد أن عاد إلى مكة ودخلها بعد أن أجاره المطعم بن عدي، فكرر محاولته هذه في عرض الإسلام على القبائل العربية الوافدة إلى مكة في مواسم الحج، فكان منهم كما وصفهم ابن خلدون: ((.. من يحسن الاستماع والعذر، ومنهم من يعارض ويصرح بالإذاية، ومنهم من يشترط الملك الذي ليس هو من سبيله..)) [3]. ولو أجابت إحدى هذه القبائل التي دعاها الرسول صلى الله عليه وسلم للإسلام لأصبحت أرضها أرض الهجرة ولكن ((.. ذخر الله الخير في ذلك كله للأنصار..)) [4]، الذين التقى الرسول صلى الله عليه وسلم مجموعة منهم من بني عبدالأشهل من أهل يثرب جاؤوا يطلبون الحلف،((.. فدعاهم الرسول صلى الله عليه وسلم إلى الإسلام فقال إياس بن معاذ - وكان شاباً حدثاً: هذا والله خير مما جئنا له، ثم انصرفوا إلى بلادهم ولم يتم لهم الحلف..)) [5]. وفي الموسم التالي التقى ستة نفر من الخزرج فدعاهم إلى الإسلام: ((.. فآمنوا وأسلموا وقالوا إنا قد تركنا قومنا بينهم حروباً فننصرف وندعوهم إلى ما دعوتنا إليه ! فعسى الله أن

---

(1) ابن خلدون، المقدمة، ج 1، ص 469.
(2) ابن خلدون، تاريخ، مج 2، ص 726.
(3) ابن خلدون، المصدر نفسه، مج 2، ص 728.
(4) ابن خلدون، المصدر نفسه، مج 2، ص 728.
(5) ابن خلدون، المصدر نفسه، مج 2، ص 728.

يجمع كلمتهم بك، فلا يكون أحد أعز منك، فانصرفوا إلى المدينة ودعوا إلى الإسلام حتى فشا فيهم..)) [1].

واسترسل ابن خلدون قائلاً: ((.. ولم تبقَ دار من دور الأنصار إلاّ وفيها ذكر النبي صلى الله عليه وسلم..)) [2]، وفي العام التالي بويع الرسول صلى الله عليه وسلم بيعة العقبة الأولى من قبل اثني عشر رجلاً من الأوس والخزرج، ثم كان العام القابل فكانت بيعة العقبة الثانية التي بايع فيها ثلاثة وسبعون رجلاً وأمرأتان من الأوس والخزرج الرسول صلى الله عليه وسلم على أن ((.. يمنعوه ما يمنعون منه نساءهم وأبناءهم وإزرهم، وأن يرحل إليهم هو وأصحابه..)) [3].

ومع انتشار خبر نصرة أهل يثرب للرسول صلى الله عليه وسلم ازداد أذى قريش له ولأصحابه ((.. فأصابهم من ذلك جهد شديد.. وأمر رسول الله صلى الله عليه وسلم ممن هو بمكة من المسلمين بالهجرة إلى المدينة، فخرجوا أرسالاً.. ولم يبقَ أحد من المسلمين بمكة مع رسول الله صلى الله عليه وسلم إلاّ أبو بكر وعلي بن أبي طالب - رضي الله عنهما - فإنهما أقاما بأمره، وكان رسول الله صلى الله عليه وسلم ينتظر أن يُؤذن له في الهجرة..)) [4]، ثم جاء الوحي إلى النبي صلى الله عليه وسلم بالإذن له في الهجرة فهاجر صلى الله عليه وسلم مع صاحبه أبي بكر الصديق.

وبناءً على ما سبق وقف ابن خلدون أمام موضوع الهجرة النبوية كحدث تاريخي وحضاري مهم وقدّم طروحاته الفلسفية لمصطلحات الهجرة والتعرب التي كان لهما شأن كبير في صدر الإسلام.

فالهجرة تعني الخروج من أرض إلى أخرى، وتعني عند العرب خروج البدوي من باديته إلى المدن، إلاّ أن هجرة المسلمين كانت تركهم مساكنهم وقومهم وانتقالهم للإقامة مع قوم آخرين، وبهذا تحدد مفهوم جديد للهجرة تمثل في التحاق المسلم من خارج المدينة بالنبي صلى الله عليه وسلم وبالدعوة الإسلامية يجاهد مع المجاهدين في سبيل نشرها وإعلاء كلمة الله [5].

---

(1) ابن خلدون، المصدر نفسه، مج 2، ص 729.

(2) ابن خلدون، تاريخ، مج 2، ص 729.

(3) ابن خلدون، المصدر نفسه، مج 2، ص 731.

(4) ابن خلدون، المصدر نفسه، مج 2، ص ص 734 - 736.

(5) هاشم الملاح، ((**طبيعة هجرة المسلمين في عصر الرسالة**))، مجلة المجمع العلمي العراقي،

في حين تحدد مفهوم التعرب في بقاء الفرد أعرابياً، أي بـدوياً، يعـيش في الباديـة مـع قبيلتـه وينتقل معها سعياً وراء الماء والكلأ ويقاتل من أجلها [1].

وبالزام الإسلام المسلمين بالهجرة والجهاد، سيشترك المسلمون كلهم في تكوين الدولة الاسلامية والأمة الناشئة، وعلى هذا عدّت الهجرة من قبل فقهاء المسلمين واجبة على كل مسلم قبل فتح مكة، لأن الواجب الإسلامي كان يقتضي هجرة المسلمين إلى المدينة المنورة والالتحـاق بالنبي صلى الله عليه وسلم وصحبه، لجهـاد المشركين. وعلى هذا الأساس سميت المدينة المنورة (**دار الهجرة**)، إلاّ أن الأمر تغير بعد فتح مكة المكرمة فأصبحت الهجرة ليست ذات أهميـة وحسبما ورد في الحديث الشريف ((**لا هجرة بعد الفتح..**)) [2]، مع هذا النفي للهجرة بعد فتـح مكة من قبـل الرسول الكريم صلى الله عليه وسلم، فإن بعض الفقهـاء عَدَّ رجوع المسلم إلى البادية بعد الهجرة بمثابة الارتداد على العقبين [3]، اعتماداً على ما جاء في القرآن الكريم(إِنَّ الَّذِينَ ارْتَدُّوا عَلَى أَدْبَارِهِمْ مِنْ بَعْدِ مَا تَبَيَّنَ لَهُمُ الْهُدَى الشَّيْطَانُ سَوَّلَ لَهُمْ وَأَمْلَى لَهُمْ(25)) [4]، مع أنهـم يرون سـقوط وجوب الهجرة على المسلمين بعد فتح مكـة، إلاّ أنهم لا يـرون الصلاح في رجوع المسلم إلى البادية بعد هجرته إلى المدينة. وقد استندوا في ذلك على رواية أوردها البخـاري عن الصحابي سلمة بن الأكـوع رضي اله عنه الذي أراد الخروج إلى سكنى البادية أيام الحجاج الذي قال له: ((.. أرتددت على عقبيك تعربت؟..)) [5].

وخالف ابن خلـدون رأي الفقهـاء، لاعتقاده بأن البـداوة أقرب إلى خصال الدين والخير مـن الحضارة، لانشغال أهـل الحضر بالدنيا والتفنن بملذاتها، فطبعت نفوسـهم بـأخلاق بعيـدة عـن الخير وطرقه. أما البدو فهم على الرغم من وجود بعض

ج 3، مج 46، (بغداد: 1999 م)، ص 2.

(1) ابن خلدون، المقدمة، ج 2، ص 415؛ الوردي، منطق ابن خلدون، ص 100.

(2) البخاري، صحيح البخاري، ج 2، كتاب الجهاد والسِيَر، الحديث رقم (2783)، ص 201.

(3) ابن خلدون، المقدمة، ج 2، ص 415؛ الوردي، منطق ابن خلدون، ص 101.

(4) سورة محمد، الآية (25).

(5) ابن خلدون، المقدمة، ج 2، ص ص 415 - 417.

الخصال المذمومة فيهم، إلاّ أنهم أقرب إلى الفطرة الأولى، كما اعتقد أن الهجرة ليست شيئاً محموداً لذاته بغض النظر عن الغاية منها، بل انها محمودة حين تؤدي إلى نصرة الدين وحمايته، أما إذا كانت لغرض آخر فتكون مذمومة تبعاً لذلك الغرض [1]. واعتقد أيضاً أن الله أوجب الهجرة لسبب مؤقت هو نصرة النبي صلى الله عليه وسلم حين كان الإسلام ضعيفاً وكانت في أول أمرها غير واجبة إلاّ ((.. على أهل مكة فقط، لأن أهل مكة يمسهم من عصبية النبي صلى الله عليه وسلم في المظاهرة والحراسة ما لا يمس غيرهم من بادية الأعراب..)) [2] ومعنى ذلك أن ابن خلدون يجد أن (التعرب) لم ينه الشرع عنه نهياً عاماً مطلقاً، وليس فيه ما يدل على ذم البداوة، وإنما كان نهي التعرب نهياً مؤقتاً لأسباب اقتضت ذلك، وهذا النهي يزول بزوال تلك الأسباب [3]. وابن خلدون بذلك يقدّم رؤية مغايرة لما عرف عن مفهوم الهجرة والتعرب لدى من سبقه من الفقهاء في محاولة منه لاخضاع حدث الهجرة لقوانين العمران الحضري وفلسفته الخاصة في تفسير الحوادث التاريخية وإيجاد المبررات الخاصة بها، (ومن ذلك أحداث السيرة النبوية).

3ـ الرسالة الدينية ودورها في توحيد العصبيات ونشأة الدولة الإسلامية:

تطرق ابن خلدون - سعياً منه في إيجاد التفسير الحضاري، وفق منهجه التاريخي في العمران - إلى دور الرسالة الدينية في توحيد العصبيات المتنازعة وتوظيف ذلك في نشأة الدولة الإسلامية وتوسعها، وحسب القوانين والسنن الطبيعية في دور العصبية في إتمام الدعوة الدينية ودور الدين في إقامة الدول العظيمة، وعلى النحو الآتي:

---

(1) ابن خلدون، المصدر نفسه، ج 2، ص 418، ص 239.

(2) ابن خلدون، المقدمة، ج 2، ص 415.

(3) ابن خلدون، المقدمة، ج 2، ص 415؛ الوردي، منطق ابن خلدون، ص ص 102 - 103.

أ- أسباب انتشار الدعوة الإسلامية في المدينة المنورة:

نستطيع تلمس الأسباب التي شخّصها ابن خلدون لانتشار الدعوة الإسلامية في المدينة المنورة بعد هجرة الرسول صلى الله عليه وسلم إليها، والتي كانت تعيش قبل الهجرة أوضاعاً مضطربة في كافة المجالات حالت دون تكوين دولة موحدة أو حكومة تمثل سكانها تعمل على إحلال الأمن والاستقرار، فالتنازع العصبي بين قبائل الأوس والخزرج، إلى جانب وجود اليهود الذين تنافسوا معهم، وسعوا في الوقت ذاته في إشعال نار الفتنة والحرب بين العرب لإشغالهم بأنفسهم عنهم. كل هذه الأمور وغيرها دفعت أبناء المدينة للتطلع إلى منقذ وموحد لهم، فوجدوا ذلك في رسول الله صلى الله عليه وسلم ودعوته مدفوعين إلى ذلك بأسباب عديدة [1] أهمها:

التهيؤ النفسي للدعوة الدينية:

عدّها ابن خلدون في مقدمة الأسباب الدافعة لعرب المدينة لتقبل الدعوة الإسلامية واحتضانها، لعلمهم المسبق بظهورها عن طريق مخالطتهم يهود المدينة الذين يرتبطون معهم بعلاقات عديدة بحكم العيش في مدينة واحدة، جعلتهم يطلعون على أديان بعضهم، فعلم العرب من اليهود عن قرب ظهور نبي جديد، فقد كان اليهود يتفاخرون بذلك أمام أهل المدينة المشركين باعتبارهم أهل كتاب وانهم إذا ظهر ذلك النبي سوف يؤمنون به ويتبعونه. وبه يغلبون الأوس والخزرج، فلمّا دعاهم رسول الله صلى الله عليه وسلم - أي عرب المدينة - استجابوا لدعوته يدفعهم إلى ذلك استعدادهم الفكري والنفسي لتقبل الدعوة لما علموه عنه، وخوفاً من أن يسبقهم اليهود إليه. ويعبر عن ذلك ابن خلدون بقوله: ((.. فدعاهم رسول الله صلى الله عليه وسلم إلى الإسلام وكان من صنع الله لهم أن اليهود جيرانهم كانوا يقولون: إنّ نبياً يبعث وقد أظل زمانه، فقال بعضهم لبعض: هذا والله النبي الذي تحدثكم به اليهود، فلا يسبقونا إليه، فآمنوا وأسلموا..)) [2].

(1) للمزيد من المعلومات، ينظر: د. نجمان ياسين، التنظيمات الاجتماعية والاقتصادية في المدينة في القرن الأول الهجري، أطروحة دكتوراه غير منشورة، كلية الآداب - جامعة الموصل، 1990.
(2) ابن خلدون، تاريخ، مج 2، ص 729.

التنازع العصبي والبحث عن الأحلاف:

عـدّه ابن خلدون الدافع الثاني لعرب المدينة لتقبل الدعـوة الإسـلامية، التـي جـاءت ترجمـة فعلية لحاجة أهل يثرب في البحث عن الأحـلاف خارج المدينة بعد انقسام أهـل المدينـة عـلى قسـمين الأوس وأحلافها من اليهـود وغيرهم، ويقابلهم الخزرج وحلفاؤهم مـن اليهـود وغـيرهم ((.. فلـم يـزل هذان الحيّان - الأوس والخزرج - قد غلبوا اليهود على يثرب. وكان الاعتزاز والمنعة تعرف لهـم في ذلك، ويدخل في حلفهم من جاورهم من قبائل مضر، وكانت بينهم في الحييّن فتن وحروب كثيرة، ويستصرخ كل بمن دخل في حلفه من العـرب ويهـود..)) [1]، فلـما سـمعوا بـدعوة الرسـول صـلى الله عليـه وسـلم توجهوا إليه بحثاً عن حلف: ((.. ثم قدم مكة أبو الحيسر أنـس بن رافع في فتية مـن قومـه مـن بنـي عبد الأشهل يطلبون الحلف، فدعاهم رسول الله صلى الله عليه وسلم إلى الإسلام فقال إياس بن معـاذ - وكان شاباً حدثاً -: هذا والله خير مما جئناك له ! فانتهره أبو الحيسر فسكت، ثـم انصرفوا إلى بلادهـم ولم يتم لهم الحلف..)) [2] وبعدها تكررت اللقـاءات بين الأوس والخزرج والرسول صلى الله عليه وسـلم في المواسم المتتالية إلى أن شاء الله وكانت منها بيعة العقبة الأولى ثم العقبـة الثانيـة بعدهـا أصبحت المدينة المنورة دار الهجـرة ومستقر الإسلام ونواة دولته العظيمة.

البحث عن القيادة الموحدة لمعالجة آثار العصبية والانقسام:

اتجهت الأنظار إلى رسـول الله صـلى الله عليـه وسـلم باعتبـاره رجـلاً محايـداً بـين الأطـراف المتنازعة في المدينة [3]، وان اجتماع أهـل المدينة تحـت قيادتـه الدينيـة يعمـل عـلى توحيـد الصـفوف وتحويلها إلى قوة موحدة تتجاوز الأطر القبلية وتقضيـ عـلى غـرور اليهـود الـذين يعتـبرون أنفسـهم متفوقين عقائدياً عـلى العـرب [4]، وهـذا مـا تجسـد في قـول ابـن خلـدون عـلى لسـانهم عنـد لقـاء رسول الله صلى الله عليه وسلم ((.. فآمنوا وأسلموا وقالوا إنّا قـد تركنـا قومنـا بيـنهم حروبـاً فننصرف وندعوهم إلى ما دعوتنا إليه ! فعسى الله أن

(1) ابن خلدون، المصدر نفسه، مج 2، ص 601.
(2) ابن خلدون، المصدر نفسه، مج 2، ص 728.
(3) ابن خلدون، تاريخ، مج 2، ص 602.
(4) الملاح، الوسيط، ص 127.

يجمع كلمتهم بك، فلا يكون أحد أعزُّ منك..)) [1].

ب - سياسة الرسول صلى الله عليه وسلم في توحيد أهل المدينة:

حاول ابن خلدون في كتاباته عن السيرة النبوية التأكيد على دور الرسول صلى الله عليه وسلم بعد الهجرة إلى المدينة المنورة في تحويلها إلى مدينة بالمعنى الحضاري اجتماعياً وحضارياً من خلال سياسته صلى الله عليه وسلم التي اتبعها فيها وكما هو معروف أصبحت التركيبة الاجتماعية للمدينة بعد الهجرة النبوية إليها، منقسمة على ثلاثة أقسام رئيسية هي: قبائل الأوس والخزرج (مسلمين ومشركين)، والمسلمون المهاجرون من مكة (من قريش وغيرها)، واليهود وهم بنو قينقاع وبنو قريظة وبنو النضير وغيرهم من يهود المدينة حلفاء الأوس والخزرج [2]. وانصبت جهود الرسول صلى الله عليه وسلم نحو تذويب العصبية القبلية بدعوته إلى المؤاخاة في الإسلام وتوحيد العرب (المهاجرين والأنصار) وإقامة مجتمع إسلامي تربطه رابطة دينية تهدف إلى بناء مجتمع متماسك يتمكن من نشر الدعوة ومواجهة الأخطار التي قد تعترض طريقها.

فقد اعترف الرسول صلى الله عليه وسلم بالروابط القبلية، واتخذها أساساً في تنظيمات الصحيفة، ولكنه جعل الرابطة الدينية أو الولاء للأمة إطاراً أوسع يضم في داخله بقية الروابط العشائرية والقبلية.

واتبع الرسول صلى الله عليه وسلم في ذلك سياسته الخاصة في تأليف القلوب التي عدّها ابن خلدون أساس بناء الدول حسب قوله: ((لأن الملك يحصل بالتغلب، والتغلب إنما يكون بالعصبية واتفاق الأهواء على المطالبة، وجمع القلوب وتأليفها إنما يكون بمعونة من الله في إقامة دينه..)) [3].

وبدأت هذه السياسة قبل هجرة الرسول صلى الله عليه وسلم إلى المدينة وذلك بتأليف قلوب المسلمين الأوائل في مكة المكرمة، ثم جاءت مع أنصار المدينة في بيعة العقبة الثانية عند اختياره النقباء من جميع عشائر الأوس والخزرج لضمان سير الدعوة

---

(1) ابن خلدون، تاريخ، مج 2، ص 729.
(2) الملاح، الوسيط، ص 188.
(3) ابن خلدون، المقدمة، ج 2، ص 466.

الإسلامية، وكفل بذلك وحدة عرب المدينة وحسن تنظيمهم [1]. وعند هجرته إلى المدينة حاول تجنب المواقف التي قد تؤدي إلى خلق الخلاف بين قبائل المدينة، فقد آثر صلى الله عليه وسلم عدم النزول عند إحدى القبائل دون غيرها، فكلمّا مرّ صلى الله عليه وسلم بإحدى هذه القبائل وهي: ((.. تبادر إلى خطام ناقته اغتناماً لبركته، فقال صلى الله عليه وسلم: خلّو سبيلها فإنها مأمورة.. إلى أن أتى دار بني مالك بن النجار، فبركت ناقته على باب مسجده اليوم.. فاشتراه من بني النجار بعد أن وهبوه له فأبى من قبوله..)) [2].

في المدينة شرع الرسول صلى الله عليه وسلم على عمل كل ما من شأنه التوفيق والتقارب بين الأوس والخزرج، بعد أن زرعت الحروب المتتالية فيما بينهم بذور الخلاف والسعي لأخذ الثأر، وفي هذا الشأن سعى الرسول صلى الله عليه وسلم للحد من ذلك من خلال زرع المحبة ودفن أحقاد الماضي وفي حادثة إجارة أحد أبناء الخزرج وهو أسعد بن زرارة من قبل الأوس بعد قتله أحد أبنائهم في حرب بُعاث، حيث أجاره سعد بن خيثمة وجاء به إلى قبيلة الأوس التي قالت: يا رسول الله كلنا له جار، فكان أسعد ابن زرارة بعد يغدو ويروح إلى رسول الله صلى الله عليه وسلم وهو عند قبيلة الأوس [3]. كل ذلك عند ابن خلدون بفضل تهذيب الدين للنفوس: ((.. والسبب في ذلك أن الصبغة الدينية تذهب بالتنافس والتحاسد الذي في أهل العصبية..)) [4]. وأخذ الرسول صلى الله عليه وسلم يطلق اسم الأنصار على مسلمي المدينة مشتقاً من مناصرتهم له ولإخوانهم المسلمين الذين سمّاهم المهاجرين لأنهم غادروا مواطنهم وهاجروا إلى المدينة في سبيل الله [5].

- المؤاخاة بين المهاجرين والأنصار:

لجأ الرسول صلى الله عليه وسلم إلى المؤاخاة بين المهاجرين والأنصار لتحقيق المساواة والتكافل بين مكونات مجتمع المدينة وإبعاد روح التجزئة والعصبية القبلية التي قد

(1) ابن خلدون، تاريخ، مج 2، ص 732.
(2) ابن خلدون، المصدر نفسه، مج 2، ص 740.
(3) الملاح، الوسيط، ص 192.
(4) ابن خلدون، المقدمة، ج 2، ص 467.
(5) الملاح، حكومة الرسول، ص 55.

تنشأ فيما بينهم، ولتكوين وحـدة اجتماعية تقوم على أساس العقيدة الواحدة ومبدأ الجهاد ونصرة الدين الإسلامي.

وكان الأنصار قد تنافسوا فيما بينهم على استضافة إخوانهم المهاجرين في دورهـم تنفيذاً لأمر الرسول صلى الله عليه وسلم الذي قال: ((.. تآخوا في الله أخوين أخوين..)) فآخى بينهم على الحق والمواساة والتوارث بعد الممات دون ذوي الأرحام [1]، وللتخفيف عن الأنصار سعى رسول الله صلى الله عليه وسلم للحصول على أراضٍ يشيّد عليها المهاجرون دوراً لسكناهم، إضافةً إلى أراضٍ وهبها الأنصار لهم. وهكذا أراد الرسول صلى الله عليه وسلم مـن المؤاخاة أن يضمن إقامة علاقـة بين المهاجرين والأنصار تقوم على المساواة التامة في الحقوق والواجبات [2].

وتطرق ابن خلدون إلى ذكر أسماء المتآخين فقـال: ((.. ثم آخى رسـول الله صلى الله عليـه وسلم بين المهاجرين والأنصار، فآخى بين أبي بكر الصديق وخارجـة بـن زيد، وبـين عمـر بـن الخطاب وعُثمان بن مالك من بني سهم، وبين أبي عبيدة بن الجراح وسعد بن معاذ، وعبد الرحمن بـن عـوف وسعد بن الربيع، وبين عثمان بن عفان وأوس بن ثابت، آخى حسان...)) [3].

نشأة الأمة الواحدة:

رصد ابن خلدون الدور الحضاري للدين في ترسيخه لمفهوم الأمة الواحدة التـي أرسى قواعدها رسول الله صلى الله عليه وسلم في المدينة المنورة، منذ أن وطأتها قدماه الشريفتان على أساس المؤاخاة بين المسلمين من أنصار ومهاجرين، فجمع الرسول صلى الله عليه وسلم شملهم ووحّد كلمتهم تحت راية الدين الذي أذهب عنهم التنافس والتحاسد وأحلّ التعاضد والتعاون ليؤسسوا أمـة واحـدة ودولة إسلامية عظيمة، وقد أكد ذلك

---

(1) استمر حكم التوارث بين المهاجرين والأنصار إلى أن تحسنت ظروف المهاجرين الاقتصادية بعد الغنائم التي حصل عليها المسلمون في معركة بدر في السنة الثانية من الهجرة، عندها ألغى القرآن حكم التوارث هذا ورده إلى ذوي الأرحام. ابن سعد، الطبقات، ج 1، ص ص 238 - 239.
(2) الملاح، الوسيط، ص ص 195 - 199.
(3) ابن خلدون، تاريخ، مج 2، ص ص 741 - 742.

ابن خلدون في حديثه عن أن الدولة العظيمة أصلها دعوة دينية، فقال: ((.. إنّ القلوب إذا تداعت إلى أهواء الباطل والميل إلى الدنيا حصل التنافس وفشا الخلاف، وإذا انصرفت إلى الحق ورفضت الدنيا والباطل وأقبلت على الله اتحدت وجهتها، فذهب التنافس، وقلّ الخلاف، وحَسُنَ التعاون والتعاضد، واتسع نطاق الكلمة لذلك، فعظمت الدولة..)) [1].

هكذا أصبح كيان الأمة السياسي يختلف عن القبيلة، لأن الأخيرة تقوم على رابطة الدم والقرابة، في حين تجاوز مفهوم الأمة الاطار القبلي إلى إطار أوسع هو العقيدة الدينية في إطار الولاء السياسي لها بقيادة الرسول صلى الله عليه وسلم، والملاحظ أن هذه الأمة ارتضت العيش في إطار النظام الإسلامي سواء آمن أفرادها بالإسلام كلهم أو لم يؤمنوا، وحدود الأمة مفتوحة لانضمام كل من يرغب فهي دولة أغلب سكانها من المسلمين وممن أحب الانضمام إليها، وتوسعت الدولة من **(دولة مدينة)** إلى **(دولة كبيرة)** تضم معظم القبائل العربية في أواخر حياة الرسول صلى الله عليه وسلم ثم توسعت إلى دولة عظيمة في عهد الخلفاء الراشدين، ولقد استند قيام هذه الدولة على صحيفة المدينة، التي كانت بمثابة دستور لتنظيم جميع شؤون الحياة، وتحديد العلاقة بين الحاكم والمحكوم وتحديد العلاقة بين الأفراد، وحددت حقوق اليهود فكانت الصحيفة بمثابة إعلان أصدره الرسول صلى الله عليه وسلم بصفته رسولاً لله ورئيساً لدولة المدينة التي مثّل سكانها كل أهل المدينة عرباً مسلمين أو غير مسلمين واليهود وجعل الباب مفتوحاً لكل من ينضم إليهم من خارجها، تربطهم جميعاً وحدة الجماعة والأرض الواحدة والسلطة الواحدة، وهي سلطة الدولة برئاسة الرسول صلى الله عليه وسلم الذي يستمد سلطته من الله باعتباره المشرّع، والرسول صلى الله عليه وسلم هو وكيلٌ لله في تنفيذ أوامره التي يتلقاها عن طريق الوحي وأودعت في القرآن الكريم الذي أصبح هو والسنّة النبوية الشريفة مصدرين أساسيين للتشريع في الدولة الإسلامية في شتى نواحي الحياة الدينية والاجتماعية والاقتصادية والسياسية والقضائية [2].

ومما جاء في الصحيفة: ((.. بسم الله الرحمن الرحيم، هذا كتابٌ من محمد

(1) ابن خلدون، المقدمة، ج 2، ص 466.
(2) الملاح، الوسيط، ص ص 199 - 208.

النبي صلى الله عليه وسلم بين المؤمنين والمسلمين من قريش ويثرب ومن تبعهم فلحق بهم، وجاهد معهم، أنهم أمة واحدة من دون الناس..)) [1]. وذكر ابن خلدون أن الرسول صلى الله عليه وسلم: ((.. وادع اليهود وكتب بينه وبينهم كتاب صلح وموادعة، شرط فيه لهم وعليهم..)) [2].

وبموجب الصحيفة أصبح جميع أفراد الأمة متساوين في حق منح الجوار - عدا المشركين من أفراد الأمة منعتهم من أن يجيروا مشركاً أو مالاً من قريش - لأنهم في حالة حرب مع المسلمين، كما أكدت الصحيفة، احترامها لحق الولاء والمسؤولية الفردية في المجتمع، فلا يؤخذ الفرد بجريرة غيره، كما كانت عليه الحال في ظل العرف القبلي، واعترفت الصحيفة بالحرية الدينية لليهود، كما ألزمت الصحيفة جميع أفراد الأمة بالدفاع عن المدينة ومنهم اليهود [3].

كما استندت الدعوة الاسلامية من أجل حمايتها وحماية دولتها (المدينة) على الجهاد الذي قاده ونظمه رسول الله صلى الله عليه وسلم، فغزا على أساسه المشركين من قريش وغيرها وكانت أولى غزواته غزوة بدر وآخرها غزوة تبوك، وكان لذلك أثر كبير في نشر الإسلام بين القبائل العربية خاصةً بعد صلح الحديبية بين الرسول صلى الله عليه وسلم وقريش في العام السادس من الهجرة، وإقبال الوفود على النبي صلى الله عليه وسلم لتعلن إسلامها كما مرّ بنا سابقاً.

مما سبق يتضح أن ابن خلدون قد بنى نظرية تؤكد على أن الدولة العظيمة أصلها الدين إما نبوة أو دعوة حق، تميزت بانجازاتها الحضارية والفكرية والاتساع، فقد أطلق عليها ابن خلدون اسم ((الدول العامة الاستيلاء العظيمة الملك)) [4]، ويعزو ابن خلدون سبب اتساع ملكها إلى دور الدين في توحيد العصبيات ووحدة الأهداف المنشودة والعمل على تحقيقها ((.. فالملك إنما يحصل بالتغلب، والتغلب إنما يكون بالعصبية واتفاق الأهواء على المطالبة، وجمع القلوب وتأليفها إنما يكون بمعونة من الله في إقامة دينه)) [5].

---

(1) ابن هشام، السيرة، ج 2، ص 105.
(2) ابن خلدون، تاريخ، مج 2، ص 471.
(3) ابن هشام، السيرة، ج 2، ص 106.
(4) ابن خلدون، المقدمة، ج 2، ص 466.
(5) ابن خلدون، المصدر نفسه، ج 2، ص 466.

دور الدين في إنشاء الدولة عند ابن خلدون:

بيّن ابن خلدون - كما مرّ بنا سابقاً - الدور الحضاري للدين في ترسيخه لمفهوم الأمة الواحدة وتوحيد عصبيتها، فهو يؤكد أن العرب لا يحصل لهم الملك والغلبة: ((.. إلاّ بصبغة دينية من نبوة أو ولاية أو أثر عظيم من الدين على الجملة..))[1]، بل لم يكتفِ بذلك وإنما خصصَّ في المقدمة فصلاً خاصاً في تبيان تأثير الدعوة الدينية هذا، بعنوان: ((أن الدعوة الدينية تزيد الدولة في أصلها قوة على قوة العصبية التي كانت لها من عددها)) [2]، وحدد أن السبب في ذلك يعود إلى ((.. أن الصبغة الدينية تذهب بالتنافس والتحاسد الذي في أهل العصبية وتفرد الوجهة إلى الحق فإذا حصل لهم الاستبصار في أمرهم لم يقف لهم شيء لأن الوجهة واحدة والمطلوب متساوٍ عندهم وهم مستميتون عليه..)) [3]، كما أكّد أيضاً أنه لا تتم أية دعوة ((.. من الدين أو الملك إلاّ بوجود شوكة عصبية تظهره وتدافع عنه من يدفعه حتى يتم أمر الله فيه)) [4].

ووجد ابن خلدون أيضاً أن: ((.. التغلب إنما يكون بالعصبية واتفاق الأهواء على المطالبة، وجمع القلوب وتأليفها إنما يكون بمعونة من الله في إقامة دينه.. وسره أن القلوب.. إذا أقبلت على الله اتحدت وجهتها، فذهب التنافس.. وحَسُنَ التعاون والتعاضد واتسع نطاق الكلمة لذلك، فعظمت الدولة..)) [5].

وأضاف ابن خلدون أن ((عظم الدولة واتساع نطاقها وطول أمدها على نسبة القائمين عليها في القلة والكثرة)) والسبب في ذلك عنده أن الملك ((.. لا يكون إلاّ بالعصبية.. فما كان من الدولة العامة قبيلها وأهل عصابتها أكثر كانت أقوى وأكثر ممالك وأوطاناً، وكان ملكها أوسع..)) واستدل ابن خلدون على ذلك بأنه حينما اجتمعت: ((عصبية العرب على الدين بما أكرمهم الله من نبوة محمد صلى الله عليه وسلم زحفوا إلى أمم فارس والروم وطلبوا ما كتب الله من الأرض بوعد الصدق فابتزوا

(1) ابن خلدون، المصدر نفسه، ج 2، ص 456.
(2) ابن خلدون، المصدر نفسه، ج 2، ص 467.
(3) ابن خلدون، المقدمة، ج 2، ص 467.
(4) ابن خلدون، المصدر نفسه، ج 2، ص 755.
(5) ابن خلدون، المصدر نفسه، ج 2، ص 466

ملكهم واستباحوا دنياهم..)) [1].

ويتضح هنا أن ابن خلدون قد أعطى الدين دور العصبية الجامعة المعززة للدول ذات المسحة الكلية والملك الواسع والتي نشأت على أساس ديني، لأن الدين يحقق الوحدة الداخلية ويجمع الطاقات من أجل الجهاد عند الاحتكام إلى القوة ويعمل على تحفيز عامل الإيمان الذاتي لدى المقاتلين، وهذا ما جعل البعض يؤكد على أنه إذا تكافأت عصبيتان في كل شيء عدا وجود رسالة دينية لدى إحداهما، كان النصر حليف ذات الدين بفضل هذا الاختلاف بينهما [2]، وتحقق هذا للعرب بداية الإسلام في انتصاراتهم على اعدائهم الذين فاقوهم عدداً وعدةً، لوجود العنصر العقائدي لدى المسلمين.

ومن خلال استقرائه السابق، وجد أن هذه الدولة إذا حصل لها الاستقرار فقد تستغني عن العصبية، وعلل أسباب ذلك بقوله: ((.. إن الدولة العامة في أولها يصعب على النفوس الانقياد لها إلاّ بقوة قوية من الغلب، فإذا استقرت الرياسة.. ورسخ في العقائد دين الانقياد لهم والتسليم، وقاتل الناس معهم على أمرهم قتالهم على العقائد الإيمانية، فلم يحتاجوا حينئذ في أمرهم إلى كبير عصابة؛ بل كان طاعتها كتاب من الله لا يبدل ولا يُعلم خلافه..)) [3]. وقال أيضاً لم يظهر التغيير إلاّ في الوازع: ((.. الذي كان ديناً ثم انقلب عصبيةً وسيفاً..)) [4]، في إشارة منه إلى اتحاد الدين والعصبية وأثر هذا الاتحاد الذي قاد الجهاد ووجهه وجهته المعروفة في إنشاء الدولة ورسوخها كما حصل مع العرب.

4ـ سياسة الرسول صلى الله عليه وسلم في نشر الدعوة (الجهاد):

عند استعراض البعد الحضاري للسيرة النبوية لم يغفل ابن خلدون الوقوف عند جانب مهم جداً، وهو الوسيلة التي اتبعها الرسول الكريم صلى الله عليه وسلم في نشر الدعوة

(1) ابن خلدون، المصدر نفسه، ج 2، ص 458.

(2) عزيز العظمة، ابن خلدون وتاريخيته، ط 1، (د. م)، (بيروت: 1981 م)، ص ص 116 - 117.

(3) ابن خلدون، المقدمة، ج 2، ص 458.

(4) ابن خلدون، المصدر نفسه، ج 2، ص 548.

الإسلامية ألا وهي الجهاد [1]، الذي عرّفه بقوله: ((هو غضب لله ولدينه)) [2]، والدافع الرئيسي للمسلمين لبذل أنفسهم وأموالهم في سبيله، وهو كفاح من أجل ترسيخ العقيدة التي أرسى الرسول صلى الله عليه وسلم أساسها وبذل الجهد لإعلاء شأنها وترسيخ قواعدها في الأرض.

إنّ فكرة الجهاد لازمت الدعوة الإسلامية منذ بدايتها ولكنها تدرجت بتدرج الأحداث التي رافقت السيرة النبوية، فالنبي الكريم صلى الله عليه وسلم طيلة بقائه في مكة المكرمة التي دامت ثلاثة عشر عاماً كان يدعو الناس إلى الإسلام بالحكمة والموعظة الحسنة، وتعرض أصحابه للاضطهاد والأذى، ومع ذلك كان صلى الله عليه وسلم يحث أصحابه على الصبر والتحمل والهدف ترسيخ مبادئ الدين وتوسيع قاعدته.

وبعد هجرة الرسول صلى الله عليه وسلم إلى المدينة المنورة، وتأسيس قاعدة جديدة للإسلام، ومع زيادة عدد المسلمين، وترسيخ العقيدة الإسلامية أضحى المسلمون أكثر قوةً واستعداداً لتنفيذ أوامرها وتجنب نواهيها وتزامن ذلك مع نزول الوحي بالآيات القرآنية التي تهيئ أذهان المسلمين لاستعمال القوة في مواجهة أعدائهم دفاعاً عن دينهم وأنفسهم، ودولتهم [3]، ومنها قوله عز وجل (أُذِنَ لِلَّذِينَ يُقَاتَلُونَ بِأَنَّهُمْ ظُلِمُوا وَإِنَّ اللَّهَ عَلَى نَصْرِهِمْ لَقَدِيرٌ(39) الَّذِينَ أُخْرِجُوا مِنْ دِيَارِهِمْ بِغَيْرِ حَقٍّ إِلَّا أَنْ يَقُولُوا رَبُّنَا اللَّهُ وَلَوْلَا دَفْعُ اللَّهِ النَّاسَ بَعْضَهُمْ بِبَعْضٍ لَهُدِّمَتْ صَوَامِعُ وَبِيَعٌ وَصَلَوَاتٌ وَمَسَاجِدُ يُذْكَرُ فِيهَا اسْمُ اللَّهِ كَثِيرًا وَلَيَنْصُرَنَّ اللَّهُ مَنْ يَنْصُرُهُ إِنَّ اللَّهَ لَقَوِيٌّ عَزِيزٌ(40)) [4]، ثم توالى نزول الآيات التي تؤكد مشروعية استعمال القوة (الجهاد) من أجل الدفاع عن النفس وعن حرية الدين وحرية نشره عن طريق الاطاحة

(1) **الجهاد:** لغةً، اشتق من الجهد، وتعني الطاقة، وبذل ما في الوسع. مجد الدين يعقوب الفيروزآبادي، القاموس المحيط، (د. م)، (بيروت: 1983 م)، ج 1، ص 286.

(2) ابن خلدون، المقدمة، ج 2، ص 653.

(3) ابن خلدون، تاريخ، مج 2، ص 740؛ هاشم الملاح، ((**الجهاد في عصر الرسالة**))، الندوة العربية لبيت الحكمة، (كانون الثاني: 2002 م)، ص 57.

(4) سورة الحج، الآيتان (39، 40).

بالزعامات الطاغية التي تقف في مواجهة حرية الاختيار، فقال عز وجل(كُتِبَ عَلَيْكُمُ الْقِتَالُ وَهُوَ كُرْهٌ لَكُمْ وَعَسَى أَنْ تَكْرَهُوا شَيْئًا وَهُوَ خَيْرٌ لَكُمْ وَعَسَى أَنْ تُحِبُّوا شَيْئًا وَهُوَ شَرٌّ لَكُمْ وَاللَّهُ يَعْلَمُ وَأَنْتُمْ لَا تَعْلَمُونَ(216))[1].

وقد أدرج ابن خلـدون هذا التدرج في التعامل مع موضوع الجهاد وتهيئة نفوس المسلمين لذلك، في إطار الحكمة الربانية القائمة على أساس: ((إيجاب الثبات وتحريم التولي في الزحف.. فمن ولى العدو ظهره فقد أخل بالمصاف، وباء بإثم الهزيمة إن وقعت، وصار كأنه جرها على المسلمين.. وأمكن منهم عدوهم، فعظم الذنب لعموم المفسدة وتعديها إلى الدين بخرق سياجه، فعدّ من الكبائر..))[2].

واستند ابن خلدون في النص السابق هذا إلى قوله عز وجل:(يَا أَيُّهَا الَّذِينَ آمَنُوا إِذَا لَقِيتُمُ الَّذِينَ كَفَرُوا زَحْفًا فَلَا تُوَلُّوهُمُ الْأَدْبَارَ (15) وَمَنْ يُوَلِّهِمْ يَوْمَئِذٍ دُبُرَهُ إِلَّا مُتَحَرِّفًا لِقِتَالٍ أَوْ مُتَحَيِّزًا إِلَى فِئَةٍ فَقَدْ بَاءَ بِغَضَبٍ مِنَ اللَّهِ وَمَأْوَاهُ جَهَنَّمُ وَبِئْسَ الْمَصِيرُ (16))[3].

وبعد أن جاء أمر الله للمسلمين بالاستعداد وتهيئة القوة اللازمة لمقاومة أعدائهم في الآية (وَأَعِدُّوا لَهُمْ مَا اسْتَطَعْتُمْ مِنْ قُوَّةٍ وَمِنْ رِبَاطِ الْخَيْلِ تُرْهِبُونَ بِهِ عَدُوَّ اللَّهِ وَعَدُوَّكُمْ وَآخَرِينَ مِنْ دُونِهِمْ لَا تَعْلَمُونَهُمُ اللَّهُ يَعْلَمُهُمْ وَمَا تُنْفِقُوا مِنْ شَيْءٍ فِي سَبِيلِ اللَّهِ يُوَفَّ إِلَيْكُمْ وَأَنْتُمْ لَا تُظْلَمُونَ (60) وَإِنْ جَنَحُوا لِلسَّلْمِ فَاجْنَحْ لَهَا وَتَوَكَّلْ عَلَى اللَّهِ إِنَّهُ هُوَ السَّمِيعُ الْعَلِيمُ(61))[4]. استعد المسلمون مادياً ومعنوياً تحت راية (عصبية الدين) بفضل اتفاق المسلمين ووحدتهم في ظلّ عقيدة الإسلام، ويؤكد ذلك ابن خلدون بقوله: ((والمعتبر في الغلب.. حال العصبية أن يكون في

---

(1) سورة البقرة، الآية (216).

(2) ابن خلدون، المقدمة، ج 2، ص 654.

(3) سورة الأنفال، الآيتان (15، 16).

(4) سورة الأنفال، الآيتان (60، 61).

أحد الجانبين عصبية واحدة جامعة لكلهم..))[1]. وتوضح ذلك في رفع راية الجهاد من قبل المسلمين في الفتوحات الإسلامية صدر الإسلام كعصبية واحدة بفضل (**عصبية الدين الجامعة**).

وكذلك حاول ابن خلدون التوفيق بين نظريته عن العمران ومراحله في حديثه عن الحرب والجهاد في الإسلام، لا سيّما وأنه اعتبر الانتصارات التي حققها الرسول صلى الله عليه وسلم في جهاده (غزواته والفتوحات الإسلامية من باب المعجزات التي يجوز التبرك بذكرها دون القياس عليها [2]، وفي حديثه عن: ((.. الدولة المستجدة إنما تستولي على الدولة المستقرة بالمطاولة لا بالمناجزة..)) [3] علل ذلك بأنها كانت معجزة من معجزات نبينا محمد صلى الله عليه وسلم والسر فيها: ((.. استماتة المسلمين في جهاد عدوهم، استبصاراً بالإيمان.. فكان ذلك خارقاً للعادة المقدرة في مطاولة الدول المستجدة للمستقرة.. والمعجزات لا يقارن عليها الأمور العادية ولا يعترض بها..)) [4]، وهذا معروف عند ابن خلدون في مواجهته لحوادث تاريخية لا تتوافق مع أحد أصوله العمرانية فيعدها حوادث استثنائية يدخلها في باب المعجزات التي لا يقاس عليها [5].يجب التأكيد على أن الفتوحات الاسلامية اعتمدت الأخذ بالأسباب وهي تختلف عن المعجزات التي أعلن القرآن الكريم توقفها ﴿ وَمَا مَنَعَنَا أَنْ نُرْسِلَ بِالْآيَاتِ إِلَّا أَنْ كَذَّبَ بِهَا الْأَوَّلُونَ ﴾[6].

- استعرض ابن خلدون في معرض كلامه على الجهاد والحرب الأساليب المتبعة في الحرب عامة، ومنها أسلوب العرب الحربي قبل الإسلام، ثم أسلوب قتال العرب المسلمين في حروب فتوحاتهم الإسلامية الأولى فقال: ((أما أهل الكر والفر من العرب وأكثر الأمم البدوية الرحّالة فيصفون لذلك إبلهم والظهر الذي

---

(1) ابن خلدون، المقدمة، ج 2، ص 666.

(2) عبد الله العروي، ((**ابن خلدون والجهاد**))، ص 2، مقال على موقع بلاغ، في شبكة المعلوماتية (الأنترنيت) http: // www. balagh. Com.

(3) ابن خلدون، المقدمة، ج 2، ص 703.

(4) ابن خلدون، المصدر نفسه، ج 2، ص 7-8.

(5) العروي، ((**ابن خلدون والجهاد**))، ص 2.

(6) سورة الإسراء (الآية: 59).

يحمل ظعائنهم فيكون فئة لهم..)) [1]، ثم ينتقل إلى الأسلوب الذي اتبعه المسلمون فيقول: ((.. كان الحرب أول الإسلام كله زحفاً، وكان العرب إنما يعرفون الكر والفر لكن حملهم على ذلك أول الإسلام أمران: أحدهما أن عدوهم كانوا يقاتلون زحفاً فيضطرون إلى مقاتلتهم بمثل قتالهم؛ والثاني أنهم كانوا مستميتين في جهادهم لما رغبوا فيه من الصبر ولما رسخ فيهم من الإيمان؛ والزحف إلى الاستماتة أقرب..)) [2].

- أما فيما يتعلق بأسباب النصر عند المسلمين، فإننا نجد ابن خلدون يناقض نفسه بتأكيده على أن الحركات في التاريخ، ولو تزعمها الأنبياء - عليهم السلام - لا بد لها من الوسائل التي تحقق أهدافها وتحدث تغيراتها، وإلاّ ما استطاعت أن تفعل شيئاً مع أن الأنبياء - عليهم السلام - مؤيدون من الله بالكون كله لو يشاء ولكنه إنما أجرى الأمور على مستقر العادة، فقد اقتضت مشيئة الله على رسله وأنبيائه أن يكونوا في خضم أحداث التاريخ وأن يعيشوا مشاكله، ولا يتحقق النصر لديهم إلاّ بالأخذ بالأسباب واعتماد الطرائق التي تمكنهم من هذا الصراع[3]، وذلك ما يسميه ابن خلدون (مجرى الأمور على مستقر العادة) [4]، أي سنن التاريخ والطبيعة، التي اعتمدها ابن خلدون كإحدى أسس فلسفته لأحداث السيرة النبوية.

وكذلك تحدث ابن خلدون عن حروب الأنبياء - عليهم السلام - وعن تهيئتهم أسباب النصر المادية والمعنوية فذكر منها، كثرة الجيوش والاهتمام بتسليحها مع مراعاة التطور في صناعة الأسلحة وصنوفها واستعمالها، وإعداد المقاتلين الشجعان، مع ترتيب الصفوف عند القتال، والنية الصادقة في القتال [5]، والاعتماد على التخطيط وطرائق الخداع في القتال من إعداد الكمائن للأعداء، أو حفر الخنادق أو الكمون في الأماكن المرتفعة لمباغتة العدو، وهذا كله إلى جانب

(1) ابن خلدون، المقدمة، ج 2، ص 657.
(2) ابن خلدون، المقدمة، ج 2، ص 657.
(3) عماد الدين خليل، ابن خلدون إسلامياً، ص 38.
(4) ابن خلدون، المقدمة، ج 2، ص 469.
(5) ابن خلدون، المصدر نفسه، ج 2، ص 664.

الدعم المعنوي الذي يتلقاه أصحاب الرسالات الدينية والذي يتمثل في أمور خفية سماوية لا قدرة للبشر على اكتسابها تلقى في قلوب الأعداء فيستولي الخوف عليهم فتختل مراكزهم فتقع الهزيمة، ويؤيد ابن خلدون كلامه هذا بقوله: ((.. فقد تبين أن وقوع الغلب في الحروب غالباً عن أسباب خفية غير ظاهرة.. كما جاء في قوله صلى الله عليه وسلم: ((.. **نصرت بالرعب مسيرة شهر..**)) [1]، وما وقع من غلبة للمشركين في حياته بالعدد القليل وغلب المسلمين من بعده كذلك في الفتوحات.. فإن الله صلى الله عليه وسلم تكفل لنبيه بإلقاء الرعب في قلوب الكافرين حتى يستولي على قلوبهم فينهزموا، معجزة لرسوله صلى الله عليه وسلم؛ فكان الرعب في قلوبهم سبباً للهزائم في الفتوحات الإسلامية كلها؛ إلاّ أنه خفي عن العيون..)) [2].

ومن أسباب الغلب الأخرى كما يذكرها ابن خلدون، توحيد العصبيات في عصبية واحدة جامعة في الدفاع والحماية والمطالبة، وهذا ما اعتمدت عليه الدولة العربية الإسلامية في حروبها، فقد لعبت عصبية العرب (المسلمين) دوراً مهماً في مواجهة العرب من غير المسلمين وفي صدر الإسلام لعبت (عصبية العرب الدينية) ككل عصبية دور الرابطة الجامعة للعصبيات عند مواجهة غير العرب [3]، وتمثل ذلك في دور تحالفات (عام الوفود) التي كان لها أثر مهم في توحيد العرب، وكما مرّ ذكره في الفصل السابق.

فالعصبية كان بها التمهيد للدولة وحمايتها من أولها، فهي من طبيعة العمران التي تقتضي- ((.. أن كل أمر يحمل الناس عليه من نبوة أو إقامة ملك أو دعوة إنما يتم بالقتال عليه.. ولا بد في القتال من العصبية..)) [4]، وإذا كانت العصبية في الجماعة التي تعتنق ديناً واحداً ازدادت هذه العصبية قوة إلى قوتها بانصهار العصبيات في إطار الدين الواحد. وهذا هو التكامل بين الدين والعصبية، فالدين من غير عصبية تسنده لا يستمر طويلاً، والعصبية بدون دين لن يكون لها

(1) ورد نحوه في صحيح البخاري، رقم الحديث (7273). البخاري، الصحيح، مج 4، ص 363.

(2) ابن خلدون، المقدمة، ج 2، ص 665.

(3) ابن خلدون، المصدر نفسه، ج 2، ص 666.

(4) ابن خلدون، المصدر نفسه، ج 2، ص 423.

منجزات عظيمة.

هكذا قدّم ابن خلدون من خلال (**علم العمران**) تفسيراً حضارياً للسيرة النبوية الشريفة، وللحضارة التي نشأت وتكونت مع هجرة الرسول محمد صلى الله عليه وسلم إلى المدينة وتأسيس الدولة الإسلامية التي قامت على أساس مهم جداً وهو الدين وبناؤه للإنسان بناءاً إسلامياً في جميع الجوانب العقلية والروحية، فتحقق نتيجة لذلك الكثير من الفتوحات والإنجازات في جميع المجالات الحضارية العلمية والثقافية والأدبية وغيرها، دفعت المجتمع من السكون إلى حركة النهضة والتحضر- كما حدث لسكان الجزيرة العربية عند نزول الوحي بالرسالة السماوية على الرسول صلى الله عليه وسلم فتحولوا من قبائل تشغلهم نزاعاتهم القبلية إلى قادة عظام فتحوا البلاد ونشروا العقيدة الإسلامية وقدّموا للبشرية بذور الحضارة الإنسانية.

الخاتمة

من خلال محاولة دراسة منهجية ابن خلدون في تدوين السيرة النبوية وتفسيرها، تلمست مجموعة من الملاحظات والاستنتاجات التي يمكن إجمالها على النحو الآتي:

في الفصل الأول من البحث ومن خلال استعراض منهجية ابن خلدون في التدوين التاريخي، إلى مدى إفادة ابن خلدون ممن سبقه من المؤرخين الذين استطاع وبإطلاعه الواسع على ما طالته يده من كتبهم بما حوت من علوم أن يفيد منها إفادة تركت آثارها الواضحة على أسلوبه ومنهجه في التدوين التاريخي بشكل عام والذي اتسم بسمات عديدة منها الشمولية والموسوعية والابتعاد عن النظام الحولي واعتماده الفصول والأبواب في كتابه واتباعه المنهج الحضاري في توضيح الحوادث وتحليلها مع تأكيده على نقد المتن والسند معاً، واعتماد أسلوب الملاحظة والمشاهدة في البحث التاريخي، وفي مجال علم العمران أفاد ابن خلدون من كتب البلدانيين والجغرافيين في تعرضه لذكر الأقاليم وعلاقتها بكثرة وقلّة السكان وغيرها من أمور العمران كأنماطه وتطور مراحله وإقامة الدول وسقوطها وأجيالها وأعمارها.

وفيما يخص المنهجية التي اتبعها ابن خلدون في تدوين السيرة النبوية، فقد توضح لي مدى إفادته ممن سبقه في هذا المجال سواء من كتاب السيرة الأوائل أو من سبقه من المؤرخين الذين دوّنوا السيرة النبوية ضمن تسلسل الموضوعات التاريخية في كتبهم، وقد بيّنا ذلك في الفصل الثاني من خلال إجراء مقارنة بين هيكلية السيرة النبوية عند ثلاثة من روّاد كتّاب السيرة وهم ابن إسحاق والواقدي وابن سعد وبيّن هيكليتها عند ابن خلدون.

وإلى جانب ذلك توصلت الدراسة إلى مجموعة من المآخذ والانتقادات حول منهجية ابن خلدون في تدوين السيرة النبوية وأسلوب كتابته ولغته وطريقة

عرضه للموضوع، وقد تناقض بشكل واضح أسلوبه في الكتابة بين الإيجاز والاستفاضة وبين استعماله للغة سهلة وأسلوب بسيط إلى لغة قوية.

وكذلك اختلف أسلوبه في إسناد المادة إلى مصادرها، فمن جهة لم يذكر المصدر، ومن جهة أخرى يعتمد على أكثر من مصدر ويذكرها، وفي أحيان أخرى يحيل القارئ إلى مصدر عام للموضوع.

ومن الملاحظات الأخرى تأثره بالأسلوب الروائي العربي ومحاولة طرحه للروايات والقصص المتعلقة بأحداث السيرة مع ذكر القصائد الشعرية التي ارتبطت بهذه القصص.

ومما اتضح من منهجية ابن خلدون في تدوينه للسيرة هو محاولته صياغة أحداث السيرة بما ينسجم وأسلوبه ومنهجيته الخاصة به بعد أخذه لنصوصها ممن سبقه، مع محاولة طرح رأيه في الموضوع ولو عارضت أفكاره واختلفت مع الروايات التي يطرحها عن غيره.

ومن المآخذ الأخرى على ابن خلدون عدّه أفعال الرسول صلى الله عليه وسلم العادية البسيطة كخوارق ومعجزات من اختصاص الأنبياء ولا قدرة للبشر العادي على الاتيان بها، وهذه الحالة يلجأ إليها ابن خلدون عندما لا يجد في قوانين العمران التي وضعها تفسيراً لهذه الأفعال أو الحوادث فيدخلها في باب المعجزات.

وعمد ابن خلدون على عدم الخوض في فرعيات وتداخلات الأحداث الرئيسية في موضوع السيرة وخاصةً مع الأحداث التي أثارت جدلاً بين الفرق الإسلامية.

ودوّن ابن خلدون موضوعات السيرة في فصل خاص في مجلده الثاني من كتابه العبر، ضمن تسلسل الموضوعات التاريخية الأخرى التي طرحها مع أنه كرر الكثير من أخبارها وحوادثها خلال باقي فصول المجلد الثاني.

وحاول ابن خلدون من خلال التفسير الحضاري لأحداث السيرة النبوية طرح رأيه بكل جرأة وصراحة مع مخالفة رأيه لرأي من سبقه أو عاصره من الفقهاء، معتمداً في ذلك على أسس خاصة عدّها مرتكزات استند إليها في تفسيره للأحداث والتي تمثلت عنده بالسنن الطبيعية والعصبية والدين.

وتَوَضَّحَ لي ومن خلال الدراسة أيضاً، مسعى ابن خلدون لتطبيق أسس

علم العمران على نشوء وقيام الدولة الإسلامية التي جعلها تستند إلى العصبية والدين الذي جعل منه الجامع للعصبيات كافة، وربط بين العصبية والدعوة الدينية بل رآها لا تكتمل بدون عصبية، والعصبية بدون دعوة دينية لا يمكنها التقدم والتطور وإنتاج الحضارة.

وتَلَمَّست مدى اتسام نظريات وأفكار ابن خلدون بالتجدد والمعاصرة على الرغم من مرور ستة قرون عليها وذلك أنّ الظروف السياسية التي عاشها ابن خلدون قريبة الشبه بحاضرنا الحالي، ولذلك لا زالت الكثير من أفكاره تتفق مع تفسير العديد من الموضوعات التاريخية المعاصرة مع الأخذ بنظر الاعتبار اختلاف المسميات والمصطلحات التي تطلق على الظاهرة الواحدة، وكان أثر ذلك واضحاً عليه عند تدوين السيرة النبوية وتفسيرها.

وفي الختام أرجو أنّي قد وُفِقْتُ في تقديم صورة عامة وشاملة عن المنهج الذي اتبعه ابن خلدون في تدوين السيرة النبوية وتفسيرها، وما كان من صوابه فهو فضل من الله، وما كان من خطأٍ وسهوٍ فحسبي فيه أني بشرٌ، وفوق كل ذي علمٍ عليم، والله من وراء القصد.

المصادر والمراجع

أولاً - المصادر:

القرآن الكريم.

- ابن الأثير، عز الدين أبو الحسن علي بن أبي الكرم محمد بن محمد بن عبد الكريم بن عبد الواحد الشيباني، (ت: 630 هـ / 1332 م)

1 - **الكامل في التاريخ**، تحقيق: أبي الفداء القاضي، دار الكتب العلمية، (بيروت: 2006 م).

- الأزرقي، أبو الوليد محمد بن عبد الله بن أحمد، (ت: 250 هـ / 865 م)

2 - **أخبار مكة وما جاء فيها من الآثار**، تحقيق: رشدي الصالح، مكة المكرمة، (مكة المكرمة: 1352 هـ).

- ابن اسحاق، أبو عبد الله محمد بن اسحاق بن يسار المطلبي (ت: 151 هـ / 768 م)

3 - **المغازي والسير**، تحقيق: محمد حميد الله، معهد الدراسات والأبحاث، (الرباط: 1976 م).

- الأصفهاني، أبو الفرج علي بن الحسين بن محمد بن أحمد، (ت: 356 هـ / 966 م)

4 - **الأغاني**، مؤسسة عز الدين، (بيروت: د. ت)، أجزاء عديدة.

- البخاري، أبو عبد الله محمد بن اسماعيل بن ابراهيم بن المغيرة، (ت: 256 هـ / 869 م)

5 - **صحيح البخاري**، تحقيق: محمد محمد ناصر، دار الآفاق العربية، (القاهرة: 2004 م) أ ربعة أجزاء.

- البيروني، أبو الريحان، محمد بن أحمد، (ت: 430 هـ / 1038 م)

6 - **الآثار الباقية من القرون الخالية**، تحقيق: ي ساخاو، (لايبزغ: 1923 م).

- البيهقي، أبو بكر أحمد بن الحسين بن علي بن عبد الله بن موسى، (ت: 458هـ / 1065 م)

7 - **دلائل النبوة**، ج 1، تحقيق: أحمد صقر، مطابع الأهرام التجارية، (القاهرة: 1970 م).

- الثعالبي، أبو منصور عبد الملك بن محمد بن اسماعيل النيسابوري، (ت: 429هـ / 1037 م)

8 - **ثمار القلوب في المضاف والمنسوب**، تحقيق: محمد أبو الفضل ابراهيم، (د. م)، (مصر: 1965 م).

- ابن حزم، أبو محمد علي بن أحمد بن سعيد، (ت: 456 هـ / 1064 م)

9 - **جمهرة أنساب العرب**، تحقيق: عبد السلام محمد هارون، دار المعارف بمصرـ (القاهرة: 1962 م).

- الحموي، أبو عبد الله شهاب الدين ياقوت بن عبد الله، (ت: 626هـ / 1228م)

10 - **معجم البلدان**، (د. م)، (بيروت: 1957 م).

- الحميري، محمد بن عبد المنعم، (ت: 900 هـ / 1494 م)

11ـ **الروض المعطار في خبر الأقطار**، تحقيق: إحسان عباس، ط 2، مكتبة لبنان، (لبنان: 1984 م).

- ابن حنبل، أبو زهرة أحمد بن محمد، (ت: 241 هـ / 855 م)

12 - **المسند**، شرحه ووضع فهارسه: أحمد محمد شاكر، دار المعارف، (القاهرة: 1956 م).

- الخطيب البغدادي، أبو بكر أحمد بن علي بن ثابت، (ت: 463هـ / 1070م)

13 - **الجامع لأخلاق الراوي وآداب السامع**، تحقيق: محمود الطحان، مكتبة المعارف، (الرياض: 1403 هـ).

- ابن الخطيب، لسان الدين أبو عبد الله محمد بن عبد الله بن سعيد، (ت: 776 هـ / 1374 م)

14 - **الإحاطة في أخبار غرناطة**، تحقيق: محمد عبد الله عنان، مكتبة الخانجي، (القاهرة: 1395 هـ).

- ابن خلدون، أبو زيد عبد الرحمن بن محمد، (ت: 808 هـ / 1406 م)

15 - **تاريخ العلامة ابن خلدون**، مج 2، دار الكتاب اللبناني، (بيروت: 1966 م).

16 - **التعريف بابن خلدون ورحلته غرباً وشرقاً**، دار الكتاب اللبناني، (بيروت: 1979 م).

17 - **مقدمة ابن خلدون**، تحقيق: علي عبد الواحد وافي، أربعة أجزاء، (لجنة البيان العربي).

- ج 1، ط 2، 1965 م.

- ج 2، ط 1، 1958 م.

- ج 3، ط 1، 1960 م.

- ج 4، ط 1، 1962 م.

- ابن خياط، أبو عمرو خليفة، (ت: 240 هـ / 854 م)

18 - **تاريخ خليفة بن خياط**، تحقيق: أكرم ضياء العمري، مطبعة الآداب، (النجف: 1967 م).

- الذهبي، شمس الدين محمد بن أحمد بن عثمان، (ت: 748 هـ / 1347 م)

19 - **سِيَر أعلام النبلاء**، تحقيق: صلاح الدين المنجد، دار المعارف، (القاهرة: 1962 م).

- الرازي، محمد بن أبي بكر عبد القاهر، (ت: 666 هـ / 1267 م)

20 - **مختار الصحاح**، دار القلم، (بيروت: د. ت).

- ابن زبالة، محمد بن الحسن، (ت: بعد 199 هـ / 814 م)

21 - **أخبار المدينة**، جمع وتوثيق: صلاح الدين عبد العزيز، ط 1، مركز بحوث ودراسات المدينة المنورة، (المدينة المنورة: 1424 هـ).

- الزبيدي، محب الدين أبو الفيض محمد مرتضى الحسيني، (ت:

1205 هـ / 1790 م)

22 - **تاج العروس**، تحقيق: عبد الكريم الغرباوي، (د. م)، (لا. م، د. ت).

- السخاوي، شمس الدين محمد بن عبد الرحمن، (ت: 902 هـ / 1496 م)

23 - **الضوء اللامع في أعيان القرن التاسع**، منشورات دار مكتبة الحياة، (بيروت: د. ت).

- ابن سعد، أبو عبد الله محمد بن منيع، (ت: 230 هـ / 844 م)

24 - **الطبقات الكبير**، تصحيح: د. يوسف هوروفيتس، دار راصد، (بيروت: 1960 م)، ج 1 وج 2.

- السمهودي، نور الدين علي بن عبد الله، (ت: 911 هـ / 1505 م)

25 - **وفاء الوفا في أخبار دار المصطفى**، (د. م)، (القاهرة: 1955 م)، ج 1.

- السهيلي، أبو القاسم عبد الرحمن بن عبد الله بن أحمد الخثعمي، (ت: 581 هـ / 1185 م)

26 - **الروض الانف في تفسير السيرة النبوية لابن هشام**، تعليق: طه عبد الرؤوف سعد، دار المعرفة للطباعة والنشر، (لا. م: 1978 م).

- ابن سيد الناس، فتح الدين أبو الفتح محمد بن محمد، (ت: 734هـ / 1334م)

27 - **عيون الأثر في فنون المغازي والشمائل والسير**، دار الآفاق الجديدة، (بيروت: 1977 م)، جزأين.

- الشافعي، علي بن برهان الدين الحلبي، (ت: 1044 هـ / 1634 م)

28 - **إنسان العيون في سيرة الأمين المأمون (السيرة الحلبية)**، (د. م)، (القاهرة: 1962 م).

- الطبري، أبو جعفر محمد بن جرير، (ت: 310 هـ / 923 م)

29 - **(تاريخ الرسل والملوك) تاريخ الطبري**، تحقيق: محمد أبو الفضل

إبراهيم، ج 2، ط 5، دار المعارف، (القاهرة: 1986 م).

- العسقلاني، ابن حجر شهاب الدين أبو الفضل أحمد بن علي: (ت: 952 هـ / 1449 م)

30 - **رفع الأصر عن قضاة مصر**، القسم الأول، (د. م)، (مصر: 1328 م).

- الفيروز آبادي، مجد الدين محمد بن يعقوب، (ت: 817 هـ / 1414 م)

31 - **القاموس المحيط**، (د. م)، (بيروت: 1983 م).

- ابن قتيبة، أبو محمد عبد الله بن مسلم الدينوري، (ت: 276 هـ / 889 م)

32 - **المعارف**، دار الكتب العلمية، (بيروت: 1987 م).

- القلقشندي، أبو العباس أحمد بن علي بن أحمد، (ت: 821 هـ / 1418 م)

33 - **نهاية الأرب في معرفة أنساب العرب**، تحقيق: إبراهيم الأبياري، دار الكتاب اللبناني، (بيروت: 1980 م).

- ابن القيم، أبو عبد الله شمس الدين محمد بن أبي بكر الدمشقي، (ت: 751 هـ / 1350 م)

34 - **زاد المعاد في هدى خير العباد**، المطبعة المصرية، (القاهرة: 1928 م).

- ابن كثير، أبو الفداء عماد الدين اسماعيل بن عمر القرشي، (ت: 774 هـ / 1373 م)

35 - **البداية والنهاية**، (د. م)، (بيروت: 1966 م).

- ابن الكلبي، أبو المنذر هشام بن محمد السائب، (ت: 206 هـ / 822 م)

36 - **جمهرة النسب**، رواية: أبي سعيد السكري، عن ابن حبيب، عنه، ج 1، تحقيق: عبد الستار أحمد فرّاج، (د. م)، (لا. م، د. ت).

- الماوردي، أبو الحسن علي بن محمد بن حبيب البصري، (ت: 450 هـ / 1057 م)

37 - **الأحكام السلطانية**، (د. م)، (القاهرة: 1960 م).

- ابن المبارك، أبو العباس زين الدين أحمد بن عبد اللطيف

38 - **التجريد الصريح لأحاديث الجامع الصحيح**، ج 1، دار الارشاد - (بيروت: د. ت).

- المسعودي، أبو الحسن علي بن الحسين بن علي، (ت: 346 هـ / 957 م)

39 - **التنبيه والأشراف**، دار صادر، (بيروت: د. ت).

- المقري، أحمد بن محمد التلمساني، (ت: 1041 هـ / 1631 م)

40 - **نفح الطيب من غصن الأندلس الرطيب**، تحقيق: إحسان عباس، دار صادر، (بيروت: 1968 م).

- المقريزي، تقي الدين أحمد بن علي، (ت: 854 هـ / 1450 م)

41 - **الخطط المقريزية**، مكتبة العرفان، (بيروت: د. ت).

42 - **السلوك لمعرفة دول الملوك**، ج 3، ق 2، تحقيق: سعيد عبد الفتاح عاشور، مطبعة دار الكتب،(لا. م:1970م).

- ابن منظور، أبو الفضل جمال الدين محمد بن مكرم، (ت:711هـ / 1311م)

43 - **لسان العرب**، أجزاء عديدة، مطبعة الدار المصرية، (القاهرة: د. ت).

- ابن النجار البغدادي، أبو عبد الله محمد بن محمود، (ت: 643 هـ / 1245م)

44 - **الدرة الثمينة في أخبار المدينة**، تحقيق: د. صلاح الدين عباس، مركز بحوث ودراسات المدينة المنورة، (المدينة المنورة: 1427 م).

- ابن هشام، أبو محمد بن عبد الملك، (ت: 213 هـ / 828 م)

45 - **السيرة النبوية**، تقديم: طه عبد الرؤوف سعد، دار الجيل (بيروت: 1975 م)، أربعة أجزاء.

- الواقدي، محمد بن عمر، (ت: 207 هـ / 822 م)

46 - **المغازي**، تحقيق: مارسدن جونس، مطبعة المعارف، (القاهرة:

1964 م)، ثلاثة أجزاء.

- اليعقوبي، أحمد بن أبي يعقوب بن جعفر بن وهب، (ت: 284 هـ / 897 م)

47 - **تاريخ اليعقوبي**، ج 2، ط 2، تعليق: خليل المنصور، دار الكتب العلمية، (بيروت: 2002 م).

ثانياً - المراجع العربية والمعربة:

- الألباني، محمد ناصر الدين

1 - **صحيح الجامع الصغير وزيادته**، مج 1، المكتب الاسلامي، ط 3، (بيروت: 1988 م).

2 - **نصب المجانيق لنسف قصة الغرانيق**، المكتب الإسلامي، (بيروت: 1996 م).

- بدوي، عبد الرحمن

3 - **مؤلفات ابن خلدون**، دار المعارف، (القاهرة: 1962 م).

- بوتول، غاستون

4 - **ابن خلـدون، فلسفته الاجتماعية**، ترجمة: عادل زعيتر، المؤسسة العربية للدراسات والنشر، (ط 2)، (بيروت: 1984 م).

- الجابري، محمد عابد

5 - **فكر ابن خلدون، العصبية والدولة معالم نظرية خلدونية في التاريخ الإسلامي**، (د. م)، (بغداد: د. ت).

- جب، هاملتون

6 - **دراسات في حضارة الإسلام**، ترجمة: د. إحسان عباس وآخرين، ط 2، دار العلم للملايين، (بيروت: 1974م).

- جرنفيل، فريمان

7 - **التقويمان الهجري والميلادي**، ترجمة: د. حسام محيي الدين الآلوسي، ط 2، مطبعة الجمهورية، (بغداد: 1389 هـ - 1970 م).

- جغلول، عبد القادر

8 - الإشكاليات التاريخية في علم الاجتماع السياسي عند ابن خلدون
(د. م)، (بيروت: 1980 م).

- الحديثي، نزار عبد اللطيف

9 - **الأمة والدولة في سياسة النبي** صلى الله عليه وسلم **والخلفاء الراشدين**، دار الحرية للطباعة، (بغداد: 1987 م).

- حسين، طه

10 - **فلسفة ابن خلدون الاجتماعية**، مطبعة الاعتماد، (القاهرة: 1925 م).

- الحصري، ساطع

11 - **دراسات عن مقدمة ابن خلدون**، ط 3، (د. م)، (القاهرة: 1967 م).

- حقيقي، نور الدين

12 - **الخلدونية العلوم الاجتماعية وأساس السلطة السياسية**، ترجمة: الياس خليل، منشورات عويدات، (بيروت: 1983 م).

- الحميدة، سالم محمد

13 - **سيرة النبي محمد** صلى الله عليه وسلم، **الفترة المكية**، دار الشؤون الثقافية العامة، (بغداد: 2001 م).

- الخضيري، زينب محمود

14 - **فلسفة التاريخ عند ابن خلدون**، ط 2، دار التنوير، (بيروت: 1985 م).

- خليل، شرف الدين

15 - **ابن خلدون، (في سبيل موسوعة فلسفية)**، دار الهلال، (بيروت: 1982 م).

- خليل، عماد الدين

16 - **ابن خلدون إسلامياً**، المكتب الإسلامي، (بيروت: 1983 م).

- روزنثال، فرانز

17 - **علم التاريخ عند المسلمين**، ترجمة: د. صالح أحمد العلي، مكتبة المثنى، (بغداد: 1963 م).

- زامباور، أدورفون

18 - **معجم الأنساب والأسرات الحاكمة في التاريخ الإسلامي**، ترجمة: د. زكي محمد حسن، دار الرائد العربي، (بيروت: 1981 م).

- الساعاتي، حسن

19 - **علم الاجتماع الخلدوني، قواعد المنهج**، ط 4، دار المعارف، (القاهرة: 1978 م).

- سالم، السيد عبد العزيز

20 - **التاريخ والمؤرخون العرب**، دار الكتاب العربي، (لا. م: 1967 م).

- السامرائي، خليل ابراهيم

21 - **علاقات المرابطين بالممالك النصرانية بالأندلس وبالدول الإسلامية**، دار الشؤون الثقافية، (بغداد: 1985 م).

22 - **المظاهر الحضارية للمدينة المنورة في عصر النبوة**، (د. م)، (الموصل: 1984 م).

- سلسلة مناهل الأدب العربي

23 - **مختارات من ابن خلدون**، العدد 21، (د. م)، (بيروت: 1949 م).

- الشدادي، عبد السلام

24 - **ابن خلدون من منظور آخر**، ترجمة: محمد الهلالي وبشرى الفكيكي، دار توبقال للنشر، (المغرب: 2000 م).

- الشريف، أحمد ابراهيم

25 - **مكة والمدينة في الجاهلية وعصر ـ الرسول**، ط 2، دار الفكر العربي، (القاهرة: 1967 م).

- شمس الدين، عبد الأمير

26 - **الفكر التربوي عند ابن خلدون وابن الأزرق**، ط 2، دار إقرأ، (بيروت: 1986 م).

- الطالبي، محمد

27 - **منهجية ابن خلدون التاريخية**، (د. م)، (بيروت: 1981 م).

- عامر، أحمد

28 - **الدولة الحفصية، صفحات خالـدة مـن تاريخنـا المجيـد**، دار الكتـب الشرقية، (تونس: 1974 م).

- العظمة، عزيـز

29 - **ابن خلدون وتاريخيته**، دار الطليعة، (بيروت:1981م).

- علي، جواد

30 - **المفصل في تاريخ العرب قبل الإسلام**، ج 1، ط 1، دار العلـم للملايين، (بـيروت: 1968 م).

- العلي، محمد صالح

31 - **الدولة في عهد الرسول**، مج 1، مطبعة المجمع العلمي العراقي، (بغداد: 1988 م).

- ابن عمار، الصغير

32 - **الفكر العلمي عند ابن خلدون**، ط 3،(د. م)، (الجزائر: 1981 م).

- عنان، محمد عبد الله

33 - **ابن خلدون حياته وتراثه الفكري**، (د. م)، (القاهرة: 1933 م).

34 - **دول الطوائف**، (د. م)، (القاهرة: 1969 م).

35 - **نهاية الأندلس وتاريخ العرب المتنصرـين**، ط 2، مطبعـة مصرـ (القاهرة: 1958 م).

- عويس، عبد الحليم

36 - **التأصيل الإسلامي لنظريات ابن خلدون**، (د. م)، (قطر: 1996م).

- فنسنك، آ، ي

37 - **مفتاح كنوز السنة**، ترجمة محمد فؤاد عبد البـاقي، دار إحيـاء الـتراث العربي، (بيروت: 1422 هـ).

- قربان، ملحم

38 - **خلدونيات، نظرية المعرفة في مقدمة ابن خلدون**، المؤسسة الجامعية، (بـيروت: 1985 م).

- كحالة، عمر رضا

39 - **معجم المؤلفين**، مكتبة المثنى، دار إحياء التراث العربي، (بيروت: د. ت)، عدة أجزاء.

- لاكوست، ايف

40 - **العلامة ابن خلدون**، ترجمة: ميشال سليمان، ط 3، دار ابن خلدون، (بيروت: 1982 م).

- ماجد، عبد الرزاق مسلم

41 - **دراسة ابن خلدون في ضوء النظرية الاشتراكية**، منشورات وزارة الاعلام، دار الحرية للطباعة، (بغداد:1976م).

- المباركفوري، صفي الرحمن

42 - **الرحيق المختوم**، دار المعرفة، (بيروت: 2003 م).

- محل، سالم أحمد

43 - **المنظور الحضاري في التدوين التاريخي عند العرب**، كتاب الأمة، سلسة دورية، العدد 60، السنة 17، (قطر: 1997 م).

- مستو، محيي الدين ديب

44 - **مناهج التأليف في السيرة النبوية**، دار الكلم، (دمشق: 2000 م).

- الملاح، هاشم يحيى

45 - **حكومة الرسول** صلى الله عليه وسلم **(دراسة تاريخية - دستورية مقارنة)**، مطبعة المجمع العلمي العراقي، (بغداد: 2002 م).

46 - **المفصل في فلسفة التاريخ**، مطبعة المجمع العلمي العراقي، (بغداد: 2005 م).

47 - **الوسيط في السيرة النبوية والخلافة الراشدة**، مطبعة جامعة الموصل، (الموصل: 1991 م).

- نصار، حسين

48 - **نشأة التدوين التاريخي عند المسلمين**،(د. م)، (بيروت: 1980 م).

- نصّار، ناصيف

49 - الفكر الواقعي عند ابن خلدون، (بيروت:1981م).

- هارون، عبد السلام

50 - تهذيب سيرة ابن هشام، مؤسسة الرسالة، (بيروت: 1988 م).

- هوروفتس، يوسف

51 - المغازي الأولى ومؤلفوها، ترجمة: حسين نصّار، مكتبة ومطبعة مصطفى البابي الحلبي، (القاهرة: 1949 م).

- وافي، علي عبد الواحد

52 - تقديم لمقدمة ابن خلدون، ج 1، ط 2، (لجنة البيان العربي: 1965 م).

- الوردي، علي

53 - منطق ابن خلدون في ضوء حضارته وشخصيته، انتشارات المكتبة الحيدرية، (لا. م، د. ت)

ثالثاً - الرسائل الجامعية المنشورة وغير المنشورة:

- الشرابي، نهال خليل يونس

1 - كتاب مغازي رسول الله صلى الله عليه وسلم لموسى بن عقبة، رسالة ماجستير منشورة، دار ابن الأثير، (الموصل: 2007 م).

- علي، أحمد حامد

2 - تحليل مقارن للفكر الجغرافي السياسي عند ابن خلدون، رسالة ماجستير غير منشورة، جامعة الموصل، كلية التربية، (الموصل: 1990).

رابعاً - البحوث المنشورة:

- الأحمد، محمد علي

1 - ((نحو رؤية منهجية مواكبة في دراسة التاريخ، ابن خلدون نموذجاً))، من أعمال الندوة العلمية،(الأردن: 2007م).

- الجليلي، محمود

2 - ((ترجمة ابن خلدون للمقريزي))، مجلة المجمع العلمي العراقي، المجلد (13)، مطبعة المجمع العلمي العراقي، (بغداد: 1965 م).

231

- جول، محمد زاهد

3 - ((علم الكلام الخلدوني)) من أعمال ندوة الأردن العلمية، (الأردن: 2007 م).

- الحمداني، سالم

4 - ((المنهج العلمي بين الجاحظ وابن خلدون))، مجلة آداب الرافدين، كلية الآداب، جامعة الموصل، العدد (7)، (5 تشرين الأول: 1976 م).

- العضراوي، عبد الرحمن

5 - ((التطبيق المقاصدي في المنهج الخلدوني)) ندوة الأردن العلمية، (الأردن: 2007 م).

- عنان، محمد عبد الله

6 - ((ابن خلدون والنقد الحديث))، مجلة المقتطف، مج (83)، ج 5، (عدد ديسمبر: 1933 م).

- عويس، عبد الحليم

7 - ((ابن خلدون وتطور الفكر الإسلامي))، من أعمال ندوة الأردن العلمية، (الأردن: 2007 م).

- غنيمات، مصطفى

8 - ((الفكر الاجتماعي عند ابن خلدون))، من أعمال ندوة الأردن العلمية، (الأردن: 2007 م).

- قسوم، عبد الرزاق

9 - ((قراءة فلسفية في المنهج الخلدوني الاجتماعي))، مداخلات بيت الحكمة، (تونس: 2006 م).

- الكيلاني، عبد الله ابراهيم

10 - ((منهج ابن خلدون في التعاطي مع النصوص الشرعية))، من أعمال ندوة الأردن العلمية، (الأردن: 2007 م).

- الملاح، هاشم يحيى

11 - ((إشكالية البحث عن الحقيقة في التاريخ))، مجلة آداب الرافدين، من

أعمال المؤتمر العلمي السنوي الرابع، كلية الآداب، جامعة الموصل، (9 - 10 آيار: 2007 م).

12 - ((**الجهاد في عصر الرسالة**))، الندوة العربية لبيت الحكمة، (كانون الثاني: 2002 م).

13 - ((**طبيعة هجرة المسلمين في عصر الرسالة**))، مجلة المجمع العلمي العراقي، ج 3، المجلد (46)، (بغداد: 1999 م).

14 - ((**نظرية ابن خلدون ومنهجه في دراسة الأنساب**))، وقائع ندوة كتب الأنساب مصدراً لكتابة التاريخ، منشورات المجمع العلمي العراقي، (بغداد: 2002 م).

خامساً - بحوث شبكة المعلوماتية (الأنترنيت):

- الأنصاري، محمد جابر

1 - **السيرة النبوية، ((أهمية السيرة النبوية في فهم الإسلام))**، موقع إسلام بيديا على شبكة المعلوماتية (الانترنيت)

http: // www. islam pedia. Com.

2 - ((**العروبـة والإسـلام في فكـر ابـن خـلدون**)) نقـلاً عـن الموقـع بـلاغ عـلى شـبكة المعلوماتية (الأنترنيت)

Http: // www. balagh. Com.

- الشريح، محمد عادل

3 - ((**دراسة السنن الربانية**))، منتديات أمة الإسلام، على شبكة المعلوماتية (الأنترنيت)

http: // www. alislam. Com.

-العروي، عبد الله

4 - ((**ابن خلدون والجهاد**))، نقلاً عن موقع بلاغ على شبكة المعلوماتية (الأنترنيت).

http: // www. Balagh, Com.

-العمري، أكرم ضياء

5 - ((**أهم مصادر السيرة النبوية**))، موقع إسلام ويب على شبكة المعلوماتية الأنترنيت

http: // www. islam web. net.

- القره داغي، علي محيي الدين

6 - ((**دور العقيدة الإسلامية في بناء الحضـارة**))، الهيئـة العالميـة للإعجـاز العلمـي في القرآن والسنّة،(مكة المكرمة: د. ت)، منشور في موقع نوران على شبكة المعلوماتية (الأنترنيت)

http: // www. nooran. ovq.

الملاحـق

ملحق رقم (1)

بعض شيوخ ابن خلدون في العلوم النقلية والعقلية كما ذكرهم في كتابيه التعريف والمقدمة

ت	اسم الشيخ	العلوم التي أخذها عنه ابن خلدون
.1	والده محمد أبو بكر بن خلدون	تعلم على يديه قواعد اللغة العربية التي كان بارعاً فيها.
.2	أبو عبد الله محمد بن سعد بن بُرَّال الأنصاري	سمّاه ابن خلدون الأستاذ المُكَتِبْ الذي قرأ القرآن الكريم عليه.
.3	أبو عبد الله محمد بن العربي الحصايري	كان إماماً في النحو وله شرحٌ مستوفٍ على كتاب التسهيل.
.4	أبو عبد الله محمد بن الشَّواش الزَّرزالي	تعلم على يديه العربية أيضاً.
.5	أبو العباس أحمد بن القَّصار	يقول عنه ابن خلدون إنه كان ممتعاً في صناعة النحو، وله شرحٌ على قصيدة البردة المشهورة في مدح الرسول محمد صلى الله عليه وسلم.
.6	أبو عبد الله محمد بن بحر	إمام العربية والأدب بتونس وكان بحراً زاخراً في علوم اللسان.
.7	شمس الدين أبو عبد الله محمد بن جابر بن سلطان القيسي-الوادِياشي	كان إمام المحدثين بتونس.
.8	أبو عبد الله محمد بن عبد الله الجيَّاني	الفقيه الذي تفقه على يديه الفقه المالكي.

.9	أبو القاسم محمد بن القصير	أخذ عنه الفقه المالكي أيضاً.
.10	أبو عبد الله محمد بن عبد السلام	كان قاضي الجماعة المالكية في تونس.
.11	أبو عبد الله محمد بن سليمان السَّطي	شيخ الفُتيا بالمغرب، وإمام مذهب مالك.
.12	أبو محمد بن عبد المهيمن بن عبد المهيمن الحضرمي	كاتب السلطان أبي الحسن، وصاحب علامته التي توضع أسافل مكتوباته، إمام المحدثين والنحاة بالمغرب.
.13	أبو العباس أحمد الزواوي	إمام المقرئين بالمغرب.
.14	أبو عبد الله محمد بن ابراهيم الآبلي	شيخ العلوم العقلية في المغرب، وقد لازمه ابن خلدون عدة سنوات، وتعلم على يديه سائر العلوم الحكمية.
.15	أبو عبد الله محمد بن محمد الصباغ	كان بارزاً في علوم الحديث ورجاله، وإماماً في معرفة كتاب الموطأ وإقرائه بالإضافة إلى أنه برز في المنقول والمعقول.
.16	أبو عبد الله محمد بن الصفار	من كبار المحدثين في المغرب الأقصى في عهد السلطان أبي عنان، التقى به ابن خلدون أثناء عمله مع هذا السلطان.
.17	محمد بن محمد بن	وهو من كبار المحدثين في

	ابراهيم بن الحاج البلّفيقي	المغرب الأقصى- في عهد السلطان أبي عنان والتقى به ابن خلدون أيضاً أثناء عمله مع هذا السلطان
.18	محمد بن عبد الله بن عبد النور	كان بارزاً في الفقه على مذهب الإمام مالك بن أنس.
.19	عبد الله بن يوسف بن رضوان المالقي	أحد أساتذة ابن خلدون في العلوم العربية والأدب العربي.
.20	أبو العباس أحمد بن شعيب	كان بارعاً في اللسان، والأدب، والعلوم العقلية.

ملحق رقم (2) خريطة تمثل رحلات ابن خلدون
غرباً وشرقاً

نقلاً عن: أحمد حامد علي، تحليل مقارن للفكر الجغرافي السياسي عند ابن خلدون، ص
14

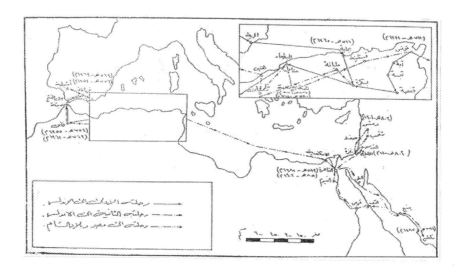

ملحق رقم (3) خريطة شبه الجزيرة العربية عند
ظهور الإسلام

نقلاً عن: أحمد إبراهيم الشريف، مكة والمدينة، ص 100

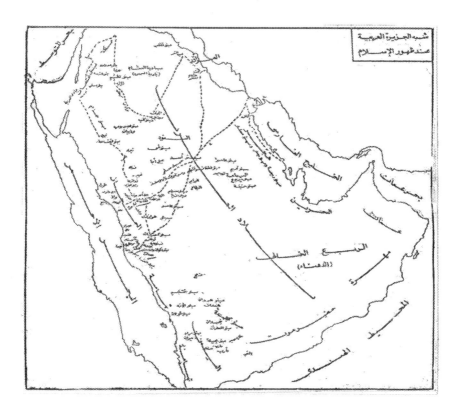

ملحق رقم (4) خريطة أثرية تقريبية للمدينة المنورة

نقلاً عن: أحمد ابراهيم الشريف، مكة والمدينة، ص 284

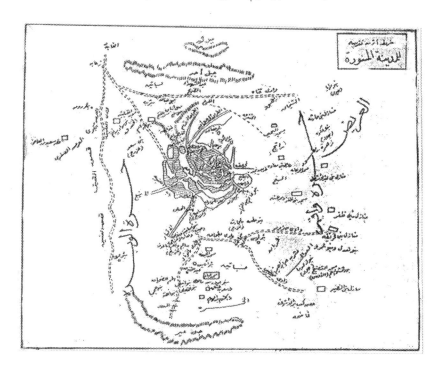

فهرس المحتويات

الملاحق

SYSTEMATICNESS OF IBN KHALDOUN

IN WRITING AND EXPLANATION

THE PROPHETIC BIOGRAPHY

By

Salima Mahmud Muhammad Abdul-Qadir

دار الكتب العلمية®

Dar Al-Kotob Al-ilmiyah

DKi

أسسها محمد علي بيضون سنة 1971 بيروت - لبنان

Est. by Mohammad Ali Baydoun 1971 Beirut - Lebanon

Établie par Mohamad Ali Baydoun 1971 Beyrouth - Liban

Printed in the United States
By Bookmasters